期货交易者教育系列丛书

锌期货

中国期货业协会　编

中国财经出版传媒集团
中国财政经济出版社
·北京·

图书在版编目（CIP）数据
锌期货 / 中国期货业协会编. -- 北京 : 中国财政经济出版社, 2025. 6. --（期货交易者教育系列丛书）.
ISBN 978-7-5223-3913-9
Ⅰ. F830.93
中国国家版本馆CIP数据核字第2025GN9669号

责任编辑：贾延平　吴韦印　　　　责任校对：徐艳丽
封面设计：王　颖　　　　　　　　责任印制：党　辉

锌期货
XIN QIHUO

中国财政经济出版社 出版
URL：http：//www. cfeph. cn
E－mail：cfeph@ cfeph. cn

社址：北京市海淀区阜成路甲 28 号　邮政编码：100142
营销中心电话：010－88191522　编辑部电话：010－88190957
天猫网店：中国财政经济出版社旗舰店
网址：https：//zgczjjcbs. tmall. com
涿州汇美亿浓印刷有限公司印刷　各地新华书店经销
成品尺寸：170mm×230mm　16 开　17.75 印张　269 000 字
2025 年 6 月第 1 版　2025 年 6 月河北第 1 次印刷
定价：52.00 元
ISBN 978－7－5223－3913－9
（图书出现印装问题，本社负责调换，电话：010－88190548）
本社质量投诉电话：010－88190744
打击盗版举报热线：010－88191661　QQ：2242791300

《期货交易者教育系列丛书》
编委会

前　言

我国期货市场经过30多年发展，经历了从无到有、从小到大、从乱到治，探索中国特色期货监管制度和业务模式总体框架，取得了令人瞩目的成就。30多年来，期货市场的规则体系不断完善，品种创新有序推进，风险管理工具进一步丰富，对外开放进程明显加快。期货市场的规模稳步扩大，市场交易者结构逐步优化，资产管理和风险管理等创新业务探索取得初步成效。期货市场整体运行质量和效率不断提高，发现价格、管理风险和配置资源的基础功能得到发挥，在服务实体经济、促进产业升级、助力乡村振兴和维护国家经济金融安全等方面发挥着越来越重要的作用。

随着我国期货市场规模的不断发展壮大，新的市场参与者特别是个人交易者数量呈持续上升趋势。交易者是期货市场的重要主体，期货市场的发展离不开交易者的积极参与。中小投资者是我国现阶段资本市场的主要参与群体，但处于信息弱势地位，抗风险能力和自我保护能力较弱，合法权益容易受到侵害。维护中小投资者合法权益是证券期货监管工作的重中之重，关系广大人民群众的切身利益，是资本市场持续健康发展的基础。因此，当前我国期货市场正处于快速发展时期，做好期货交易者教育工作意义深远。

2013年，《国务院办公厅关于进一步加强资本市场中小投资者合法权益保护工作的意见》（以下简称《意见》）发布，指出要强化中小投资者教育，加大普及证券期货知识力度。将投资者教育逐步纳入国民教育体系，有条件的地区可以先行试点。充分发挥媒体的舆论引导和宣传教育功能。证券期货经营机构应当承担各项产品和服务的投资者教育义务，保障费用支出和人员配备，将投资者教育纳入各业务环节。提高投资者风险防范意识。自律组织应当强化投资者教育功能，健全会员投资者教育服务自律规则。中小投资者应当树立理性投资意识，依法行使权利和履行义务，养成良好投资习惯，不听信传言，不盲目跟风，提高风险防范意识和自我保护能力。2019 年 3 月，中国证监会、教育部联合印发了《关于加强证券期货知识普及教育的合作备忘录》，旨在学校教育中大力普及证券期货知识，推动全社会树立理性投资意识，提升国民投资理财素质，维护社会和谐稳定。2022 年 8 月 1 日，《中华人民共和国期货和衍生品法》正式施行，确立期货交易者权益保护制度。2024 年 10 月 11 日，国务院办公厅转发中国证监会等部门《关于加强监管防范风险促进期货市场高质量发展的意见》，提出："加强对期货市场参与者尤其是中小企业和个人交易者的教育培训引导，增强市场参与者风险防控意识，维护中小交易者合法权益。"

随着《意见》的深入贯彻和落实，我国中小投资者保护工作取得了积极成效，围绕期货交易者教育工作，期货市场的监管部门、自律组织与中介机构都深入进行了大量形式多样、内容丰富、卓有成效的工作。由中国期货业协会（以下简称"协会"）组织编写的本套《期货交易者教育系列丛书》，就是协会按照行政监管部门统一部署，贯彻落实期货交易者教育工作的重要措施之一，也是协会积极响应《关于加强证券期货知识普及教育的合作备忘录》要求，推动期货知识进校园、进课堂、纳入国民教育体系的切入点。本丛书是为期货交易者编写的一套普及性读物，以广大普通交易者为服务对象，兼顾了专业机构的需求，采取简单明了的问答体例，在语言上力争做到深入浅出、通俗易懂、可读性强。衷心地希望本丛书的出版能够为期货交易者了解期货市场、树立风险意识、理性参与期货交易提供有益的帮助。

在此，我们对所有在本丛书编写和出版过程中付出辛勤劳动的朋友表示衷心感谢。由于编写时间紧迫，书中错误和疏漏在所难免，恳请读者批评指正。

中国期货业协会

2025 年 6 月

目　录

第一章

了解锌市场

本章要点

锌是目前国内期货市场中价格波动最大、交易最活跃的品种之一。本章主要对锌在大宗商品中的地位、锌期货的历史和重要意义进行简要介绍，同时将锌现货远期交易与股票交易进行比较，探讨了锌期货交易的特点以及所具有的功能和优势。本章最后对锌期货价格波动的规律作了简单分析，使投资者对国内锌期货实际运行情况有所了解。

一、锌在大宗商品中的地位如何？

大宗商品是指可进入非零售环节的流通领域，用于工农业生产与消费，并可大批量买卖的物质商品。在金融投资市场，大宗商品指同质化、可交易、被广泛用作工业基础原材料的商品，如原油、金属、农产品、铁矿石、煤炭等。通常，大宗商品分为三个类别，即能源化工品、金属和农产品。其中，金属分为黑金属（铁、锰、铬）和有色金属（铜、铝等64种），而有色金属又分为基本金属（铜、铝、铅、锌、锡、镍）、贵金属（金、银和铂族金属）、稀有稀土和小金属。

地球上锌资源较为丰富，在十种常用有色金属中排第三位。锌具有良好的抗腐性、压延性和耐磨性，能与多种金属制成物理与化学性能更加优良的合金，因此被广泛应用于有色、冶金、建材、轻工、机电、化工、汽车、军工、煤炭、石油等行业和部门。我国是世界上锌储量较为丰富的国家，但人均拥有量低于世界平均水平。我国经济持续多年高速发展，早已成为全球最大的精锌生产和消费国。2021年我国的精锌产量和消费量均占世界份额的40%以上（见表1-1）。目前，世界上锌的消费量位列金属类的第四，仅次于铁、铝和铜。

表1-1　2021年6种基本有色金属产量和消费量

金属种类	产量			消费量		
	世界（万吨）	中国（万吨）	中国占世界比例（%）	世界（万吨）	中国（万吨）	中国占世界比例（%）
铝	6796.00	3890.00	57.24	6845.00	4035.00	58.95
铜	2434.00	985.00	40.47	2448.00	1330.00	54.33
锌	1388.37	642.40	46.27	1411.68	700.05	49.59
铅	1262.40	544.80	43.16	1258.60	531.00	42.19
镍	265.60	20.81	7.84	293.37	165.13	56.29
锡	36.30	18.20	50.14	38.00	20.70	54.47

资料来源：中国有色金属工业年鉴。

锌期货在国际期货市场上已上市交易百余年，2007年3月26日，上海期货交易所（以下简称“上期所”）开始交易锌期货合约。此前，国内已有铜、铝、钢材（包括螺纹钢及线材）等金属期货品种上市，加上2011年3月上市的铅期货合约，2015年3月上市的镍、锡期货合约，目前国内已有多个金属期货品种上市，丰富了国内的商品期货体系。锌期货合约上市后，受到市场热捧，交易非常活跃。2023 年上期所锌期货日均成交量为 22.67 万手，较 2007 年大幅增长（成交量单位为手，单边计算）。

2020 年 8 月 10 日，上期所上市锌期权，锌期权与锌期货形成合力，为锌产业链企业提供了更加多样化的风险管理工具。自上市以来，锌期权市场总体运行平稳，成交持仓规模稳步扩大，交易者结构日趋完善，锌期货市场功能逐步显现。2023 年，上期所锌期权日均成交量 8.98 万手，较 2020 年大幅增长。

二、锌期货市场是如何出现的？

期货市场最早是从类似现货远期市场发展而来的，是为满足企业规避现货价格波动风险需求不断发展演化而来。简单来讲，随着现货远期市场先后将远期合同标准化，实行保证金制度，允许合约对冲了结以及配有专门结算机构，专门买卖标准化合约，现代期货市场就逐渐形成了。一般认为，1848 年成立的芝加哥期货交易所（CBOT）是世界上第一个较为正规的期货交易所。1865 年，芝加哥期货交易所开始执行标准化合约，收取 10% 的保证金，这被视为真正意义上的期货交易的诞生。期货交易的对象是标准化的远期合同，是由期货交易所统一制定的，规定在将来某一特定的时间和地点交割一定数量和质量商品的标准化合约。

锌期货于 1920 年正式在伦敦金属交易所（London Metal Exchange，LME）进行交易。在 19 世纪中期，英国是全世界工业最发达的国家。随着工业需求的不断增长，英国迫切需要从国外矿山进口大量的工业原料。由于当时穿越大洋运送矿砂的货轮抵达时间没有规律，金属价格波动很大，商人和消费者要面临巨大的风险。1877 年，一些金属交易商人成立了伦敦金属交易所，并建立了规范化的交易方式。交易所成立伊始，英国对金属的需求很大，需要从智利和马来亚（现在的马来西亚和印度尼西亚）进口大量的铜和锡。当时，从智利和马来亚海运至英国，一般需要3个月，为了避免价格波动风险和船运途中的其他风险，交易所确定以3个月为标准交割日期。随着发展，交易所适时适势地逐步增加了新的交易品种并修改了交割品质。锌实际在伦敦金属交易所成立之初就开始有非正式交易，其正式成为官方合约是在1915年。自从被引入交易所后，锌锭被多次要求提高交割质量，1986年锌的交割质量被正式确定为99.995%。

到20世纪80年代，LME的交易量已是全球之最，其价格已成为全球现货贸易的定价基础。90年代之后，LME金属期货交易发展更为迅速，一是市场主体发生变化，基金、银行成为金属交易的重要参与主体。国际有色金属期货市场成立之后的100多年里，交易主体主要来自现货领域，即来自相关的生产、消费和流通企业。20世纪90年代后，除了大型的生产、消费、流通企业仍然是期货市场的主要参与者外，基金、银行等的参与为市场注入了新的活力，相关交易量在90年代之后出现飞跃。基金参与商品期货交易的程度大幅提高的主要原因是金属“硬通货”的属性以及其与经济形势高度相关。基金的商品期货操作动向已成为分析金属价格走势的重要影响因素。二是引入了电子交易方式，使场内交易与场外交易相结合成为可能。LME从成立之初就采取公开喊价交易并沿袭至今。场内公开喊价方式虽然有助于活跃市场氛围，但效率较低。为适应全球期货发展的趋势，LME推出电子交易系统，作为公开喊价交易的补充。2001年9月，LME正式推出LMESELECT交易系统，可以模拟任何场内的公开喊价及场外的交易。实行电子化交易后，交易所每天可以处理数百万张合约的交易。

2007年3月26日，上海期货交易所（Shanghai Futures Exchange，SHFE）正式推出锌期货合约，该合约当年被英国《期货期权世界》杂志评为“2007年最活跃和最成功的新品种”。据该杂志统计，2007年全球46家交易所共有1303个期货新品种上市，从月均成交量指标来看，上期所的锌期货合约位列榜首，成为当年最为活跃和成功的新品种，成交量超过当时伦敦金属交易所的迷你锌期货合约（合约大小同样为每手5吨）。

小贴士

哪家交易所上市了锌期货

伦敦金属交易所（LME）历经140多年的发展，已成为全世界最大、最重要的有色金属定价中心之一。伦敦金属交易所为有色金属、铝合金、钢材、塑料、迷你合约、指数合约等品种提供了透明的定价环境、多样的风险管理工具以及购买和交付实物资产的途径。

LME专注于以工业金属品种为主的发展策略，其产品涵盖铝、铜、镍、锡、锌、铅、钼、钴、锂、废钢、螺纹钢、热轧卷、铝溢价及铝合金的期货及期权合约。LME为全球交易者提供了良好的流动性，市场活动日益活跃。2023年LME的日均成交量同比增加11%，达到593537手；全年交易总额达15万亿美元，交易量达1.49亿手，即35亿吨金属；全年持仓量峰值高达180万手。截至2023年12月，LME在全球14个国家或地区的32个交割地点共核准仓储设施450多个，总计注册仓单量约116万吨。

上期所是国内五家期货交易所之一。1998—1999年，我国进一步规范整顿了原来的上海金属交易所、上海商品交易所、上海粮油商品交易所，这三家交易所合并后组建成上海期货交易所，受中国证监会集中统一监督管理。截至2024年8月底，上期所已上市交易的品种有铜、铝、锌、铅、天然橡胶、燃料油、黄金、螺纹钢等23个期货品种。随着市场交易的持续活跃和规模的稳步扩大，上期所的市场功能及其辐射影响力显著增强，尤其是期铜交易功能显著，已成为期货市场的一个成熟品牌，并发展为世界第二大期铜交易中心。

三、锌期货为什么要将合约进行标准化？

期货合约的标准化使交易得到简化，交易变得更方便快捷，效率更高。在期货标准化合约产生之前，交易者往往难以在市场上找到合适的对家，即使找到对家，也需花费大量的时间和精力。虽然代理经纪商的出现可以帮助交易者找到潜在交易对手，但交易者往往需要为此支付一笔不菲的费用。合约标准化使交易者无须再花费大量时间和精力去寻找欲进行等质等量、交易方向相反的交易者，而可以直接根据自己的交易需求，通过交易所快速实现对标准化期货合约的买卖，这种机制大大降低了交易的成本，也吸引更多存在交易需求的人进入期货市场。

合约标准化后，市场参与者大量进入这个最初被产业链套期保值交易主宰的市场，并为市场提供了充足的流动性，使价格更为连续和透明。在此之前，投机交易者往往对期货交易望而却步。他们缺少实际现货供给或需求，一旦无法找到合适的对家脱手头寸，将承受巨大损失。市场流动性的缺乏频频刺激交易者神经，价格一旦有风吹草动，交易者便容易出现恐慌，压价抛售手上的投机头寸，进一步加剧市场价格波动。合约标准化后，市场参与者可以轻松、方便地在恰当的时机按照合理的价格转让手中的合约，可将精力完全放在对市场价格走势的研判分析上，从而吸引更多投机商进入期货市场，为期货交易提供充足的流动性，增加价格的连续性和透明度。期货合约的标准化无疑快速增大了期货市场的交易规模，使期货市场能够提供更好的流动性，进一步降低套期保值和投机交易的成本。

此外，合约的标准化为抑制对手的信用风险夯实了基础。假设在合约标准化之前，交易者甲和乙订立了（非标准化的）远期合约，若在合约签署后，乙公司因经营不善而破产，则甲和乙的远期合约将因乙的破产而产生违约风险，甲将承受由此而来的损失。然而，如果有期货交易所居中撮合，那么在乙违约后，交易所可自动寻找其他有执行合约能力的活跃交易者为甲重新撮合，从而使甲获得其持有头寸所应得的收益，有效保护甲不受违约风险的影响。

四、锌期货交易与现货远期交易有何区别及优势？

期货交易与现货交易的区别如表 1 - 2 所示。

表 1 - 2　　期货交易与现货交易的特点对比

对比项目	现货交易		期货交易
	即期交易	远期合同	
交易目的	买入或卖出商品	买入或卖出商品，或转让合同获利	转移价格风险（套期保值）或者投机获取价差
交易对象	商品实物	非标准化合同	标准化合同
参与人数	少（大多一对一）	少（尤其是价格波动很大时）	多（大量现货企业及众多套利投机者）
价格确定	双方讨价还价	协商	在期货交易所内公开竞价
价格波动	不连续，选择范围窄	不连续	连续
交易量	小	较小	大
资金占用	交易金额的 100%	押金，交易金额的 20%～30%	保证金，占交易金额的 5%～15%
履约方式	钱货两清	未来交收货物或转让背书	对冲平仓或实物交割（交割一般在 5% 以下）
履约风险	不大	大	基本没有
可否转让	不可以	背书方式，不方便	对冲方式，十分方便
交易场所	无限制	无限制	通过期货交易所电子交易平台或场内交易

资料来源：中国国际期货。

锌的现货交易是指买卖双方基于对锌需求或销售的目的，采用实物交收的一种交易方式。按锌交货时间不同，现货交易分为即期交易和远期交易。

国内锌现货市场的市场化程度相对发达国家较低，普遍缺少对冲远期价格波动风险的工具，因此，多数现货交易都是即期交易或者价格不确定的远期合同交易，签订确定价格的长期合同的远期交易非常少。

期货市场是由现货远期交易市场发展而来的，二者的共同点是在将来某个确定的时间按确定的价格买入或卖出某项标的资产的协议。二者的不同点，一是期货交易的是标准化的远期合同，而现货远期交易合同则是非标准化的。锌期货标准化合约在锌的质量品级、交割时间和地点等方面有较为严格的规定，只是价格不确定。现货交易合同对锌的质量要求、交收地点、时间及价格等交易条款比较灵活，由签订双方协商确定。二是锌期货交易是在期货交易所内集中进行买卖标准化锌期货合约的一种交易行为，与现货交易相比，期货交易是一种具有高度组织化的交易方式，而现货交易不受交易对象、交易时间和交易空间等方面的制约。三是二者交易规则不同。期货交易的交易规则有以下几个重要特点：

1. 保证金制度（杠杆机制）

期货交易实行保证金制度，也就是说，交易者在进行期货交易时只需缴纳少量的保证金，一般为成交合约价值的5%～10%，即可完成数倍乃至数十倍的合约交易。期货交易的这种特点吸引了大量市场参与者。现货即期交易一般是货款两清，占用100%资金；现货远期合同一般需交20%～30%的定金。当然，期货的这种“杠杆机制”使交易具有高风险、高收益的特点。

2. 每日无负债结算制度

期货交易实行每日无负债结算制度，即在每个交易日结束后，期货结算机构（通常是交易所）对交易者当天的盈亏状况进行结算，根据盈亏在不同交易者之间进行资金划转。如果交易者亏损严重，保证金账户资金不足，交易所会要求交易者必须在下一日开市前追加保证金，以做到“每日无负债”，从而保证期货市场不会出现交易违约。而现货远期交易市场交完定金（一般是20%～30%）后无须再根据市场情况补交或减少定金。

3. 双向交易（对冲机制）

双向交易是指期货交易者既可以买入期货合约作为期货交易的开端（称为买入开仓），也可以卖出期货合约作为交易的开端（称为卖出开仓）。与双向交易的特点相联系的还有对冲机制。在期货交易中，大多数交易者并不是通过合约到期时进行实物交割来履行合约，而是通过与开仓时交易方向相反的交易来解除履约责任。具体来说，就是交易者买入开仓之后可以通过卖出相同合约的方式，或卖出开仓后可以通过买入相同合约的方式解除履约责任。现货交易大多以实物交收来完成交易，部分远期现货交易合同可以通过背书转让完成交易，但因为合同不规范，加之交易对象少，背书转让的流动性较差。

五、锌期货交易与股票交易相比有何不同?

与股票交易相比，锌期货交易的特点非常鲜明。

（一）锌期货合约有到期日，交易者不能像股票一样无限期持有

锌期货合约都有固定的到期日，到期就需要进行交割，因此必须注意合约到期日，以决定是提前了结头寸，还是等待合约到期进行实物交割，或者将头寸转到下一个月。而股票交易者买入股票后可以一直持有，除非公司进行增发股票、送股、拆股或缩股等行为，否则交易者所占的份额或股数不会变化。

（二）锌期货交易是保证金交易，每日必须进行结算

在买入股票后，只要尚未进行卖出交易，交易者账户账面盈亏都是不结算的（分配股利除外）。但期货交易不同，交易所每天要按照结算价对交易者持有的合约进行结算，交易者账户账面盈利可以提走，但其账面亏损第二天开盘前必须补足（即追加保证金）。由于是保证金交易，交易者的亏损额甚至可能超过交易者的本金，这一点和股票交易不同。

（三）锌期货交易可以卖空

锌期货合约的交易者可以十分方便地将合约卖空，等合约价格回落后再

买回，赚取差价。股票融券交易虽然也可以卖空，但其中的障碍较多。

（四）期货市场的流动性较高

由于锌期货交易采用保证金制度进行交易，有一定的杠杆效应，因此流动性较高。

（五）锌期货交易是零和游戏

在股票市场中，企业为了获取投入新项目的资金以得到更大的利润，向投资者发行股票。在项目实现利润后，企业会通过发放现金股利、提取留存收益等方式，将利润分给股东。从融资到分配，整个市场的价值增加了。而期货市场则不同，在期货交易的机制之下，价格波动的风险是从一方转移到另一方，整个市场是零和游戏。

案例 1－1

相比股票交易，期货交易在下单时的注意事项

最需要注意的问题是开仓平仓。期货市场采用双向交易机制，在期货交易中，无论买还是卖，只要是新建头寸，都称为开仓。交易者建仓之后手中就持有了头寸，这就叫持仓。例如，某交易者在 2024 年 5 月 17 日开仓买进 10 手 2024 年 7 月沪锌期货，成交价为 23800 元/吨，这时他就有了 10 手多头持仓。而平仓是指交易者了结持仓的交易行为，了结的方式是针对持仓方向做相反的对冲买卖。到 5 月 21 日，如果该交易者见沪锌期货价格上涨，在 24980 元/吨的价格卖出平仓 7 手 1 月沪锌期货，那么，成交之后，该交易者的实际持仓就只剩 3 手多单了。如果 5 月 21 日该交易者在报单时报的是卖出开仓 7 手 1 月沪锌期货，那么成交之后该交易者的持仓状况是否仍是 3 手多单呢？实则不然，该交易者的实际持仓为 10 手多头持仓和 7 手空头持仓。在期货交易中，开仓和平仓有着不同的含义，所以，交易者在买卖期货合约时必须指明是开仓还是平仓。

六、锌期货交易的优势和功能有哪些？

（一）期货交易优势较为明显

期货交易的优势在于：一是保证金交易制度使期货资金的使用效率有所提高。二是标准化合约、保证金制度以及双向对冲交易吸引了大量期货市场参与者，大大增加了期货市场的流动性。三是信用高。现货远期交易市场即使交货款的20%～30%的定金，又签订了固定价格的远期合同，但由于不进行类似期货的每日无负债结算，期货价格累计波幅一旦超过20%～30%，交易就存在极大的违约风险。比如，2021年10月中旬至2022年1月中旬，在供需、全球流动性、政策等多重因素的打压下，大宗商品价格持续暴跌，其中，沪锌跌幅高达20%。这时，现货市场就出现了较为普遍的违约，如买方拒绝买货或要求降价买货等。四是交易快速便捷。由于合约是标准化的，从具体交易形式上看，期货交易与股票网上交易类似，非常简便，而现货交易的操作极不便利，因为要涉及寻找合适的对手公司，然后讨价还价、签订合同、安排运输等环节。

（二）锌期货交易的价格发现与风险管理功能

1. 价格发现功能

期货市场有大量现货生产、贸易、消费企业参与，能较好地反映现货供需情况，而大量专业投资机构以及其他市场参与者的积极参与也使相关供需信息流通得更为顺畅，各参与者都对商品价格进行了广泛的研究，最终，期货市场形成的价格更具客观性，期货市场较现货市场更具发现价格功能。国内农产品期货及化工类期货，单从期现价格走势图就可明显发现，这两类期货价格趋势在拐头时领先现货价格的情况，而锌等有色金属期货，由于品质标准化，期现联动紧密，从长期对比走势来看，期现价格基本同步运行，只是在价格变化幅度上略有阶段性差异。

2. 风险管理功能

锌的期货、现货价格走势极为接近，所以，在保证金制度下，现货企业可以较低资金成本在期货市场上对现货敞口风险进行反向操作，可以通过两个市场一涨一跌来降低价格不确定性波动带来的风险。

七、锌的期货价格与现货价格走势不完全同步的主要原因是什么？

（一）期现价格间时空因素（持有成本及运输）的存在及变化

我们知道，现货与期货市场间有“时”与“空”两个因素，表现形式就是基差包含两个市场间的运输成本和持有成本。这既是基差存在的一个重要基础，也是影响基差变化的重要因素，因为运输成本和持有成本并不是固定的，而是变动的。比如，油价及运力是否紧张的情况会影响运输成本，而利率、汇率以及现货价格高低等变化也会影响持有成本。

（二）期现标的品种、规格级别等不一致

一是需要套期保值的商品可能与期货合约规定的商品种类不尽相同。比如，布匹生产商可以用棉花期货代替纱线进行套期保值交易，但纱线的生产成本、供求关系并不与棉花完全一样，因此，纱线的价格波动可能与棉花的价格波动不一致。二是即使期现标的是同一品种，但现货市场中每种商品有许多种等级，每种等级价格变动比率也不一样，而期货合约却限定了一个或几个特定等级，所以需要套期保值的商品等级的价格在现货市场中的变动可能快于或慢于合约规定的那个等级。另外，即使需要保值的商品品级规格为期货交割替代品，但由于现货市场不同品级间升贴水经常变化，而期货市场替代品间的升贴水相对固定，期货市场和现货市场价格也存在一定差异。

值得注意的是，可供交割的规格品级的现货供求情况虽然对整体现货价格影响不是很大，但对相应的期货价格影响却较大，尤其是在供应极为紧张或明显过剩时。

（三）市场心理以及金融投机因素对期货价格的影响更加明显

影响商品价格的因素非常多，但归根结底可以归纳为三种基本因素：一是商品供需；二是市场因素；三是金融因素。因为众多现货企业关注并参与期货交易，加之期货可以现货交割，所以影响商品现货价格和期货价格的因素大多一致，但每一种因素对期现价格产生影响的范围及程度不一样，详见表1－3。

表1－3 期货现货影响因素对比

影响因素	现货价格	期货价格
商品供需（最主要因素）	主要取决于短期区域性的供需（包括政策）	主要受国内中长期供需预期影响，如果有进出口，则全球供需也会有很大影响
市场因素（次要因素）	买卖双方商议签订价格，受地域、信息的影响较大	因市场参与者众多，交易量较大，期货市场价格更为连续、有预期性
金融因素（最次要因素）	短期利率、通货膨胀、人民币汇率等因素	不仅受短期金融因素的影响，还受市场对未来金融因素变化预期的影响

资料来源：中国国际期货。

案例1－2

0#锌锭与1#锌锭走势发生巨大差异的原因

2007年1月1日起，0#锌锭保留了5%的出口退税，1#锌锭等锌锭、锌合金要加征5%的出口关税，当时美元兑人民币的汇率为7.75，因此国内0#锌锭的出口比值下限计算公式是：美元汇率×（1＋出口退税率），此时为7.75×（1＋5%）＝8.13。低于该比值时，0#锌锭一般贸易出口有盈利，因此会刺激锌锭出口，从而造成LME库存增加，国内锌锭供应减少，进一步构成对比值的支撑。2006年11月，LME锌价的暴涨，导致国内外锌价差异幅度越来越大，上海0#锌锭现货价格与LME锌现货价格的比值一度低至7.33。由于大量0#锌锭出口，造成国内0#锌锭突然紧缺，0#锌锭与1#锌锭的差价（0#锌锭最低价与1#锌锭最低价之差）在11月中旬被迅速拉大，最大值达到1100元/吨，而正常情况下只有100元/吨。上期所锌期货的标的是0#锌锭。

八、锌期现价格波动有何规律？不同投资者如何运用这些规律？

期货锌和现货锌的标的物相同，因此所有影响锌价的因素也都在影响着锌的期货市场和现货市场。除了供需关系、国际国内经济形势、产业政策、进出口关税等相同影响因素外，锌的期货价格还会受到市场心理预期的影响，因为资金在期货市场中的流动速度更快，所以，资金及市场心理对价格涨跌的推动作用更为显著。不仅国际成熟市场锌定价基准是以期货价格为主，国内锌现货市场定价也逐渐参考国内锌期货的盘面价格，这就在很大程度上决定了期货和现货市场走势趋同的必然性，而且，随着国内锌期货市场发展日渐成熟，期货价格对现货价格影响程度也在不断加强。

首先，锌期货允许现货交割，因此，期现价格中长期趋势基本一致，而且随着交割期的临近，期货价格与现货价格逐渐接近。比如，近月合约锌期货价格基本上是围绕主要交割地的现货价格上下波动（见图1-1）。企业可以利用期货市场建立与现货市场方向相反的交易，即达到减少或规避企业因现货市场价格波动而带来的经营风险（即套期保值操作）；而专业投资机构以及市场参与者也可根据对现货供需等的研究来低买高卖，赚取买卖价差。

其次，在中长期价格运行趋势转变时，锌的期货价格相比现货价格往往先涨先跌（即期货价格有发现功能）。这主要是因为期货交易参与人数众多，信息量大，集中竞价形成的期货价格包含了影响短中长期价格的众多因素，而各地现货价格则更多受局部地区的短期实际供需影响，因此，在商品

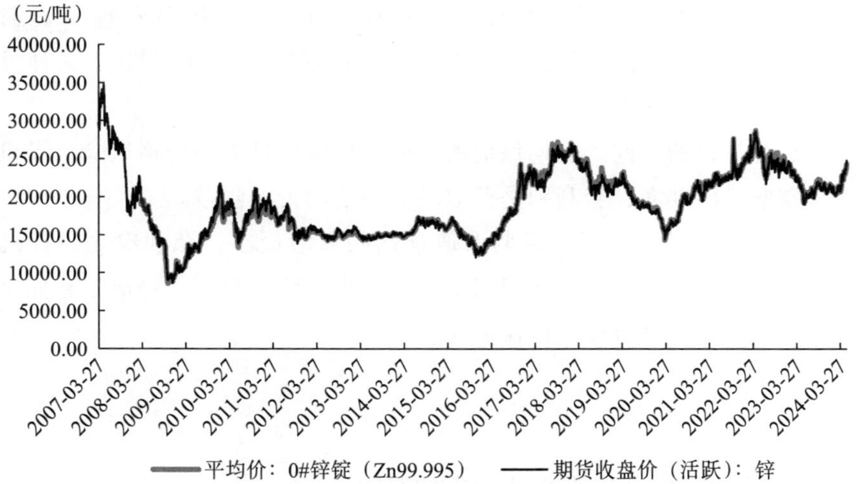

图 1－1　国内锌期货价格与现货价格走势对比

资料来源：同花顺。

价格趋势转头的时候，期货价格往往会领先现货市场。因此，现货企业可以利用期货价格这个运行特点指导现货经营。例如，期货价格下跌而现货价格尚未下跌，持有现货的生产、贸易企业可以尽快将货物销售出去以避免价格下跌的损失，消费企业则可以降低购入速度、减少库存；期货价格上涨而现货价格尚未上涨，生产、贸易商可减缓销售进度或者购入现货，以待现货价格上涨，消费企业则可购入现货增加库存。

最后，锌的期货价格比现货价格的波动幅度更大。期货价格是未来远期价格，是所有期货市场参与者根据经验及相关信息对商品未来供需及相应价格预期后的集中反映。随着期货合约交割日的临近，投资者面临实物交割或现金结算的选择。为了避免实物交割的麻烦和成本，投资者通常会选择在期货市场上进行平仓操作，从而推动期货价格向现货价格靠拢。投资者的预期变动性很大，过于乐观或悲观的预期导致价格波动的幅度比主要由确定性较大的短期现实供需决定的现货价格波动幅度要大。这种超涨超跌特性给现货企业提供了低买或高卖现货的机会，即可以增加现货企业的购销渠道，提高经营效益。另外，专业投资机构及投资者可以利用期现两市、不同合约间以及不同市场间锌价的不同步甚至不合理来进行套利交易。

综上所述，参与锌期货的目的主要有三种：一是风险管理（套期保值）；二是低买高卖赚取差价（投机）；三是买强卖弱进行套利。三种投资操作之间有明显的区别。

一是交易目的不同。套期保值的目的是规避现货市场价格风险；投机的目的是赚取风险利润；套利则是获取较为稳定的价差收益。

二是承担的风险不同。套期保值承担的风险最小，套利次之，投机最大。保值量超过正常的产量或消费量就是投机，跨期套利、跨市套利如果伴随着现货交易，则也可以当作保值交易。

九、中国为什么要上市锌期货？

（一）争取国际市场定价的话语权

尽管国内锌产量与消费量在全球占有绝对优势，但在锌期货上市以前，国内缺乏公开、透明的定价渠道和平台，无论是在国际贸易活动中，还是在国内贸易活动中，我国只能参考国际锌期货价格，这样国内企业就丧失了市场定价过程中的话语权，区域性的市场供需变化对国际锌价的影响微乎其微。比如，国内锌现货价格主要参考上海有色金属网（SMM）每天发布的SMM现货报价，外购矿主要根据LME进行点价，而LME价格的升贴水波动很大，与国内市场并不同步。近几年国内锌资源供需矛盾突出，原料对外依存度不断增加，原料与成品定价的反差凸显经营风险。使用国产锌精矿的冶炼企业大多参照SMM月均价进行结算，如果SMM报价偏高，则对冶炼厂的采购和未来销售都不利，国内外锌价高低不一，无论对使用进口锌精矿的冶炼企业还是使用国内矿的冶炼企业，这样结算都存在较大风险。再比如，一些企业进口原材料采购的基本模式是每年11月谈下年度的合同，合同期是一年，但定价每个月要谈一次，由供需双方按批或按时段洽谈。因为区域、品质、运输、供求状况等影响因素差异很大，谈判费时费力。总之，我国锌期货推出之前，因为国内没有一个成熟的定价机制，不能形成一个权威的价格参照体系，所以国内锌市场交易手段落后、交易成本高、资金周转慢，这显然与我国铅锌生产消费大国地位极不匹配。

（二）给涉锌企业提供管理风险的工具

锌价剧烈波动下，相关企业规避风险的迫切性大幅提高，如果没有相应的期货工具，涉锌企业将无法保值。国内锌产业链规模虽大，企业数量众多，但中小型企业占比较大，产业集中度不高，冶炼厂商的利润有限。在锌价波动剧烈且国内没有锌期货交易平台的情况下，国内冶炼厂很难锁定利润。2005 年后，锌现货市场就十分活跃，价格连破历史高点，2006 年锌价格最高上涨 70%，然后又下跌 30%。在沪锌上市前，企业只能处于被动地位。鉴于当时国内没有锌期货市场，一些大企业不得不采用与 LME 价格挂钩再折成人民币的方式订立现货交易合同，但这些企业极易成为国外基金狙击的对象。企业亟盼中国能推出具有影响力的期货品种为实体企业保驾护航，通过套期保值等方式来控制和规避风险，避免无谓的损失，改变企业经营中的弱势地位，提升国际市场影响力。

十、国内锌期货上市后实际运行情况如何？

图 1 -2 是上期所锌期货日成交情况，单边日均持仓量由上市之初的几万吨、十几万吨，迅速扩大并稳定在 100 万吨以上，单边日均成交量也保持在 100 万吨以上。

由于市场参与者广泛，成交日渐活跃，上期所锌期货在为投机者和套期保值者提供良好操作工具的同时，自身发现价格的功能也不断得以加强。上市后，上期所锌期货价格与 LME 锌期货价格、国内现货锌价格走势联系紧密。伴随着沪锌期货成交的日渐活跃，锌期货价格变化也充分反映了国内市场的供求实际情况。

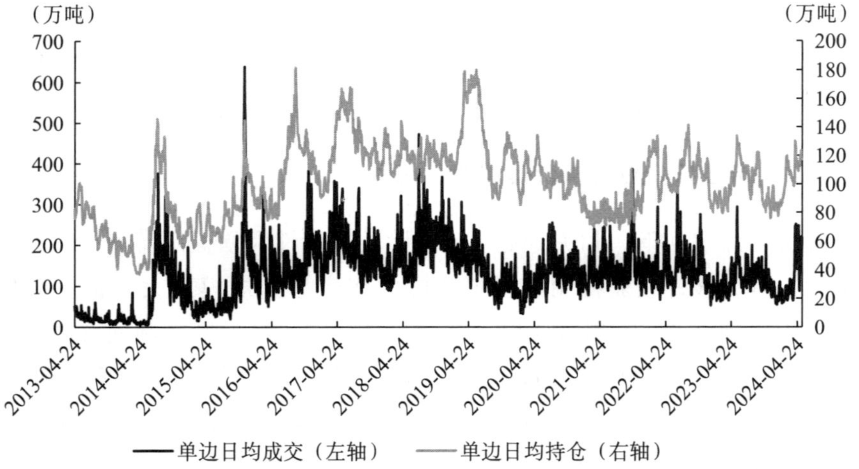

图1-2 上期所锌期货日成交情况

资料来源：Mysteel。

锌是金属中价格波动较大的品种，尽管如此，上期所锌期货运行平稳。原先，在境外期货市场进行保值存在语言交流、规则制度适应、代理机构选择等方面的差异，制约了涉锌企业保值业务的深入开展。上期所推出锌期货，不仅满足了企业套期保值、管理市场风险的要求，也为企业提供了跨市套利、期现套利的工具和平台。

总之，沪锌期货不仅为广大期货交易者提供了一个良好的投资工具，也给国内涉锌企业的管理运营等方面带来了很多新的变化。企业的原料风险防范意识普遍增强，进行套期保值的力度也在不断加大。

自测题

一、填空题

1. 上海期货交易所锌期货的标的是________#锌锭。

2. 上海期货交易所正式开始上市锌期货的时间是________年________月________日。

3. 与现货交易相比，期货交易采取________的履约方式。

4. 参与锌期货的三类主要人群是________、________和________。

二、不定项选择题

1. 截至 2024 年 7 月，上海期货交易所上市的品种有（　　）个。

A. 8 个　　B. 12 个

C. 16 个　　D. 23 个

2. 2021 年底权威机构的数据显示，6 种基本金属中，中国产量占世界产量的比重最大的是（　　），中国消费量占世界消费量的比重最大的是（　　）。

A. 铜　　B. 铝

C. 铅　　D. 锌

E. 锡　　F. 镍

3. 期货交易相比现货交易最显著的特点是（　　）。

A. 保证金制度　　B. 必须实物交收

C. 每日无负债结算制度　　D. 双向交易

4. 锌的期货价格与现货价格走势不会完全同步的原因是（　　）。

A. 期现价格的持有成本不同

B. 期现标的品种、规格级别等不一致

C. 市场心理以及金融投机因素对期货价格影响更加明显

D. 参与期货交易的人众多

三、判断题

1. 由于期现标的品种、规格级别不一致等原因，期货与现货走势不一定一致。（　　）

2. 目前，上海期货交易所已经推出了锌期货的迷你合约。（　　）

3. 国内推出锌期货的主要原因是争取国际市场的定价权和为涉锌企业提供风险管理的工具。（　　）

4. 2007 年 0#锌锭（上海期货交易所锌期货标的）与 1#锌锭走势差异巨大的主要原因是受到进出口政策的影响。（　　）

5. 锌期货任一合约交易后，交易所每天都要按照结算价对持有在手的合约进行结算，账面盈利可以提走，账面亏损时，交易者第二天开盘前必须补足保证金。 ( )

参考答案

一、填空题

1. 0
2. 2007 3 26
3. 对冲平仓或实物交割
4. 投机者 套期保值者 套利者

二、不定项选择题

1. D 2. E 3. ACD 4. ABCD

三、判断题

1. √ 2. × 3. √ 4. √ 5. √

第二章

锌期货合约和交易规则

本章要点

“工欲善其事，必先利其器。”在掌握本书第一章关于锌的基本知识之后，投资者应进一步了解锌期货合约的具体内容和期货市场的基础知识和交易规则。本章可使投资者了解锌期货的基本概念和锌期货合约的具体规定、国内与国际市场锌期货品种的区别与联系、进行锌期货交易需要知道并遵守的交易规则，以及保证金的计算方法及其对交易的影响等内容。

一、上海期货交易所锌期货合约的具体规定如何？

（一）交易及交割品种：纯度为99.995%的0#锌锭

之所以不选用在国内尤其是在上海地区流通量大但纯度为99.99%的1#锌锭作为交割标的，原因在于伦敦金属交易所（LME）上市的是0#锌期货，且0#锌锭符合国家产业政策的鼓励发展方向。

（二）交易单位：5吨/手

以手为单位，每手对应5吨标准锌锭。从保持国内金属期货系列品种的规则连续性出发，结合投资者的资金结构和操作习惯，设定锌期货合约的交易单位为5吨/手，此设定旨在满足多层次锌企业、用户及投资者的交易需求，进而增加锌市场的流动性。

（三）合约交割月份：1～12月

市场上同一时间上市的合约从现货月至未来共计12个月的合约，即1～12月。

（四）交割单位：25吨/手

交割单位与LME保持一致，此举不仅促进了两个市场的相互融通，还便于指定交割仓库的货物管理，实现了定量堆放，同时方便注册企业根据产品单位重量进行灵活组合，以符合最小交割单位的要求。

（五）最小变动价位：5元/吨

锌期货的单一合约，应在交易所指定的仓库进行实物交割，最小交割单位为25吨。一是考虑期货交易的流动性，变动价位不能太高。二是LME锌的最小变动价位是50美分，折合人民币约4元，考虑到国内投资者的交易习惯及计算的方便，将最小变动价位定为5元/吨较为合适。

（六）每日价格最大波动限制：±4%

上海期货交易所对每日锌期货价格的最大波动幅度进行了限制，目前规定是当日价格不得超出前一交易日结算价格的±4%。

（七）保证金比例：合约价值的5%

自2010年以来，锌期货价格波动较为剧烈，锌期货上市初期，保证金比例为5%，随后，交易所根据节假日或其他事件灵活调整保证金比例，从而更有效地覆盖交易风险。

（八）交易手续费

上期所对锌期货收取手续费3元/手，平今免收。

（九）最后交易日：合约交割月份的15日（遇法定假日顺延）

交易时间为上午9:00—11:30和下午1:30—3:00以及交易所规定的其他交易时间。

上期所与LME标准锌期货合约的区别如表2－1所示。

表2－1　SHFE与LME标准锌期货合约指标对比

项目	上海期货交易所（SHFE）	伦敦金属交易所（LME）
交易品种	锌99.995%	锌99.995%
交易单位	5吨/手	25吨/手
报价单位	元（人民币）/吨	美元/吨
最小变动价位	5元/吨	场内0.5美元/吨，电子盘0.5美元/吨，场外0.01美元/吨
涨跌停板幅度	不超过上一交易日结算价的±4%	不超过前一个交易日收盘价±15%
合约月份	1～12月	月合约延伸至123个月

续表

项目	上海期货交易所（SHFE）	伦敦金属交易所（LME）
交易时间	北京时间： 日盘交易时间： 上午 9:00—11:30 下午 1:30—3:00 和交易所规定的其他交易时间	北京时间：上午 8：00—次日凌晨 2：00（夏令时）；上午 9：00—次日凌晨 3：00（冬令时）
最后交易日	合约月份的 15 日（遇国家法定节假日顺延，春节月份等最后交易日交易所可另行调整并通知）	最后交割日前一个交易日
交割日期	最后交易日后连续 2 个工作日	3 个月以内任何一个交易日均可交割，3 个月以上 6 个月以内，每周三交割；6 个月以上 15 个月以内，每个月第三个星期三交割
交割品级	标准品：锌锭，符合国标 GB/T470－2008 ZN99.995 规定，其中，锌含量不小于 99.995%。替代品：锌锭，符合 BS EN 1179：2003 Z1 规定，其中，锌含量不小于 99.995%	所有交割的锌必须是 LME 核准认可的品牌，纯度不低于 99.995% 的特高级锌，必须符合下列化学成分标准之一： 符合 BS EN 1179：2003 规定，锌含量不小于 99.995%； 符合 ISO 752：2004 中 A 级锌（ZN－1 grade）规定； 符合 ASTM B6－12 中 LME 品级规定； 符合 GBT470－2008 规定，锌含量不低于 99.995%
交割地点	交易所交割仓库	交易所指定交割仓库
最低交易保证金	合约价值的 5%	
交易手续费	3 元，平今免收	
最小交割单位	25 吨	25 吨
交割方式	实物交割	实物交割
交易代码	ZN	ZSD

资料来源：上海期货交易所、伦敦金属交易所。

二、SHFE 与 LME 在锌期货合约的指标设定上有何不同？

（一）交易单位和计价单位不同

SHFE 锌期货合约的交易单位较小，仅为 5 吨/手，以人民币计价；LME 锌期货合约的交易单位是 25 吨/手，以美元计价。

（二）结算规则不同

SHFE 执行每日无负债结算制度，交易产生的结算盈利可于次日提取，亏损则要在次日开盘前补足；LME 无此要求。

（三）最后交易日和交割日期不同

SHFE 锌期货合约规定了合约的最后交易日为交割月份的 15 日（遇法定节假日顺延），交割日期为最后交易日后连续 2 个交易日。LME 没有规定最后交易日，而且交割日期根据不同情况有不同规定，如 3 个月以内任何一个交易日均可交割，3 个月以上 6 个月以内，每周三交割；6 个月以上 15 个月以内，每个月第 3 个星期三交割。

小贴士

LME 结算规则

LME 与上期所合约最主要的不同在于：上期所采用的是每日无负债结算制度，需要每日追加损失的保证金，而盈利可提取；LME 不采用现金结算，当市场用户的合约产生损失时，不必提供追加的资金，在到期日之前产生的盈利也不能取走。这个规则使投资者在国内发生的浮亏无法用国外产生的浮盈来填补，如果资金不足就会造成国内头寸被强行平仓，而国外的头寸也会暴露在风险中，因此，在跨市套利中投资者做好资金管理非常重要。

案例2-1

LME锌交割过程

某锌生产企业通过经纪公司在LME抛出1000吨于2023年12月20日到期的合约，欲进行实物交割。生产企业负责在12月20日之前把1000吨锌（货物必须是LME注册品牌）运至LME在欧洲、新加坡或美国的任何仓库。货到目的港后，传真指令给国际大型仓储公司让其代理入库，包括港口至仓库的运输、质量检验、过磅、标码、重新包装，然后制成仓单，向仓储公司缴纳一定费用。仓储公司制作成仓单后要及时通知客户。

12月18日，即到期前的倒数第二个交易日为现货日（Cash Day），生产企业通知经纪公司进行实物交割。12月20日之前生产企业下指令给仓储公司把仓单转移给经纪公司，并通知经纪公司接受仓单。经纪公司确认收到仓单后，把货款支付给生产企业。至此，生产企业通过经纪公司卖出的1000吨期货合约以实物交割履约完毕。

例如，某消费者通过经纪公司在LME买进1000吨锌，交割日期为12月20日。12月18日，即到期前的倒数第二个交易日为现货日，消费者通知经纪公司进行实物交割。12月20日之前，消费者把货款（以当时买入的合约价格计算）电汇至经纪公司账户。经纪公司确认收到货款后，负责把仓单交付消费者。

三、何谓每日无负债结算？锌期货合约是如何进行结算的？

（一）每日无负债结算制度

每日无负债结算制度又称每日盯市制度，是指每日交易结束后，交易所按当日各合约结算价结算所有合约的盈亏、交易保证金及手续费、税金等费用，对应收、应付的款项实行净额一次划转，相应增加或减少会员的结算准备金。在进行锌期货品种交易的上期所，交易所只对会员进行结算，期货公司会员则对其客户进行下一级的结算，其计算结果将被计入客户的保证金账户。

按正常的交易程序，交易所在每个交易日结束后，由结算部门先计算出当日各种商品期货合约的结算价格。当日结算价一般是指交易所某一期货合约当日成交价格按成交量计算的加权平均价；当日无成交的，以上一交易日结算价、该合约当日闭市时买卖双方报价、该合约当日前一有成交的最近月份合约结算价的涨跌幅度等综合参考确定当日结算价。结算价确定后，以此为依据计算各会员的当日盈亏（包括平仓盈亏和持仓盈亏）、当日结算时的交易保证金、当日应交的手续费、税金等相关费用。最后，对各会员应收、应付的款项实行净额一次划转，相应调整增加或减少会员的结算准备金。结算完毕，如果某会员“结算准备金”这一明细科目下的余额低于规定的最低数额，交易所则要求该会员在下一交易日开市前补交，从而做到无负债交易。

图 2－1 是沪锌主力合约的收盘价、结算价、次日开盘价的关系示例。图中，当日沪锌指数收盘价是 24920 元/吨，经过计算，结算价是 24890 元/吨，而次日的沪锌开盘价低开至 24595 元/吨。

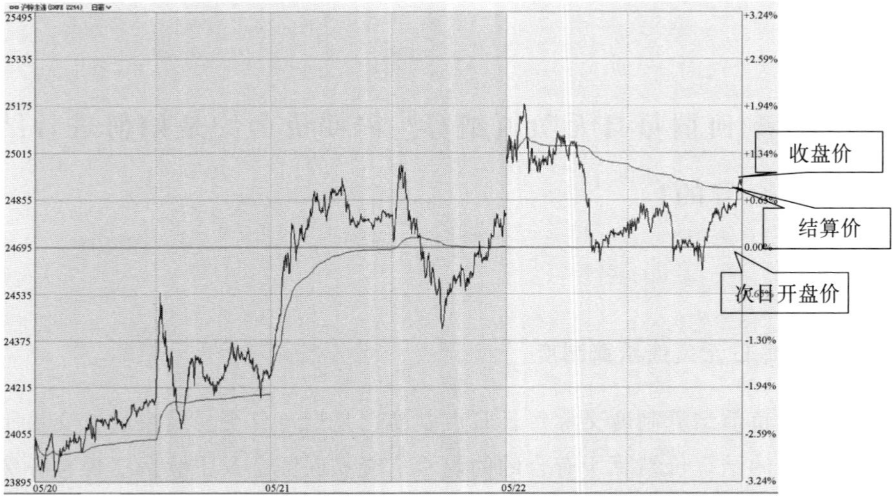

图 2－1　沪锌指数收盘价、结算价与次日开盘价

资料来源：文华财经。

（二）交易所对会员的结算

交易所实行每日无负债结算制度，即交易所在每个交易日结束后会对每一会员的盈亏、交易手续费、交易保证金等款项进行结算。其核算结果将作为其会员与会员的客户之间的结算依据。会员可通过会员服务系统于每个交易日的规定时间内获得“会员当日平仓盈亏表”“会员当日成交合约表”“会员当日持仓表”和“会员资金结算表”。

（三）期货经纪公司对客户的结算

同样，期货经纪公司也会在每个交易日交易结束后对客户的盈亏、交易手续费、交易保证金等款项进行结算。交易手续费一般会在期货合约规定的交易手续费标准的基础上上浮，交易保证金一般也高于交易所收取的交易保证金比例。期货经纪公司会在闭市后向客户发送交易结算单。

四、何谓期货保证金制度？保证金水平与杠杆关系如何？

（一）保证金相当于确保履行合约的财务担保

期货市场最显著的特点之一是实行保证金制度，该特点体现了期货市场运行的高效率，但也注定了交易的高风险。在期货交易中，交易者必须按照其所买卖期货合约价值的一定比例缴纳少量资金，作为其履行期货合约的财力担保，然后才能参与期货合约的买卖，并视价格变动情况确定是否追加资金。这种制度就是保证金制度，所缴纳的资金就是保证金。保证金的收取是分级进行的，可分为期货交易所向会员收取的保证金和期货经纪公司向客户收取的保证金，即会员保证金和客户保证金。保证金应当以货币资金的形式缴纳，也可以上市流通的国库券、标准仓单折抵期货保证金。

此外，期货经纪公司应把向客户收取的保证金存入专门的账户，与公司的自有资金区分开来。然后，经纪公司再统一将保证金存入交易所。当每日结算后客户保证金低于期货交易所规定的交易保证金水平时，期货经纪公司应按照期货经纪合同约定的方式通知客户追加保证金，客户不能按时追加保证金的，期货经纪公司应当将该客户的部分或全部持仓强行平仓，直至保证金余额能够维持其剩余头寸。

客户保证金的收取比例由期货经纪公司自主规定，但有关法规规定不得低于交易所对会员收取的交易保证金。该保证金属于客户所有，期货经纪公司除按照中国证监会的规定为客户向期货交易所交存保证金进行交易结算外，严禁挪作他用。

保证金水平的确定一般都是以涨跌停板幅度为基准，而不是根据期货价格的波动情况来确定。比如，某期货合约的涨跌停板幅度为5%，交易所保证金水平一般定为7%，而期货公司制定公司保证金水平时则是在交易所保证金水平的基础上加3个百分点。除了节假日，交易所保证金水平一般一年或更久才会调整；而期货公司保证金的调整时间也不固定，调整的频率因期货品种不同而有所差异。目前，国内保证金水平高低参差不齐，甚至有较大差距。所以，期货公司的保证金水平也成为影响公司竞争力的因素之一。

为更好地保护期货投资者的资金安全，我国于2006年5月成立了中国期货保证金监控中心。该中心网站上提供投资者查询服务系统，通过该系统，投资者可以查询自身交易结算报告等信息。

（二）保证金杠杆交易既放大收益，也放大亏损

若保证金比例为5%，则放大20倍（即100/5）；如果保证金比例为10%，则放大10倍（即100/10）。可见，保证金比例越高，交易成本越高（流动性下降），风险越低；保证金越低，交易成本越低，但风险越高。因此当市场风险加大时，交易所往往会提高保证金比例。

波动性和不可预测性是市场最根本的特征，这是市场存在的基础，也是交易中风险产生的原因。交易中，所有的分析预测仅仅是一种可能性，根据这种可能性而进行交易，自然是不确定的行为，必须有措施来控制其风险的扩大。

这里以锌期货为例，计算一下杠杆带来的风险程度。通过计算我们可以对锌期货交易的机会与风险产生更深刻的认识。

案例2-2

25万元参与锌期货交易，亏损47.3万元

假设有一个投资者以25万元资金做空沪锌，2024年2月19日，他在沪锌的低点20210点买入空单，然后一路持有，不再做任何操作，需要追加保证金的时候就及时追加保证金。那么到2024年5月22日沪锌高点25190点时，他会赔多少钱？在近2个月里，沪锌价格上涨了4980点，涨幅为24.6%，按13%的保证金计算，他将亏损47.3万元。

再看做多不止损的情况：假设投资者以25万元资金做多沪锌，他于2022年10月20日高点25000点买多单并持有到2023年5月24日沪锌低点20020点，将会损失多少钱？计算可得，沪锌价格下跌了4980点，跌

幅为19.92%，按13%的保证金计算，他将亏损38.3万元。

当然，期货市场具有两面性。如果期货交易方向做对，投资者也将实现盈利，但投资者一定要考虑其风险性。另外，抛空不止损的风险在理论上远大于做多不止损的风险。

五、锌期货合约的保证金水平具体是怎么调整的?

根据上海期货交易所规定，锌期货合约的最低交易保证金为合约价值的5%。为了控制风险，在某一期货合约的交易过程中出现下列情况时，交易所可以根据市场风险调整其交易保证金水平。

1. 交易所根据期货合约上市运行的不同阶段（临近交割期）调整交易保证金比例

当某一期货合约达到应该调整交易保证金的标准时（见表2-2），交易所应在新标准执行前一交易日结算时对该合约的所有历史持仓按新的交易保证金标准进行结算，保证金不足的，应当在下一个交易日开市前追加到位。在进入交割月份后，卖方可用标准仓单作为与其所示数量相同的交割月份期货合约持仓的履约保证，其持仓对应的交易保证金不再收取。

表2-2　锌期货合约上市运行不同阶段的交易保证金收取标准

交易时间段	锌交易保证金比例（%）
合约挂牌之日起	5
交割月前第一月的第一个交易日起	10
交割月份第一个交易日起	15
最后交易日前第二个交易日起	20

2. 交易所在连续出现涨跌停板时需调整交易保证金比例

当某锌期货合约连续三个交易日发生同方向涨跌停板时（每日涨跌停板有变化），交易所会对这几日的保证金比例进行调整。

3. 交易所认为市场风险明显增大时（如遇到国家法定长假），会调整交易保证金比例。

4. 交易所认为必要的其他情况下也会调整交易保证金比例。

六、怎么计算交易中锌期货合约需要占用的保证金？

（一）保证金计算方法

未平仓期货合约均以当日结算价作为计算当日盈亏的依据。当日盈亏分为平仓盈亏和持仓盈亏两项。

1. 平仓盈亏

平仓盈亏 = 平历史仓盈亏 + 平当日仓盈亏

平历史仓盈亏 = $\sum$[（卖出平仓价 - 上一交易日结算价）× 卖出量] + $\sum$[（上一交易日结算价 - 买入平仓价）× 买入平仓量]

平当日仓盈亏 = $\sum$[（当日卖出平仓价 - 当日买入开仓价）× 卖出平仓量] + $\sum$[（当日卖出开仓价 - 当日买入平仓价）× 买入平仓量]

2. 持仓盈亏

持仓盈亏 = 历史持仓盈亏 + 当日开仓持仓盈亏

历史持仓盈亏 =（当日结算价 - 上一日结算价）× 持仓量

当日开仓持仓盈亏 = $\sum$[（卖出开仓价 - 当日结算价）× 卖出开仓量] + $\sum$（当日结算价 - 买入开仓价）× 买入开仓量]

3. 当日盈亏可以综合进行

当日盈亏 = $\sum$[（卖出成交价 - 当日结算价）× 卖出量] + $\sum$[（当日结算价 - 买入成交价）× 买入量）] +（上一交易日结算价 - 当日结算价）×（上一交易日卖出持仓量 - 上一交易日买入持仓量）

（二）保证金余额（即当日结算准备金）的计算方法

当日结算准备金余额 = 上一交易日结算准备金余额 + 上一交易日交易保证金 - 当日交易保证金 + 当日有价证券作为保证金的实际可用金额 - 上一交易日有价证券作为保证金的实际可用金额 + 当日盈亏 + 当日期权权利金收支 + 入金 - 出金 - 手续费等

案例 2-3

锌期货保证金计算

如果某投资者账户原有保证金为 120000 元，某日开仓买进锌期货合约 10 手，成交价位为 17300 元/吨。按照 13% 的保证金比例，投资者需要缴纳开仓保证金：10 手 ×5 吨/手 ×17300 元/吨 ×13% =112450 元。如果买入后当日该合约的结算价为 17200 元/吨，那么当日开仓持仓盈亏 =（17200 元/吨 -17300 元/吨）×10 手 ×5 吨/手 = -5000 元。如果每手合约的手续费为 30 元，那么需缴纳的手续费为：30 元/手 ×10 手 =300 元。因此，当日权益 =120000 -5000 -300 =114700 元；保证金占用 =17200 元/吨 ×5 吨/手 ×10 手 ×13% =111800 元；资金余额（即可交易资金）= 114700 -111800 =2900 元。

七、什么情况下会被要求追加锌的期货保证金？

当每日结算后客户保证金低于期货交易所规定的交易保证金水平时，期货经纪公司按照期货经纪合同约定的方式通知客户追加保证金，客户不能按时追加保证金的，期货经纪公司应当将该客户部分或全部持仓强行平仓，直至保证金余额能维持其剩余头寸。

案例 2-4

锌期货保证金计算

【案例 2-3】中，其他条件保持不变，如果该合约的当日结算价降为 17000 元/吨，当日账户情况为：

当日开仓持仓盈亏 =（17000 元/吨 - 17300 元/吨）×10 手 ×5 吨/手 = -15000 元

如果每手合约的手续费为 30 元，那么：

需缴纳的手续费为 30 元/手 ×10 手 = 300 元

当日权益 = 120000 - 15000 - 300 = 104700 元

保证金占用 = 17000 元/吨 ×5 吨/手 ×10 手 ×13% = 110500 元

资金余额（即可交易资金）104700 元，小于 110500 元，所以需要追加保证金。

八、上海期货交易所对锌期货交易的涨跌停板有何具体规定？

正常情况下，上期所锌期货每日价格最大波动限制不超过上一交易日结算价的 ±7%（具体实际幅度以交易所官网公告为准）。当出现连续涨跌停板时，就会对后面交易日的涨跌停幅度进行调整，以控制风险。当某锌期货合约连续发生同方向涨跌停板时的每日价格波动幅度限制（连续 3 个交易日分别为 D1、D2、D3）如表 2-3、表 2-4 所示：

表 2-3　连续三天达到同方向涨跌停板的涨跌幅度限制

交易日	涨跌幅度（%）
D1	7
D2	10
D3	12

表 2-4　连续 3 天达到同方向涨跌停板的保证金调整比例

交易日	涨跌幅度（%）
D1	9
D2	12
D3	14

根据样本的实证分析，在出现第一个涨跌停板后，交易所将 D2 交易日的涨跌幅度限制提高到 10%，可以较好地将风险在两个交易日内化解。若出现更剧烈的波动，即 D2 仍出现同方向涨跌停板，则 D3 涨跌幅度限制提高至 12%。根据实证分析数据，7%、10%、12% 的涨跌停板幅度基本可以化解连续三天的剧烈波动。

案例 2-5

连续涨跌停板的强行平仓处理

2008 年开始，受美国次贷危机全面爆发的影响，沪锌在整体市场的带动下出现单边下跌行情。国庆节后，行情加速下跌，10 月 15 日、16 日、17 日，沪锌 0901 合约出现三个跌停板（见图 2-2）。当出现第三个停板后，交易所将按照强行平仓规定进行相应处理。

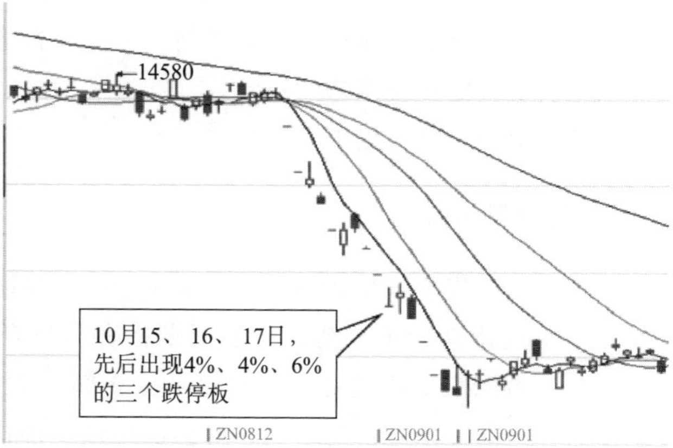

图 2-2　沪锌 0901 合约出现连续跌停板

资料来源：文华财经。

当某期货合约连续三个交易日（即D1、D2、D3交易日）的累计涨跌幅（N）达到合约正常执行的涨跌幅限制的1.5倍，连续四个交易日（即D1、D2、D3、D4交易日）的累计涨跌幅（N）达到合约正常执行的涨跌幅限制的2倍，或者连续五个交易日（即D1、D2、D3、D4、D5交易日）的累计涨跌幅（N）达到合约正常执行的涨跌幅限制的2.5倍时，交易所可以根据市场情况，采取单边或者双边、同比例或者不同比例、部分会员或者全部会员提高交易保证金，限制部分会员或者全部会员出金，暂停部分会员或者全部会员开新仓，调整涨跌停板幅度，限期平仓，强行平仓等措施中的一种或者多种措施，但调整后的涨跌停板幅度不超过20%。

九、为什么上海期货交易所对锌期货交易进行限仓规定?

为防止市场风险过度集中于少数交易者，并防范操纵市场行为，上期所制定了限仓制度，即持仓限额制度。该制度限制了会员或客户可以持有的、按单边计算的某一合约投机头寸的最大数额。比如距离交割期越近的合约月份，会员和客户的持仓限量越小。这种制度安排使合约期满日的实物交割数量不至于过大，避免引发大面积交割违约风险。

根据不同的目的，限仓可分为以下几种形式：

（一）对会员的持仓量限制

为了防止市场风险过度集中于少数会员，许多国家的交易所都规定，一个会员对期指合约的单边持仓量不得超过交易所期指合约持仓总量（单边结算）的某一百分比，否则交易所将对会员的超量持仓部分进行强制平仓。此外，交易所还按照合约离交割月份的时间，对会员规定了持仓限额，距离交割期越近的合约，会员的持仓量越小。

（二）对客户的持仓量限制

为防止大户过量持仓、操纵市场，交易所对会员代理的客户进行编码管理，每个客户只能使用一个交易编码，交易所对每个客户编码下的持仓总量也有限制。经纪会员、非经纪会员和客户的锌期货合约在不同时期限仓的具体比例和数额如表 2－5 所示。

表 2－5　　　锌期货合约限仓情况

<table>
<tr><td colspan="2">合约挂牌至交割月份</td><td colspan="2">合约挂牌至交割月前第二月的最后一个交易日</td><td>交割月前第一月</td><td>交割月份</td></tr>
<tr><td rowspan="2">某一期货合约持仓量</td><td>限仓比例</td><td rowspan="2">某一期货合约持仓量</td><td>限仓比例和限仓数额</td><td>限仓数额</td><td>限仓数额</td></tr>
<tr><td>期货公司会员</td><td>客户</td><td>客户</td><td>客户</td></tr>
<tr><td rowspan="2">≥6 万手</td><td rowspan="2">25%</td><td>≥6 万手</td><td>10%</td><td rowspan="2">2400 手</td><td rowspan="2">800 手</td></tr>
<tr><td><6 万手</td><td>6000 手</td></tr>
</table>

表 2－5 中某一期货合约持仓量为双向计算，经纪会员、非经纪会员、投资者的持仓限额为单向计算；经纪会员的持仓限额为基准数，交易所可根据经纪会员的分类监管评级情况和经营情况调整其限仓数额。

需要注意的是，套期保值客户并不在此限制之列。申请套期保值交易，须填写由交易所统一制定的“上海期货交易所套期保值申请（审批）表”，并提交与套期保值交易品种、交易部位、买卖数量、套期保值时间相一致的有关证明材料。

锌期货一般月份套期保值的申请必须在套期保值所涉及合约交割月前第二月的最后一个交易日之前提出，临近交割月份的套期保值交易头寸的申请应当在该套期保值所涉及合约交割月前第三月的第一个交易日至交割月前第一月的最后一个交易日之间提出。如果逾期，交易所则不再受理该交割月份合约的套期保值申请。交易所在收到套期保值申请后，应在 5 个交易日内进行审核。获准套期保值的交易者，必须在交易所批准的建仓期限内（最迟至套期保值合约交割月份前一月的最后一个交易日）按批准的交易部位和额度建仓。套期保值额度自交割月份第一个交易日起不得重复使用。交易所对套期保值交易的持仓量和交割量单独计算，在正常情况下不受持仓限量的限制。

十、何谓强制平仓？被强制平仓的责任该如何归属？

平仓可以分为主动平仓和强制平仓。投资者自己下达指令将手中的持仓进行了结即是主动平仓。所谓强制平仓，是指仓位持有者以外的第三人（期货交易所或期货经纪公司）强行了结仓位持有者的仓位，又称被斩仓或被砍仓。根据期货交易制度，在进行期货投资时，当投资者在规定的时间内没有及时补足应缴付的保证金且未主动平仓时，投资者持有的有关合约将被强行平仓。这样可以降低由保证金杠杆作用所引发的投资风险，且由此造成的损失将由投资者自己负责。除了未及时追加交易保证金外，客户违反交易头寸限制等违规行为、政策或交易规则临时发生变化等，也有可能出现被强制平仓的情况。

在【案例2-4】中：

客户的当日权益 = 120000 - 15000 - 300 = 104700 元

保证金占用 = 17000 元/吨 × 5 吨/手 × 10 手 × 13% = 110500 元

资金余额（即可交易资金）为 110500 元，小于 104700 元。

显然，要维持 10 手的多头持仓，客户保证金是不足的。如果该客户在下一交易日开市之前没有将保证金补足且未主动平仓，那么期货公司可对其持仓实施部分强制平仓。

十一、何谓大户报告制度?

当会员或者客户某品种持仓合约的投机头寸达到交易所对其规定的投机头寸持仓限额的80%以上（含本数）或者交易所要求报告的，会员或客户应当向交易所报告其资金情况、头寸情况，客户应当通过期货公司会员向交易所报告。交易所可以根据市场风险状况，制定并调整持仓报告标准。

会员和客户的持仓达到交易所报告界限的，会员和客户应当主动于下一交易日15:00前向交易所报告。如需再次报告或补充报告，交易所将通知有关会员。

自测题

一、填空题

1. ________是指每日交易结束后，交易所按当日各合约结算价结算所有合约的盈亏、交易保证金及手续费、税金等费用，对应收应付的款项实行净额一次划转，相应增加或减少会员的结算准备金。

2. 根据我国法律规定，期货经纪公司接受客户委托，以________的名义为客户进行期货交易，交易结果由________承担。

3. 我国期货交易的结算由________统一组织进行。

4. LME锌期货合约交易及交割品种为纯度________的锌。

二、不定项选择题

1. （　　）是期货市场风险控制最根本、最重要的制度。

A. 保证金制度　　　　B. 套期保值制度

C. 大户持仓披露制度　　　　　　　　D. 涨跌停板制度

2. 以下属于期货交易所风险控制管理制度的是（　　）。

A. 保证金制度　　　　　　　　　　　B. 涨跌停板制度

C. 持仓限额和大户持仓报告制度　　　D. 每日结算制度

3. 一般情况下，结算会员收到通知后必须在（　　）将保证金交齐，否则不能继续交易。

A. 7 日内　　　　　　　　　　　　　B. 3 日内

C. 次日交易所开市前　　　　　　　　D. 当日交易结束前

4. 某投资者账户初始保证金为 100000 元，某日开仓买入锌期货某合约 10 手，成交价位为 16800 元/吨，买入后当日该合约结算价为 17070 元/吨，则当日开仓保证金为（　　）元，当日交易结束后保证金占用（　　）元，可交易的资金余额为（　　）元。

A. 84000　　　　　　　　　　　　　B. 85350

C. 41650　　　　　　　　　　　　　D. 80000

5. 期货合约保证金水平调整的依据是（　　）。

A. 持仓量水平　　　　　　　　　　　B. 合约运行的不同时间

C. 市场风险明显增大　　　　　　　　D. 连续几个交易日停板

6. 下列（　　）行为是四大期货交易所都认定并监控的异常交易行为。

A. 自成交行为

B. 大量或多次进行高买低卖行为

C. 计算机程序下单影响系统安全和正常交易行为

D. 大额及频繁报单撤单行为

三、判断题

1. 锌期货交易收取多少保证金由交易双方商定，甚至双方可以商定不收取。（　　）

2. 一般情况下，结算会员收到通知后必须在次日交易所开市前将保证金交齐，否则不能参与次日交易。（　　）

3. 平仓盈亏结算是当日平仓的总值与原持仓合约总值之和。（　　）

4. LME 标准锌合约每日价格最大波动幅度为 4%。（　　）

5. 上期所锌期货合约最小交易单位是25吨/手。（　　）

6. LME锌期货合约的交割月份与上海期货交易所锌期货相同，均为1～12月。（　　）

参考答案

一、填空题

1. 每日无负债结算
2. 自己客户
3. 期货交易所
4. 99.995%

二、不定项选择题

1. A　2. ABC　3. C　4. ABC　5. ABCD　6. AD

三、判断题

1. ×　2. √　3. ×　4. ×　5. ×　6. ×

第三章

锌现货市场情况

本章要点

本章重点介绍锌的性质和用途、锌的冶炼、生产、消费、贸易情况及锌资源的储备、供需情况，还介绍了锌相关的产业链状况和目前锌的回收利用情况。最后，本章对国内锌现货交易的主要市场、参考报价体系以及国内外精锌及锌精矿定价模式进行了详细说明，并通过株洲冶炼集团锌精矿计价模式的案例使投资者更清楚地了解了目前锌现货市场上的定价模式。阅读本章，投资者可更全面地了解锌整个产业链上的各个环节以及国内外锌现货市场上的生产、消费、贸易和交易定价情况。

一、锌基本属性如何？主要有哪些用途？

金属锌，化学元素符号 Zn，是一种银白略带蓝灰色的金属，其新鲜断面呈现出有金属光泽的结晶形状。

（一）锌的基本属性

1. 锌的物理性质

锌是工业上常用的有色金属之一，熔点为419.5℃，沸点为907℃。在室温下锌很脆，布氏硬度为7.5；加热至100℃～150℃时，锌变得很柔软，可被压成厚度仅为0.05毫米的薄片或被拉成细丝。

2. 锌的化学性质

纯锌具有银白色的金属光泽，但在空气中锌呈灰蓝色，这是因为锌的化学性质比较活泼，潮湿且含有CO_2的空气可使锌的表面被氧化，形成一层均匀细密的碱式碳酸锌氧化膜保护层。该保护层可使金属锌的内部不再被氧化。另外，锌易溶解于盐酸、稀硫酸和碱性溶液中。

（二）锌的主要用途

锌因为具有良好的抗腐蚀性、延展性和流动性，常被用作钢铁的保护层，如镀锌的板和管。锌能与多种金属制成物理与化学性能更加优良的合金，被广泛应用于建筑、汽车、机电、化工等领域。另外，锌是幼小动物体生长所必需的化学元素，如人在婴幼儿时期缺锌，则生长和成熟就会受到阻碍，因此硫酸锌可作为药物治疗缺锌病。锌也是植物生长不可缺少的元素，硫酸锌就是一种常用的微量元素肥料。锌的性质及用途具体见表3－1。

表3－1　　锌的性质及用途

性质	初级用途	最终用途
与铁反应，具体抗腐蚀性、电化学性	钢铁保护层（热镀锌、电镀、富锌涂料）	建筑、能源；动力、道路设备、农业、汽车；运输
低熔点，流动性，表面处理能力强，强度高	压铸合金	汽车设备、房屋设备、器具、装置、玩具、工具等
合金特征	黄铜（铜锌合金）铝合金、镁合金	建筑；设施、装置、汽车、电子元件等

续表

性质	初级用途	最终用途
可锻造性和抗腐蚀性	锌板	建筑、设施
电化学性	电池	汽车；运输、计算机、医药设备、消费产品
化学性	氧化锌、硬脂酸锌	轮胎、橡胶制品、油漆颜料、陶瓷釉面、静电复印纸
营养性	锌化合物	食品工业、动物饲料、肥料
治疗作用	锌化合物	制药工业、化妆品

国内锌的最终消费主要集中在建筑、通信、电力、交通运输、农业、轻工、家电、汽车等行业，中间消费主要是镀锌钢材、压铸锌合金、黄铜、氧化锌以及电池，如图 3－1 所示。

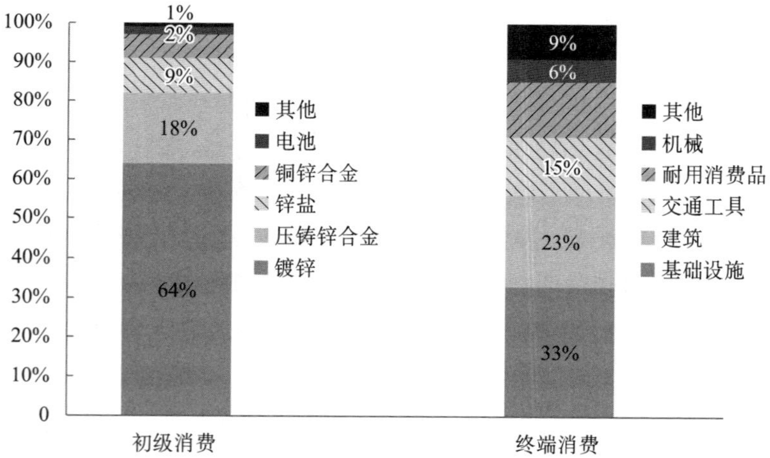

图 3－1　我国锌在初级消费及终端消费中的结构情况

锌的消费结构可以分为初级消费和终级消费。锌的初级消费以镀锌应用为主，占比为 64%。锌的终端消费是指将锌的初端产品再加工并应用于更下游的产业链。锌的终端消费中，基础设施和建筑领域占比最大，分别为 33% 和 23%。锌在消费端的表现会从终端消费领域传导至初级消费领域，并影响锌的供需和价格。例如，房地产和汽车等锌的主要终端消费行业表现疲软时，初级消费的镀锌、锌合金等订单量将出现下滑，使锌的供给量超过需求量，导致锌价下跌。

二、炼锌的原料有哪些？锌是如何生产出来的？

简单了解锌的生产工艺流程，有助于投资者进一步了解与锌相关的生产成本的计算与分析。

（一）冶炼锌的原料

冶炼锌的原料有锌矿石中的富矿和锌精矿，也有各冶炼厂产出的次生氧化锌烟尘（以前作为废料处理的含锌物料，如炼铅炉渣的含锌量为5%~6%）。

（二）含锌原矿的采选及冶炼

地球上锌资源较为丰富，但自然条件下并不存在单一的锌金属矿床，通常，锌与铅、铜、金等金属以共生矿的形式存在。在十几种有经济价值的锌矿物中，闪锌矿（ZnS 硫化锌）是最富含锌的矿物，占锌总产量的 90%左右。

从含锌品位较低的多金属矿石中直接提炼金属锌是较困难的，必须经过选矿，以获得含锌品位较高的锌精矿进行冶炼。因此，从原矿开始，经过采矿和选矿，得到含锌 45%~55% 的锌精矿，然后送入冶炼厂冶炼，最终获得精锌。

1. 选矿

根据矿石类型不同，选择不同的选矿方法。80% 的锌矿是地下矿，8% 的锌矿是露天矿，其余的是地下矿和露天矿两者的联合矿。显然，地下采矿成本要高于露天采矿，开采出来的矿石含锌比例大多较低，需要先后经过粉碎、研磨（这是为了能够与其他矿石更好地分离）等选矿过程。一般，采选完的锌精矿大约含有55%的锌，另外有一些铜、铅和铁。选矿通常在矿山完成，使到达冶炼厂的运输费用尽可能地降低。其实，无论原矿品位（含锌比例与矿山贫富有关）如何，每吨矿的采选成本只与采矿方式有关，但折合到锌价，自然与矿石品位有关，品位越高，采选成本就越低。

2. 冶炼

占产量90%的闪锌矿中含有25%～30%或更多的硫和不等量的铁、铅和银等其他矿物质，在锌被提取之前要先除去精矿中的硫。根据脱硫方法的不同，炼锌方法分为火法和湿法两类。湿法冶炼的标准流程是：锌精矿焙烧→浸出→净液→电积→电锌产品（见图3－2）。由于资源综合利用好、单位能耗较低、环境友好程度高，湿法是目前最主要、发展最快的炼锌方法，其产量占世界锌总产量的80%以上。火法冶炼包括焙烧、还原蒸馏和精炼三个主要过程，采用竖罐蒸馏、平罐蒸馏、密闭鼓风炉（主要火法炼锌设备）或电炉。火法炼锌所得粗锌可采用蒸馏法再精炼或直接应用，而湿法炼锌所得电解锌的质量较高，无须精炼。

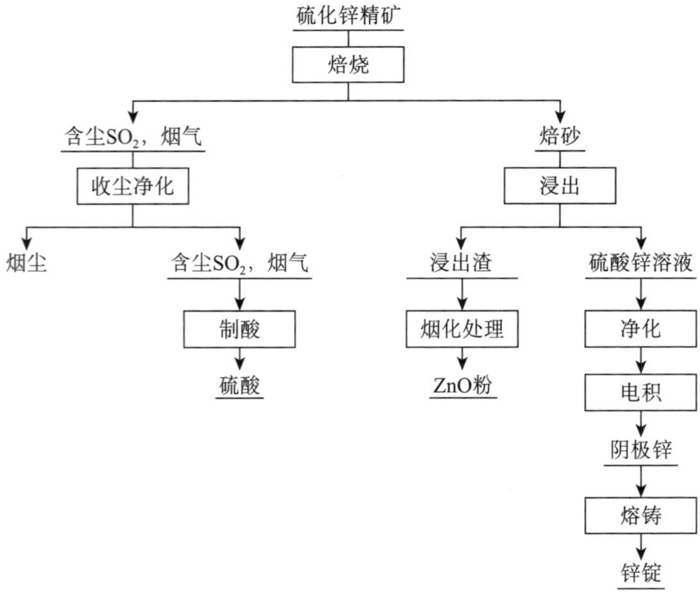

图3－2　传统湿法炼锌的工艺流程

（三）冶炼后获得的硫酸等副产品

在冶炼锌的过程中，当锌精矿加热超过900℃时，硫化锌（ZnS）转变成更活泼的氧化锌（ZnO），同时，硫与氧反应生成二氧化硫并释放出来，二氧化硫随后可以转变生成硫酸。硫酸不仅是冶炼锌过程中重要的副产品，还是湿法炼锌的主要用料（见表3-2）。

表3-2　　湿法炼锌主要用料构成

产品	成本项目	消耗指标估值	单位	备注
原材料	锌精矿	1.1	金属吨	主要原材料，是成本的主要构成部分
	锌粉	40	千克	用于净化工序，消耗量取决于杂质含量及本身在化学反应中的消耗量
原材料	阳极板（银铅合金板）	10	千克	用于电解工序，采用银铅合金作为阳极板
	阳极板（纯铝板）	2	千克	用于电解工序，采用纯铝作为阴极板
	硫酸	300	千克	用于电解工序，提供电解溶液
其他材料	锰矿粉	40	千克	用于浸出工序，用作氧化剂
	元明粉	30	千克	用于浸出工序，用于沉铁剂
动力费	电力	3100	千瓦时	用于电解工序及其他
	标准煤	800	千克	用于电解工序及其他

锌精矿除硫化锌外，还含有二氧化硅、三氧化二铝、碳酸钙等脉石成分以及锰、钴、铟、锗、镓、铊、铼等有价金属。如果在冶炼过程中，冶炼厂注意综合回收这些金属和非金属，可以提高资源利用率。

小贴士

为什么经常把铅锌放在一起讲?

在国内有色金属矿床中，铅锌密切共生，单一铅矿或锌矿都比较少。它们具有共同的成矿物质来源和十分相似的地球化学行为，有类似的外层电子结构，都具有强烈的亲硫性，并形成相同的易溶络合物。它们被铁锰质、黏土或有机质吸附的情况也很相近。铅是人类较早从铅锌矿石中提炼出来的金属之一。锌从铅锌矿石中提炼出来的时间较晚，古代被提炼出的有色金属主要有七种，即铜、锡、铅、金、银、汞、锌，其中，锌是最后被提炼出来的。目前，在地壳中已发现的铅锌矿物约有 250 多种，其中大约 1/3 是硫化物和硫酸盐类。方铅矿、闪锌矿等是冶炼铅锌的主要工业矿物原料。在我国，锌品位通常高于铅，铅锌平均比值早期基本在 2.5 以上，目前基本在 2 左右。目前，我国铅锌资源在世界上仍具有一定的优势，详见表 3－3。

表 3－3　　2004 年至今锌期货和现货的价格相关

项目	伦敦锌期货价格	上海锌期货价格	国内锌现货价格
伦敦锌期货价格	1	0.960087	0.951736
上海锌期货价格	0.960087	1	0.995562
国内锌现货价格	0.951736	0.995562	1

资料来源：Wind、中期研究。

三、国内与锌相关的产业链情况如何?

国内锌产业链和产业结构情况如图 3－3 所示。

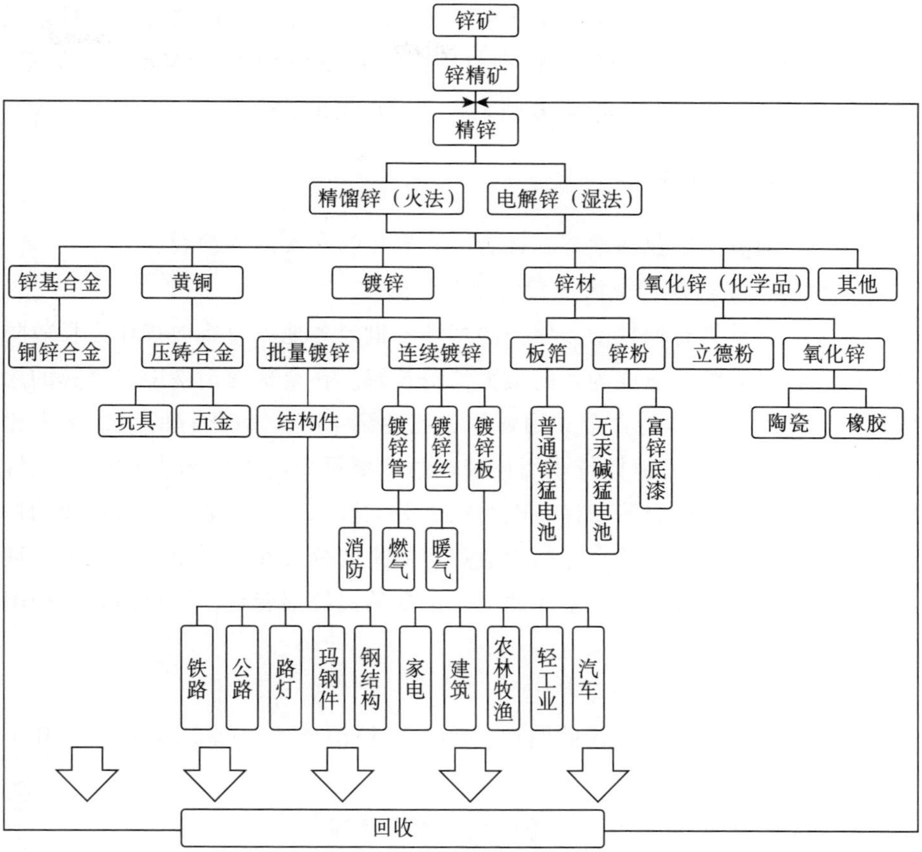

图 3-3　锌产业链和产业结构情况

（一）锌上游结构

锌矿资源分布较为分散。全球锌矿主要分布在澳大利亚、中国、俄罗斯、秘鲁、墨西哥、哈萨克斯坦、印度、美国等国家。近 20 年，南美、澳大利亚、除中国以外的亚洲国家的勘探活动频繁，上述国家和地区的锌矿储量有增加趋势。

（二）锌中游结构

全球冶炼产能扩张速度高于矿山开采速度，冶炼产能严重过剩。中国和印度目前是锌冶炼产能持续扩张的主要国家。近年来，我国精炼锌产量呈现缓慢爬升的态势，在全球精炼锌产量中的占比不断增加。SMM 数据显示，2023 年我国生产精炼锌 662.2 万吨，占全球产量的 48%。

（三）锌下游消费

锌下游消费主要包括镀锌、锌合金、氧化物和黄铜的消费。

1. 镀锌几乎占据锌下游消费的半壁江山

由于金属锌具有牺牲阳极保护的特性，世界各地一直将镀锌作为长效防腐的措施，因此镀锌业成为锌的最大消费领域。在全球锌消费中，镀锌的用锌量占比约 55%；压铸合金的用锌量占比达到 15%；氧化锌的用锌量占比为 10%。2021 年国内镀锌行业用锌量在总消费量中的占比约为 64%。镀锌结构件主要用于高速公路护栏、电力铁塔等。国内汽车工业、建筑行业的发展是镀锌板发展的主要动力。国内镀锌产能主要分布在长三角、珠三角及环渤海地区，产能比较集中。华北地区是主要的镀锌消费地，镀锌消费占全国的 60.34%。

2. 黄铜行业中的用锌量稳定

黄铜的冶炼过程中，锌的消费量约占精锌消费的 19%。黄铜行业开工稳定，生产消费变动幅度不大。

3. 精锌消费还用于生产压铸合金、氧化锌等

锌合金包括压铸锌合金、锌合金牺牲阳极保护和其他锌合金，日用五金、汽车和家电是锌合金的主要终端用户。一些新型的高流动性锌合金比传统的铝镁合金更具优势，抗高温性能更好；氧化锌消费约占精锌消费的 11%。氧化锌的需求主要来自橡胶、涂料和陶瓷，建筑和汽车是主要的终端用户。因此，氧化锌市场主要分为橡胶级、陶瓷级、饲料级、电子级以及其他化工级。其中，橡胶级氧化锌占比 60%，成为氧化锌下游消费的主力；陶瓷级氧化锌占比 20%。整个氧化锌行业最大的特点是生产原料多元化，如电解锌、含锌烟尘、锌渣、锌精矿等，行业竞争激烈，利润普遍较低。

四、全球锌的资源及供需情况如何？

（一）世界锌资源稀缺

据美国地质调查局（USGS）公布的数据，2023 年全球已探明的锌资源量为 19 亿吨，全球已探明锌矿储量为 2.2 亿金属吨。从储量分布来看，全球锌矿储量主要分布在环太平洋地区，非洲基本没有锌矿分布。近 20 年，南美、澳大利亚、除中国以外的亚洲国家的勘探活动频繁，上述国家和地区的锌矿储量有所增加。

2023 年全球锌矿储量分布情况显示，全球锌矿储量主要分布在澳大利亚、中国、俄罗斯、秘鲁、墨西哥、哈萨克斯坦、印度、美国等国家。澳大利亚的锌矿储量最为丰富，为 6400 万吨，占全球总储量的 29.09%。中国锌矿储量仅次于澳大利亚，为 4400 万吨，占全球总储量的 20%。两者锌矿储量合计占比超全球锌储量的四成。锌矿储量较大的国家还有俄罗斯（11.36%）、秘鲁（9.55%）、墨西哥（6.37%）、印度（3.36%）等（见图 3－4）。

在储量、储量基础和资源量三级指标分类中，最具现实意义的是储量。但应看到，储量是个动态概念：市场价格的提高会使本来开采无利可图的矿石变为有利可图，这部分储量基础会自动升级为储量；价格的提高还会使勘探投入不断增加，从而可能发现新的矿山，增加储量基础甚至储量。此外，依靠技术进步可以发现新的成矿带，提高低品位、难处理矿石的处理能力，从而增加矿石储量。与 2013 年相比，2023 年世界铅储量增加了 600 万吨，世界锌储量减少了 3000 万吨。

目前，世界上主要铅锌矿类型有喷流沉积（SEDEX）型、火山块状硫化物（VMS）型、密西西比（MVT）型三大类，分别占世界总资源储量的 52%、14%、13%。超大型喷流沉积型铅锌矿床主要分布于加拿大、澳大利

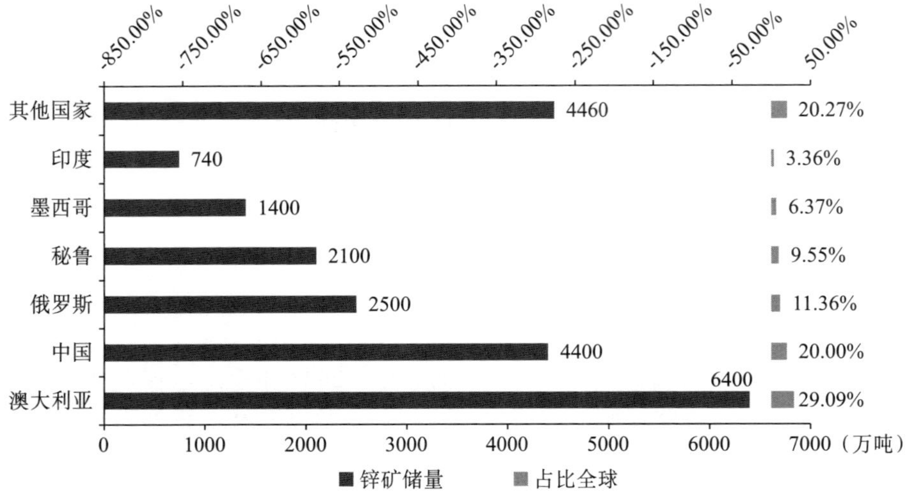

图 3-4　2023 年全球各地区锌矿储量分布情况

资料来源：USGS。

亚、中国、俄罗斯、印度。超大型火山块状硫化物型铅锌矿床主要分布于哈萨克斯坦、葡萄牙、西班牙、缅甸、俄罗斯、澳大利亚、中国、加拿大、美国。超大型密西西比型铅锌矿床主要分布于美国、加拿大、中国、澳大利亚、伊朗。

与铜铝相比，锌作为全球稀缺资源，其可开采年限在基本金属中偏低。铜的可采年限为 40 年，铝的可采年限为 80 年，而锌资源的静态可开采年限仅为 20 年。全球十大铅锌矿山中的大部分在未来 10 年内会面临开采殆尽的风险。这意味着全球需要探寻新的大型铅锌矿以弥补可能出现的供应缺口，锌资源的可持续利用和探矿工作有重要意义。

全球铅锌矿资源开发历史悠久，许多国家具备丰富的铅锌矿开采资源和成熟的开发技术，铅锌资源勘查投资的增长理论上有助于发现新的重要铅锌矿床，但最终能否发现取决于潜在资源禀赋。据统计，世界超大型铅锌矿床大多发现于 20 世纪 90 年代以前。20 世纪 90 年代中期投运的一批大型铅锌矿山已逐步进入开发后期，产量持续下降。自 2000 年起，全球锌精矿的品位持续回落，受资源枯竭、铅锌冶炼行业成本增加等约束，近 10 年，全球少有世界级铅锌矿山项目建成投产，但 2023 年中国新疆火烧云和俄罗斯奥杰罗（Ozernoye）两个世界级项目进入人们的视野。除了上述两大矿山之外，哈萨克斯坦沙尔基亚（Shalkiya）铅锌矿、中国猪拱塘铅锌矿也是未来比较重要的大型矿山项目。

（二）国内锌矿资源特点

铅锌矿是一种常见的金属矿石，其中包含铅和锌两种重要的金属元素，二者常以共生的形式出现在同一矿石中。根据矿石性质和成分的不同，铅锌矿可以分为硫化铅锌矿、氧化铅锌矿、碳酸盐铅锌矿、硅酸盐铅锌矿和含银铅锌矿等多种类型。我国大规模正规地质勘查工作始于1953年，随着勘查技术的进步和政策的支持，铅锌矿资源开发取得显著进展。近年来，我国是世界上锌冶炼产能持续扩张的主要地区，也是铅锌生产规模和利用规模最大的国家。经过几十年发展，我国的铅锌资源开发逐步从东北、中部向中西部以及内蒙古转移。除湖南、广东、广西仍保持一部分资源外，铅锌资源开发主要向西部地区转移，西部地区的矿山开采量也持续增加。

国内锌矿资源主要有以下特点：

1. 矿产分布广泛，但储量相对集中

我国铅锌矿产分布广泛，共有锌矿产地797处，遍布29个省（区、市），但相对集中在滇西兰坪地区、秦岭—祁连山地区、狼山—渣尔泰山区、南岭地区及川滇地区等。截至2023年底，我国的锌矿储量已达到4400万吨，主要分布于云南、内蒙古、甘肃、广西、湖南、广东和四川等地，以上七地锌的保有储量合计占全国总储量的70.8%。虽然我国矿山数量多，但小而散，大型铅锌矿山在全球占比较低。目前，依据铅锌矿产地的分布和建设条件，我国铅锌业生产布局已形成东北、湖南、两广、滇川、西北等五大铅锌采选冶炼和加工配套的生产基地。

2. 矿床品位普遍偏低

铅锌矿的品位，是指矿石中含有铅、锌等有用元素的量，通常用百分比或克/吨来表示，其品位的高低是影响矿山开采和经济效益的重要因素。通常，品位在8%~10%及以上的铅锌矿才有开采价值，当品位低于8%时，开采成本会大幅增加，采矿量也相对较小，采矿效益微薄，甚至可能出现亏损的情况。

据有关调查，我国铅锌矿贫矿多、富矿少，结构构造和矿物组成复杂。通常，铅锌矿中锌品位高于铅，中国矿山锌/矿山铅产量平均比值早期基本在2.5以上，目前基本在2左右。全球矿山锌/矿山铅产量比值在2.2至2.7之间。目前，我国矿山铅锌品位之和多在5%至10%之间，大于10%品位的矿石仅占总储量的15%，而国外矿山品位一般都较高，铅加锌的品位大多在10%以上。

3. 矿石类型复杂，共伴生组分多，综合利用价值大

国内以锌为主的铅锌矿床和铜锌矿床较多，大多数矿床普遍伴生铜、铁、银、铅、锌、铝、钨、钴、镉、硫、汞等元素，有些矿床开采的矿石的伴生元素达50多种。通过综合勘查和矿石物质成分研究，发现许多铅锌矿床中含银量较高，成为铅锌银矿床或银铅锌矿床，其中银的储量占到全国银资源储量的60%以上，此外金的储量和产量也相当高。

4. 后备资源缺乏

我国虽然拥有丰富的铅锌矿资源，但随着开采年限的增加，资源量逐渐减少。目前，绝大部分探明矿点已经得到开发利用，未被开发利用的储量大多集中在建设条件和资源条件落后的矿区，后备资源缺乏。为满足日益增长的需求，我国在加大国内资源开发的同时，也积极开展国际合作，引进国外资源，然而这并不能完全解决资源短缺的问题。因此，提高资源利用效率、加强技术创新、开展循环经济成为当务之急。

（三）近3年全球精锌的供需平衡情况

2020年新冠疫情席卷全球，导致锌需求急剧下降，2021年全球精锌需求重新恢复至原有水平，虽然精锌供应量有所增加，但仍未能满足精锌的需求，锌市场存在25万吨的供应缺口。2022年，全球精锌供应量、消费量均呈现增长态势，供应缺口收窄至24万吨。步入2023年，美联储鹰派加息，海内外消费疲软，全球精锌消费量下滑至1355万吨，且下降幅度超过精锌供应量，使精锌供应格局稍显宽松，供应过剩量达到26万吨（见表3-4）。

表 3－4　　全球精锌的供需平衡情况　　（单位：万吨）

时间	供应量	消费量	供求平衡
2021 年	1382	1407	－25
2022 年	1400	1424	－24
2023 年	1381	1355	26

资料来源：SMM。

五、全球锌精矿及精锌生产情况如何？

全球锌矿产量多年来保持增长态势，2012 年曾创下 1350 万吨的产量峰值，之后几年锌矿产量小幅下滑，2019 年再度迎来增长。但不同于新能源战略金属的投资热潮，近年来受国内外铅锌资源勘探投入减少、开采热度下降的影响，全球锌矿产量面临徘徊不前的局面。

据美国地质调查局（USGS）的数据，2023 年全球锌矿产量达到 1200 万吨，同比下滑 4%，其中中国产量最多，达到 400 万吨，占全球总产量的 33.33%。锌矿产量较大的国家还有秘鲁（11.66%）、澳大利亚（9.17%）、印度（7.17%）、美国（6.25%）、墨西哥（5.75%）等。其他国家和地区锌矿产量合计占全球总量的 26.7%。

近年来，全球精锌产量呈现波动式上升趋势，2023 年全球精锌产量达到 1386.4 万吨（见图 3－5）。世界主要生产精锌的国家有中国、加拿大、韩国、日本、西班牙、澳大利亚等，中国是世界上最大的精锌生产国（见表 3－5）。

与其他基本金属和铁矿石相比，锌矿的开采规模相对较小，绝大多数锌矿石是与铅矿石一起开采的。长期来看，部分矿山面临品位下降的困境，开采寿命也可能达到尽头。全球十大铅锌矿山就面临未来 10 年内可能被开采殆尽的情况。所以，全球各地需要不断发现新的铅锌大矿以弥补未来的供应缺口。虽然目前海外有多个在建或者待开发的大型铅锌矿，但整体来看，在

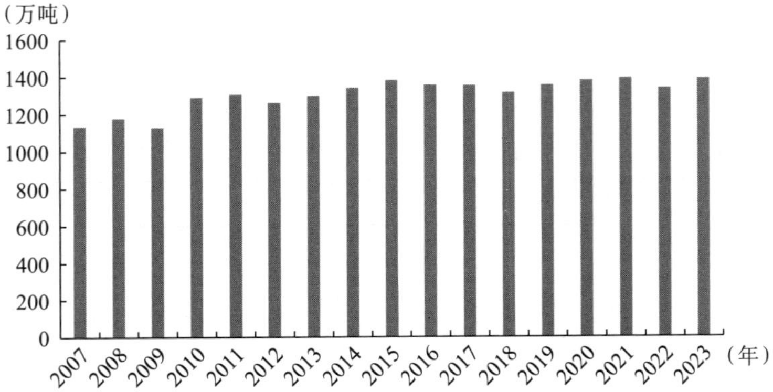

图 3-5　2007—2023 年全球精锌产量

表 3-5　世界主要国家及地区精锌生产量　（单位：万吨）

国家/地区	2016 年	2017 年	2018 年	2019 年	2020 年
中国	620	614	561	614	631
加拿大	69.14	59.84	62.02	65.32	67.07
日本	53.37	52.39	52.11	52.67	50.11
韩国	100.91	106.93	109.85	105.55	96.26
西班牙	50.7	51	51	51	51.11
澳大利亚	47	47.1	50.2	45.39	43.4
墨西哥	32.12	32.7	33.59	39.07	36.53
德国	16.88	17.4	17.75	17.7	15.09
哈萨克斯坦	32.55	32.92	32.88	31.84	31.88
美国	12.6	13.2	11.6	12	18
世界总量	1371.3	1380.61	1336.75	1378.73	1366.73

注：表中各国 2016—2020 年精锌生产量合计占比分别为 75.47%、74.45%、73.44%、75.00%、76.15%。

资料来源：各年的有色金属工业年鉴。

建或待建锌矿的开发条件和资源质量都劣于目前在产或最近关闭的锌矿，新增产能对推动全球锌矿产量增长的影响有限。

2021 年全球前五大锌生产商合计年产量约 314 万吨，约占全球锌产量的 1/4，锌产值超过 94 亿美元。其中，嘉能可（Glencore PLC）锌产量约

116 万吨，印度锌业（Hindustan Zinc Ltd）锌产量约 79 万吨，泰克资源（Teck Resources Ltd）锌产量约 61 万吨，紫金矿业锌产量约 31 万吨，博利登（Boliden AB）锌产量约 27 万吨。大型锌生产商一般采取“减量保价”的策略来影响锌价，即通过关停矿山、控制生产量等方式来达到减产以维持锌价的目的。2022 年全球十大锌矿项目见表 3－6。

表 3－6　2022 年全球十大锌矿项目　（单位：万吨）

序号	矿山名称	控股方	锌资源和储量	矿山所在国家
1	塞尔温项目（Selwyn）	云南驰宏锌锗	1920	加拿大
2	海军上将湾项目（Admiral Bay）		700	澳大利亚
3	雷孔彭萨项目（Recompensa）		660	澳大利亚
4	艾尔莫萨项目（Hermosa）	澳大利亚矿业公司 South32	650	美国
5	大向斜项目（Big Syncline）	印度韦丹塔资源公司	464	南非
6	巴霍拉奇项目（Bahuerachi）	金川集团	463	墨西哥
7	基普希项目（Kipushi）	加拿大艾芬豪矿业公司	450	刚果
8	希特伦峡湾项目（Citronen Fjord）		400	格陵兰岛
9	科尔基普克罗－阿亚威尔卡－西尔维娅项目（Colquipucro－Ayawilca－Silvia）	丁卡资源公司	390	秘鲁
10	哈克特河项目（Hackett River）	嘉能可公司	370	加拿大

资料来源：全球地质矿产信息网。

六、全球精锌消费情况如何？

世界上锌的主要消费国家有中国、美国、日本、德国、韩国、意大利和印度等。进入21世纪以来，锌锭消费量增长较多的国家主要是中国。我国从2000年开始超过美国成为世界最大的锌消费国，消费量下降幅度较大的则是美国、比利时、意大利、德国和法国等。

2023年全球精锌消费量为1364.7万吨（见图3－6），锌的消费集中在亚太和欧美地区，其中中国锌消费占比最高，占比约50%，其他主要消费国包括美国、印度、韩国、德国、日本、意大利等（见表3－7）。在全球锌的初端消费中，镀锌用锌量最大，占比约55%，其次是压铸合金，占比15%，氧化锌占比10%。在锌的终端用途中，房地产基建占比最大，达到50%，其次是汽车和家电。我国用锌需求集中在基建、房地产，欧洲经济发达国家，例如德国、法国，对锌的需求主要集中在汽车和机械电子行业，美国则集中在建筑和汽车行业。

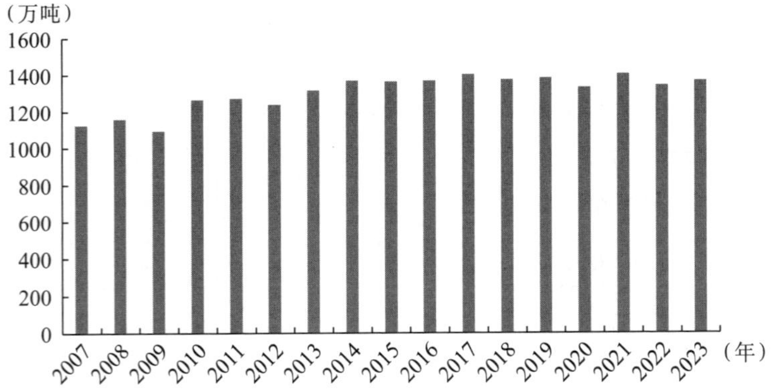

图3－6 2007—2023年全球精锌消费量

资料来源：Mysteel。

表3－7 2016—2020年全球主要国家精锌消费量 （单位：万吨）

国家	2016年	2017年	2018年	2019年	2020年
中国	651.52	688.96	617.93	682.07	675.79
美国	78.9	82.9	86.7	95	87.8
印度	67.64	65.28	71.38	68.71	53.36
韩国	61.71	73.53	71.59	67.19	50.32

续表

国家	2016 年	2017 年	2018 年	2019 年	2020 年
德国	48.25	45.22	44.4	38.94	37.66
日本	47.02	48.22	48.17	51.65	36
意大利	26.77	27.45	28.03	27.61	26.33
全球合计	1382.11	1423.41	1331.54	1396.33	1315.94

资料来源：各年的有色金属工业年鉴。

七、全球锌及精矿的贸易情况如何？

锌矿主要贸易流是从南美洲、澳洲流向亚洲、欧洲，以及在北美内部流动，如美国流向加拿大。西方国家之间的锌精矿贸易绝大多数是长期合同，而中国企业则是现货市场上的最大买主。锌精矿的进出口国家都较为集中。

和资源的蕴藏情况相对应，锌精矿的主要生产国也是主要出口国。澳大利亚和秘鲁是世界上出口锌精矿最多的两个国家，2019 年分别出口 87.5 万吨和 102.2 万吨。澳大利亚锌精矿主要出口到日本、韩国、荷兰和中国；秘鲁的锌精矿主要出口到比利时、巴西、日本、韩国和西班牙。近年来，由于美国锌的生产成本上升，锌锭产量萎缩，锌精矿出口有所增加。2019 年，美国锌精矿出口量为 88 万吨，主要出口到韩国、比利时、日本、加拿大和荷兰。墨西哥锌精矿主要出口到韩国、比利时和日本，中国不是其重要的出口目的地。

锌精矿进口国主要是中国、日本、韩国、加拿大、西班牙等。这些国家是冶炼业相对发达的国家，而其精矿生产严重不足。其中，日本和韩国几乎没有锌精矿生产，全部靠进口。韩国锌精矿进口依赖度极高，国内锌冶炼企业集中，锌冶炼能力强，工艺水平高，在国际长单定价中参与度高。

因为冶炼能力远高于矿山开采能力，近几年我国国内锌精矿供应明显不足。我国从2000年开始成为锌精矿的净进口国，2023年进口锌精矿达到471.34万吨，同比增长13.99%。我国主要从澳大利亚进口锌精矿，另外还从秘鲁、南非、俄罗斯、厄立特里亚等国进口。

世界主要精炼锌进口国有中国、美国、德国等；世界主要精炼锌出口国有韩国、加拿大、澳大利亚、哈萨克斯坦、芬兰等。全球主要贸易流为：加拿大→美国（30万吨）、哈萨克斯坦→中国（20万吨）、韩国→中国（14.6万吨）、澳大利亚→中国（12.3万吨）。中国、美国是全球精炼锌的主要进口国，精炼锌进口量在国内总供应量中的占比分别为8%、23%。韩国是全球精炼锌的主要出口国，出口量约占全国产量的50%。

八、中国锌生产消费情况如何？

近年来，随着有色金属产业转型速度加快，绿色发展越迈越稳，可再生资源利用率不断提高，我国锌产量呈现增长趋势，但增长速度有所放缓。目前，我国锌矿产量、精锌产量、精锌消费量、锌精矿进口仍列全球第一，中国在全球锌市场中占有举足轻重的地位。

（一）产量中速增长，冶炼产能过剩，且冶炼产能大于矿山产出

经过多年发展，我国锌工业取得了长足的进展，锌产量已由高速增长转为中速增长趋势。我国锌产量规模连续20多年稳居世界第一，2023年精锌产量达到662.2万吨，同比增长9.27%，保持了一定的韧性。依据铅锌矿产地的分布和建设条件，国内形成了东北、湖南、两广、滇川、西北等五大铅锌采选冶和加工配套的生产基地，锌产量占全国总产量的95%。除上述五大铅锌生产基地外，内蒙古、江西、贵州等省区也建设了一批中小型矿山。我国锌冶炼产能较为分散，2022年国内前十大锌冶炼企业产量合计占总产量的48%，锌冶炼产能面临过剩趋势，供给侧结构性改革任务艰巨。近年来，依托产业间、上下游兼并重组、资产整合等多种模式，我国已形成

了一批具有全球影响力的铅锌企业。紫金矿业、五矿资源和中金岭南已跻身全球前十大锌矿生产商，2022 年这三家企业的锌产量分别为 40.2 万吨、22.5 万吨和 19.3 万吨，在国内总产量中的占比分别为 9.6%、5.3%、4.6%。其他规模较大的锌生产商还有驰宏锌锗、锌业股份、白银有色等。

我国锌矿产出虽然位居全球第一，但国内铅锌冶炼产能不断扩张，冶炼产能大于矿山产出，近几年仍需要从国外进口部分锌精矿以满足冶炼方面的需求（见表 3－8）。

表 3－8　　2021—2023 年中国精锌供求情况　　（单位：万吨）

时间	产量	进口量	实际消耗量	出口量
2021 年	609	42.8	673	0.4
2022 年	606	5	603	6
2023 年	662.2	38.02	685	0.89

资料来源：SMM。

（二）消费持续快速增长

随着经济持续增长，建筑业、汽车工业等行业需求强劲，我国锌消费持续大幅增长，从 1995 年的 108.8 万吨猛增到 2023 年的 685 万吨。从 2000 年起，我国锌消费开始超过美国，成为世界第一大锌消费国并一直维持至今。

从我国精锌的初端消费结构及占比来看，镀锌是精锌最主要的初端应用方向。镀锌板主要用于轻工、汽车、家电以及建筑行业。随着我国汽车工业和家电行业的发展，镀锌板的消费量也迅速增加。

2023 年镀锌消费 474 万吨，消费占比较往年有所提升，达到 69.2%。精锌的第二大初端应用是制造合金，包括黄铜（铜锌合金）和压铸锌合金。2023 年黄铜消费 61 万吨，消费占比为 8.91%。2023 年压铸锌消费 69 万吨，消费占比为 10.07%，低于往年水平。这两大初端应用占到精锌总消耗量的 18.98%。此外，2023 年电池消费 36 万吨，消费占比为 5.26%。2023 年氧化锌消费 30 万吨，消费占比为 4.38%（见表 3－9）。

表 3 - 9　　2017—2023 年中国精锌初端消费量及占比

消费量/占比	镀锌	黄铜	氧化锌	电池	压铸锌	其他	总计
2017 年/万吨	402	74	40	38	84	12	650
占比（%）	61.85	11.38	6.15	5.85	12.92	1.85	100.00
2018 年/万吨	399	70	34	35	82	10	630
占比（%）	63.33	11.11	5.40	5.56	13.02	1.59	100.00
2019 年/万吨	415	68	31	34	80	10	638
占比（%）	65.05	10.66	4.86	5.33	12.54	1.57	100.00
2020 年/万吨	430	68	25	36	74	12	645
占比（%）	66.67	10.54	3.88	5.58	11.47	1.86	100.00
2021 年/万吨	449	66	26	36	77	11	665
占比（%）	67.52	9.92	3.91	5.41	11.58	1.65	100.00
2022 年/万吨	404.8	57.7	19.9	36.8	65.7	12.9	597.8
占比（%）	67.72	9.65	3.33	6.16	10.99	2.16	100.00
2023 年/万吨	474	61	30	36	69	15	685
占比（%）	69.20	8.91	4.38	5.26	10.07	2.19	100.00

资料来源：SMM。

九、国内外锌回收情况如何？

目前，再生锌回收率较低。在所有基本金属中，锌的废旧金属回收应用占比最低，主要原因是全球约 55% 的锌用于钢材镀锌，而镀锌层难以直接回收，造成再生锌回收率偏低。

目前，主要是钢厂和铜厂在进行含锌烟尘、镀锌渣的回收工作。按照原料来源，二次锌可分为新废料和旧废料（见表 3 - 10）。

表 3－10　　二次锌的种类

大类别	来源	二次锌种类	含锌品位
新废料	钢材厂	镀锌渣	90%以上
		锌灰	50%以上
		锌粉	40%以上
	钢厂	高炉－转炉炼钢烟灰、泥	3%以上
	有色金属冶炼厂	冶炼渣、灰	2%以上
旧废料	钢厂	电炉钢烟灰	15%以上
	社会源	废锌压铸件	90%以上
	社会源	废旧黄铜	30%以上
	社会源	废干电池	12%以上
	其他	废旧催化剂	—

新废料是指在冶金及加工过程中产生的废料，主要包括镀锌、铜合金、铜材加工、锌压铸、锌锰电池生产过程中产生的锌渣、灰、边角料，以及铁、铅、锌、铜冶炼系统产生的锌渣、泥和灰等。

旧废料是指产品使用期满报废后产生的废料，主要来自镀锌制品报废回收后重新进入炼钢系统产生的钢铁烟尘、报废锌压铸件、报废黄铜、废弃干电池等的回收。

二次锌具备分布分散、含锌波动大、成分复杂（含氯高、碳高）、难以处理等特性，2015 年新实施的《中华人民共和国环境保护法》《中华人民共和国固体废物污染环境防治法》以及《国家危险废物目录》等提出强制性要求，对包括部分二次锌资源在内的危险废物要进行无害化处置。2019 年，为规范并促进二次锌资源的利用，工业和信息化部颁布了《锌冶炼用氧化锌富集物》行业标准。2020 年，工业和信息化部颁布的铅锌行业规范条件提出，含锌二次资源企业，须采用先进的工艺和设备，须配套建设冶炼渣无害化处理设施，采用火法工艺须配套余热回收利用系统、烟气综合处理设施。处理含氟、氯的含锌二次资源项目应建有完善的除氟、氯设施。

另外，废旧黄铜和压铸锌合金可直接在消费领域循环。在国内锌的各消费领域中，黄铜和锌合金在生产过程中产生的边角料、残次品等可以回收。锌合金生产过程中产品成材率为 80%，即有 20% 的残次品、下脚料和边角料。锌合金平均使用寿命一般为 10 年，进入回收期的回收率为 90%。锌合金边角料和到使用寿命的压铸合金一般可直接回流至压铸合金厂。当锌以铜锌合金（黄铜）形态存在时，即使进入回收再利用阶段，也是进入黄铜的再生利用领域，而不进入锌的回收再利用系统。

十、国内锌现货有哪些主要的交易市场，价格参考标准有哪些？

2000 年之前，国内没有适合的锌作价平台。相当长的一段时间内，冶炼厂采购部门和矿山的销售部门都必须经历无休止的讨价还价过程，权威作价平台缺乏的问题一直困扰相关行业企业。2000 年，上海有色金属网（SMM）建立，金属锌有了国内价格平台，并被许多单位采用，该价格适用于中国境内。一方面 SMM 价格可以作为定价公式中的参数；另一方面，SMM 价格也可作为我国境内定价的参照。目前，国内现货市场的主要报价还有长江有色网（https://www.ccmn.cn）的长江现货报价、我的钢铁网（https://youse.mysteel.com）的报价等。

SMM 价格的发布时间为每个工作日 10:20 之前；长江现货报价发布时间为每个工作日的 10:20；我的钢铁网报价发布时间为每个工作日 10:20 至 10:50。由于 SMM 价格采用每日报价方式，其价格每日仅发布一次，其缺点在于价格难以适应市场价格全天波动。锌期货在上海期货交易所挂牌后，其价格与 SMM 价格产生了相互影响、良性互动。

十一、国内外精锌及锌精矿一般是如何定价的？

加工费是冶炼厂向矿商收取的将锌精矿加工成精炼锌的费用，是冶炼厂收入的主要来源。年度合约加工费主要与除中国外的锌精矿市场有关，中国进口锌矿大部分为现货合约加工。

在国际市场，锌精矿价格由锌价及加工费两部分决定，因此，锌的基准价及加工费的高低直接影响精矿价格。

国际锌精矿的计价方式是：

每干吨锌精矿价格 = LME 金属月平均价格 × 锌精矿的品位 × 回收率（85%）– 加工费 TC

由于 LME 的价格由市场确定，而品位和回收率较为固定，因此加工费 TC 就成为锌精矿价格变化的核心。加工费报价由一个锌金属基价固定值和一个随金属价格波动而上下浮动的滑动值组成，用滑动值来调整加工费体现了矿山和冶炼厂共同参与市场价格分享。国际市场协议加工费 TC 一般由矿山和冶炼厂每年年初的谈判来确定。比如，欧洲和北美地区的国家一般在每年 2 月召开的美国锌协会（AZA）年会期间进行集中谈判，在会上敲定当年锌精矿加工费的最终协议。年度合约加工费是长单定价，锌价在未来可能面临较大波动，因此，未来价格趋势的预测是合同条款中基础价格的重要参考，一旦市场与未来价格趋势出现明显分歧，加工费谈判就会延迟。比如，2006 年过高的锌价令冶炼厂实际加工费利益分享过多，2007 年由于新建矿山项目存在不确定性，矿山和冶炼厂对 2007 年精矿市场何时出现转折存疑，最终使加工费谈判久拖不决。一般来说，两个主要的矿山和冶炼厂之间签署的第一单加工费合约将被其他公司视为谈判的基准价。

目前我国现行的锌精矿定价模式有两种：一是锌精矿贸易大多采用上海有色金属网的锌报价减去一定数额的加工费，二是用上海有色金属网的锌价乘以固定比值（如 70%）作为锌精矿的成交价。随着上期所锌期货不断的发展成熟，其锌期货价格未来有可能成为重要定价基准。

锌矿贸易中的价格分享机制的必备要素是精锌的基准价格和分享的比例。国内锌矿贸易中的价格分享称为“二八分享”。国内的矿山和冶炼厂之间除协商敲定名义加工费之外，还会协商一个精锌基准价，冶炼厂享有精锌价格超出基准价部分20%的分成，这个基准价一般定为15000元/吨。

关于国内市场锌产品定价，一般是买卖双方根据市场现货报价，并参考期货市场价格敲定合同价。当然，地区升贴水及品牌升贴水也在考虑范围之列。对于现货采购，冶炼厂在与下游的价格谈判中更具优势。厂商根据市场价格波动的幅度做出定价方式的调整。现货采购一般为款到发货。运输费用根据双方协商而定，有的是厂商承担运费，有的采取买方承担运费的方式。

锌精矿原料价格的大幅波动会使不同时点供求双方表现出异常复杂的心态，因此，公平的定价方式有利于减少经营风险，维持市场的稳定。锌原料的计价模式一直在不断改进。计划经济时期，矿产品数量及价格由国家行业主管部门下达指令。市场经济时期，价格更多地由供需双方商定。月度价、季度价等固定价格在市场波动不大的情况下基本能平稳执行，但是一旦遇到价格大幅波动，履约率就大大降低，给市场双方交易带来冲击，因此，基价减去差价的定价方式应运而生，这样可以实现供需双方风险共担、效益共享。

案例3-1

如何确定长协加工费的基准价

目前，市场上锌精矿的加工费可分为长期合同加工费与现货合同加工费。海外企业，尤其是欧美和韩国的冶炼厂普遍以长期供货合同为主、现货采购为辅，而国内锌冶炼企业则采取以现货采购为主的方式。国际上，一般以泰克资源和高丽亚铅谈判敲定的长协加工费作为长协加工费的基准价，谈判每年一次。2019年初，泰克资源和高丽亚铅的谈判敲定了当年的长协加工费，并确定了2700美元/吨的精锌基准价格，协议规定的实际加工费的计算方法为，LME锌的年均价若低于2700美元/吨，则在名义加工费的基础上调减2%；若年均价位于2700美元/吨至3000美元/吨之间，则不做处理；若年均价大于3000美元/吨，则在名义加工费的基础上提高5%。即当精锌价格上涨并超过3000美元/吨时，冶炼厂也能享受到部分由价格上涨带来的收益；当精锌价格下跌并低于2700美元/吨时，冶炼厂则要承担部分损失。另外，价格分享条款也有谈判空间。

自测题

一、填空题

1. 我国从________年开始成为锌精矿的净进口国。

2. 国际市场上锌精矿价格主要取决于________、________的价格。

3. 世界锌锭贸易中，最重要的进口国是________、________、________等。

二、不定项选择题

1. 锌的主要用途有（　　）等。

A. 镀锌板　　B. 铜合金材

C. 压铸合金　　D. 电池

2. 全球终端消费中，锌主要用在（　　），中国的锌终端消费主要用在（　　）领域。

A. 建筑　　B. 交通

C. 机械　　D. 电子

3. 按矿石氧化程度，铅锌矿石分为（　　）。

A. 硫化矿石　　B. 混合矿石

C. 氧化矿石　　D. 铅锌硫矿石

4. 目前最重要的集中冶炼锌的方法是（　　）。

A. 火法　　B. 湿法

C. 烧结法　　D. 铅锌混合熔炼

5. 世界精锌产量最大的国家是（　　）。

A. 中国　　B. 加拿大

C. 澳大利亚　　D. 美国

6. 2023 年中国锌产量约占全球产量的（　　）%。

A. 10　　B. 20

C. 33　　D. 48

7. 在主要的六种基本金属中，回收率最低的两种是（　　）。

A. 铜、锌　　B. 铝、镍

C. 锌、镍　　D. 锌、锡

8. 锌回收率最高的国家或地区是（　　）。

A. 美国　　B. 欧洲

C. 日本　　D. 中国

9. 镀锌板主要用于（　　）领域。

A. 汽车行业　　B. 家电行业

C. 电子　　D. 轻工业

三、判断题

1. 我国是世界上最大的锌生产国和消费国。（　　）
2. 锌主要用于铜合金的制造。（　　）
3. 直到 2008 年，我国才成为锌的净出口国。（　　）
4. 压铸合金主要是利用锌熔点低、流动性好、强度高的属性。（　　）
5. 全球锌的资源储量丰富的国家不包含秘鲁。（　　）
6. 目前我国精锌出口量居世界第一位。（　　）
7. 国内炼锌工艺主要采用湿法炼锌。（　　）
8. 锌的生产成本中，冶炼成本所占比重最大。（　　）
9. 锌的供应量越大，加工费越高。（　　）
10. 我国大部分冶炼企业实现了原料自给。（　　）

参考答案

一、填空题

1. 2000

2. 伦锌月平均价格　加工费 TC

3. 中国　美国　德国

二、不定项选择题

1. ABCD　2. A；A　3. ABC　4. AB　5. A

6. D　7. D　8. C　9. ABCD

三、判断题

1. √　2. ×　3. ×　4. √　5. ×

6. ×　7. √　8. ×　9. √　10. ×

第四章

影响锌价波动的因素

本章要点

本章主要探讨了影响锌价变动的因素，阐述了这些因素影响锌价变动的原因及规律，以及如何利用这些规律来指导价格判断。另外，本章还阐述了锌的供求特点及其影响因素，并把各种相关因素按一定逻辑组织起来，以综合分析相关因素对价格产生的作用。本章的难点有两个：一是这些因素影响锌价的机制；二是这些因素的内在机理与判断技巧。

一、锌价历史走势情况如何？

纵观多年来全球锌的名义价格，受货币购买力长期贬值影响，锌价长期呈现典型的震荡上行格局，尤其是20世纪70年代以来，锌价波动明显加剧（见图4－1）。2001年以来持续多年的超级牛市行情中，宽幅波动已经成为其走势的新特征，可以说，包括锌在内的有色金属已经与原油一样，成为最易出现“过山车”行情的新商品，而以铜锌为代表的金属价格波动已经成为市场判断经济发展变化的重要参考指标（见图4－2和图4－3）。

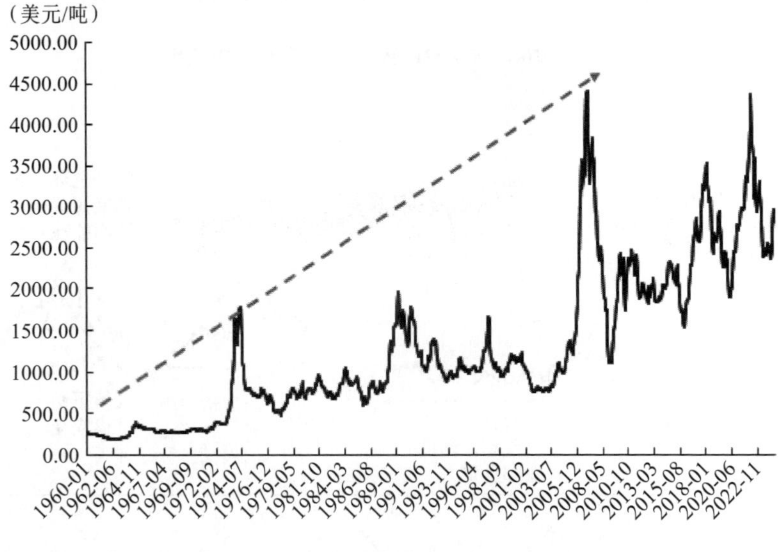

图4－1　以名义货币计量的锌价呈一路震荡上行的态势

资料来源：Wind。

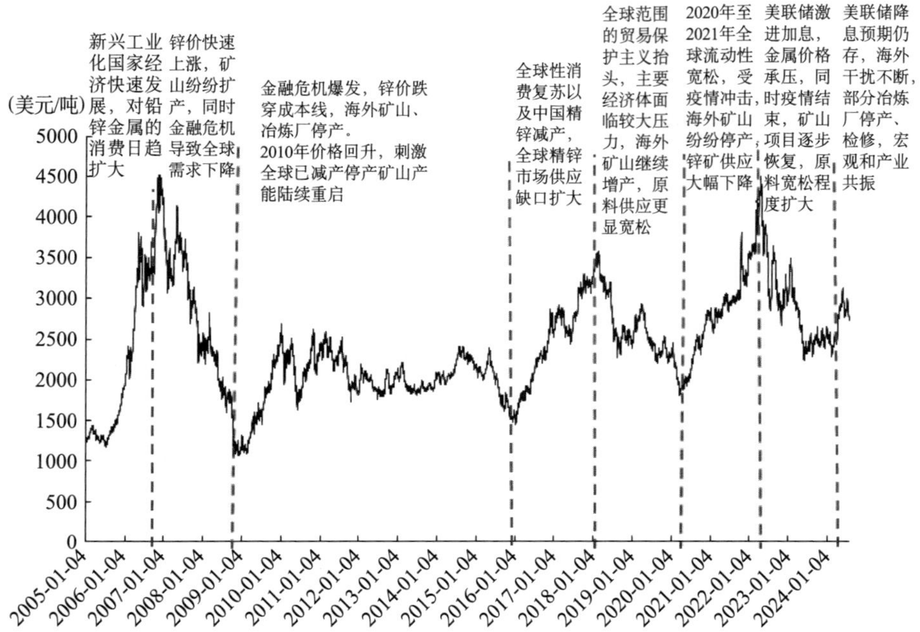

图 4-2　20 年来 LME 锌价走势及重要影响因素

资料来源：Wind。

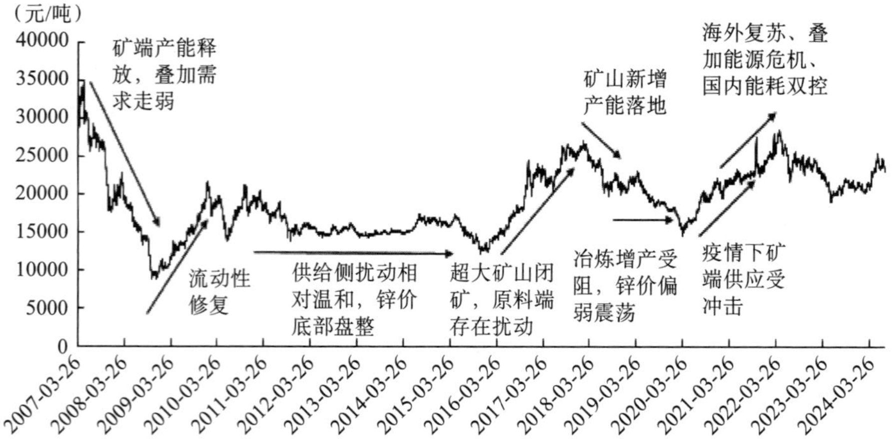

图 4-3　上海期货交易所锌期货上市以来价格走势及主要影响因素

资料来源：Wind。

二、如何系统归纳理顺纷繁复杂的锌价影响因素？

（一）按性质不同，价格影响因素分为现货供需因素、金融货币因素以及市场心理因素

从长期来看，商品的价格最终反映的必然是供求双方力量均衡的情况。供求形势的变化导致市场价格的波动，供求两种力量对比的强弱决定了价格波动的方向和幅度，所以供求是决定商品价格的关键因素。价格会受到诸如利率、通货膨胀、汇率等金融货币因素的影响，总是处于波动中。

作为全球定价的大宗商品，锌在国内国际市场交易顺畅，其产业链非常长；作为工业品，锌的消费易受宏观经济环境影响，因此，影响锌供需的因素非常繁杂。另外，锌期货作为衍生品，其价格不仅受现货供求及金融货币因素的影响，还受市场心理及投机资金运作等因素的影响。无论是参与现货还是参与期货，交易者对未来锌的供需形势、通货膨胀情况、汇率等都无法准确判断，这种不确定性导致的心理及情绪必然会反映在成交的价格里，并影响价格的发展趋势。

综合来讲，锌期货作为现货交易的一种替代性工具，拥有双重属性：商品属性与金融属性。这种双重属性使锌价不再单纯地取决于供求形势，其他诸如宏观经济运行状况、美元指数、其他大宗商品价格、商品投资基金的交易行为等因素都会对锌价产生较大影响。由于宏观经济形势及政策往往会影响供需、金融货币及市场心理等不同层面，因此我们分析价格时要重点关注这些因素（见图 4 -4）。

供需分析是把握锌价中长期变化趋势的重要基础，尤其是当供求关系变化异常或者突变时，供需对价格的影响会非常大。锌期货价格反映的是未来的价格，因此对未来供求关系的变化非常敏感。此外，还有一些投机者常利用此机会做多或做空期货，加剧价格波动。2016 年至 2018 年初，全球锌矿

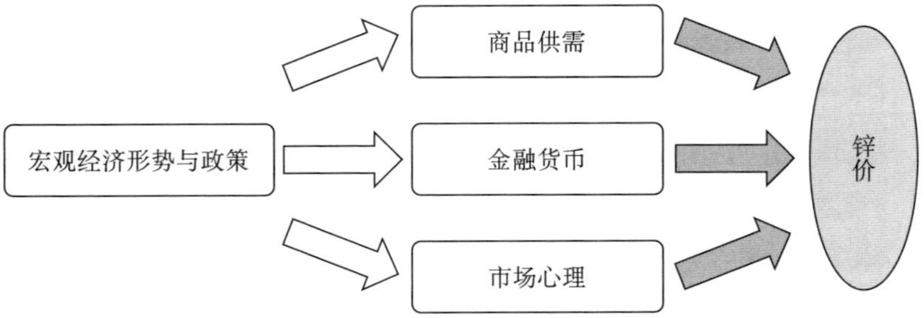

图 4－4　锌价传导因素影响

减产政策落地，冶炼厂产能利用率受限，在全球锌锭供给缺口逐渐显现的背景下，伦锌迎来大幅反弹。2018 年 2 月，伦锌最高价达到 3595.5 美元/吨，相较于 2016 年最低价 1444.5 美元/吨上涨 148.9%。自 2018 年开始，全球锌矿步入新一轮的增长周期，产量出现修复性增长，伦锌一路下挫，2018 年 8 月创下阶段性低点 2283 美元/吨，累计下跌幅度达 36.5%。

金融货币因素及市场心理因素通常对价格起到助涨助跌的作用。相关的利率（或通货膨胀）、汇率等货币因素会通过影响标价货币的升贬值而实际影响商品价格的高低，但这种影响相对供需而言对价格的影响有限，除非发生恶性通货膨胀或相关货币大幅升贬值等小概率事件。比如，LME 锌在 2001 年至 2006 年 11 月创历史最高价期间，标价货币美元持续贬值，累计跌幅达 33.6%，但这个幅度相比锌价同期超 500% 的涨幅来说只是很小一部分。通货膨胀、利率等变化往往具有周期性，相对好把握，但汇率波动相对不好把握，其对价格的影响期限可能很短，也可能很长，要区别对待。至于市场心理因素，它对价格的影响更多表现在短期波动上。

（二）按时间长短不同，价格影响因素分为短期因素、中期因素和长期因素

长期因素是指会对锌的长期供求关系变化造成影响的因素，如人口变化、宏观经济发展、科技进步导致的消费结构及生产成本的变化，锌行业产能的扩张或萎缩，土地及环境变化等。

短期因素是指会对短期实际供求产生影响或立即改变市场供求预期的因素，一般多是预期外突然发生的因素，如相关政策突然出台、气候反常阻断

生产消费运输、战争、政治风波等突发性事件都会造成价格的短期波动。突发因素对锌价的影响首先表现为市场心理预期的变化，进而造成市场的恐慌性抛盘或者投机性买盘，导致锌价出现快涨快跌。

一般来说，短期突发事件对锌价影响的时间较短，除非这些事件最终改变了市场的供需结构，否则对锌价的影响会很快消失。如 2023 年 11 月初，锌矿巨头新星公司（Nyrstar）计划关闭其位于美国田纳西州中部的两座锌矿的消息引起了市场的高度关注。这一消息刺激了 3 个月伦锌期价的跳涨。根据大宗商品供需状况、商品价格波动规律以及影响时间的长短，可以将商品价格变动简单分解成三部分因素的叠加。一是波动最大且较有规律的影响锌价的长期趋势性因素（周期性波动）；二是季节性供需变化导致的季节性价格波动；三是由突发多空事件及市场心理等造成的短期价格波动。这三方面我们在下文还会详细介绍。

三、锌有哪些供需特点？重点在哪？

（一）锌的供需特点——供需格局不易转换，需求影响更大

锌与其他有色金属一样，矿山及冶炼固定投资占比很大，投产周期较长，生产比较集中（企业数量相对消费明显少），而且必须连续生产，最大产量受产能限制，而一旦建成投产，除非明显亏损，否则产量不会明显下降。因此，相对于供给容易受天气影响的农产品来说，锌产量比较刚性，较好把握。在终端消费中，锌占消费品总价值的比重较低，因此锌价的高低很难影响终端消费需求，消费更多受宏观经济影响。高价更多只会影响少量的替代及节俭消费，因为锌价相对较高时，锌容易被其他品种替代；反之可能挤占相关替代品种的份额。由于供给短期变化不大，而且相对好分析，因此锌的供需及价格变化更多取决于消费变化。锌的消费深受宏观经济影响，所以锌价有与宏观经济相似的周期，下文会详细讲解。

锌的趋势性波动很强。一般情况下，矿山勘探与建设的投资周期较长，但含锌的矿山中小型的居多，投资周期相对要短些，一般是 2～5 年。通常，只有在锌价高涨之后，矿山才能获得投资所需要的资金，因此供不应求的状况一般都会持续 3 年以上。随着新的矿山与冶炼能力的投产，锌的供求会逐步好转。这个过程中，无论消费增长停滞或下降，只要价格不明显打破社会平均成本，供给量变化都不会太大，最终形成供大于求的局面，导致行业低谷的到来，而且持续时间也会比较长。比如，2016—2017 年，在超大矿山世纪矿的闭矿、嘉能可部分矿山的减停产、全球矿山品位普遍下滑等多重因素影响下，全球锌矿减产终于落实。同时，冶炼厂受原料短缺的影响被动减产，环保和供给端改革政策使冶炼厂的产能利用率不高。所以，在全球锌锭紧缺的刺激下，锌价展开强势反弹。由于矿山及冶炼的建设投产期较长，产能难以迅速提高，扭转短缺所需时间较长，本轮锌价持续上涨了 2 年时间。

（二）影响锌供需的主要因素

表 4－1 将影响锌供需的因素按供给与需求以及长短期不同进行了总结，供读者参考。

表 4－1　　锌的常见供给需求因素简述

供给		需求	
短期（低于 3 个月）	长期	短期（低于 3 个月）	长期
库存（企业及交易所） 劳工纠纷和谈判	全球锌资源分布格局 生产企业对未来锌价预期	锌的价格水平 替代金属价格	工业消费趋势 人均消费量趋势
供给		需求	
短期（低于 3 个月）	长期	短期（低于 3 个月）	长期
政治和社会动乱 政府收储或放储 进口情况	新矿的发现与开发 冶炼企业对未来价格预期 生产冶炼技术的发展情况 自有矿冶炼生产的成本较低	国内外经济形势 相关政治事件 出口情况	人口增长情况 消费者收入水平 建筑行业发展情况 汽车行业发展情况 家电行业发展情况 五金行业发展情况

（三）分析供需时必须考虑价格水平

锌供求变化与锌价变动是互相影响、互相制约的（见图4－5）。一方面，锌价受供给和需求变动影响；另一方面，锌价涨跌又反过来对供给和需求产生影响：价格上升，供给增加，需求减少；价格下降，供给减少，需求增加。正是因为供求与价格互相影响、互为因果，所以供需分析才更加复杂，投资者不仅要考虑供求变动对价格的影响，还要考虑价格变化对供求的反作用。比如精矿价格过低的时候，矿山生产的积极性会大打折扣，锌精矿的供给自然会下降；反之亦然。

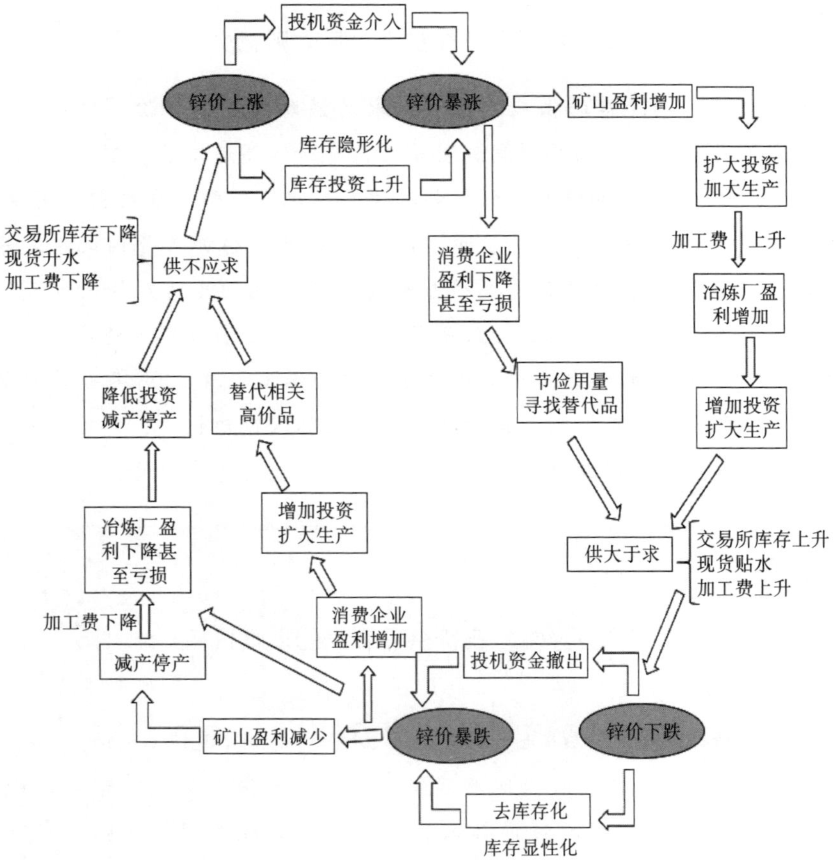

图4－5　锌供求变化与价格的互动影响逻辑

（四）客观看待供需分析

从表 4－1 列出的分析因素来看，投资者全面分析这些因素是不太现实的。一来，投资者很难有准确真实的数据来源；二来，在利用上述各项因素对锌价走势进行定性分析时，还需要利用统计技术进行定量分析，以提高预测的准确度，甚至还需要通过建立经济模型，系统地描述影响价格变动的各种供求因素之间相互制约、相互作用的关系。显然，绝大多数普通投资者没有这样的能力。但通过对这些知识的了解与掌握，投资者可以大幅提升对研究报告的解读能力，从而辅助投资决策。

案例 4－1

高锌价刺激产能扩张，反之则减少

2005 年后，由于锌的供应有限和需求的强劲增长，锌价持续暴涨。此时，矿价居高不下，矿山高利润刺激矿业投资持续高速增长，矿山产能急剧上升，使 2006 年还曾面临短缺的锌精矿供应情况在短短一年之内大有改善。2007 年锌精矿的短缺情况出现了明显改变，冶炼厂的加工费因此也越来越高，最高达 360 美元/吨的历史高位。获得丰厚利润的冶炼厂纷纷扩建，而业外看到冶炼厂的丰厚利润后也跃跃欲试，大力投资新建锌冶炼厂。不断增加的产能及产量，加上 2007 年美国次贷危机的爆发以及 2008 年全球性的金融危机，严重打击了市场需求，于是锌的需求陷入疲软状态，锌价暴跌，导致许多新项目向后推迟或者取消，已有产能减产或者停产维修。

延伸阅读

国内外经常发布锌供需数据的权威机构

1. 国际铅锌研究小组

国际铅锌研究小组（International Lead and Zinc Study Group，ILZSG）是联合国 1959 年组建的政府间商品组织，旨在确保全球铅锌市场的透明度，定期会发布高质量的统计数据和深入研究的经济数据，同时发布一些基础报告，组织各种国际会议和特殊会议，召集铅锌产业人士和有关政府部门讨论铅锌产业领域共同关注的问题。该机构最重要的职能是向市场提供铅锌供需发展的信息，每个月都会发布最新公告，内容即为铅锌供需趋势数据，同时每年4月和10月各发布一次详细的对未来市场数据的预测。它是全球铅锌数据发布的权威机构之一。

国际铅锌研究小组发布的铅锌统计报告的主要内容是全球供需表，其中包含世界主要地区铅锌金属生产量、消费量数据，主要精矿和精炼金属的进出口、二次开采、全球矿井生产和再循环金属产量及金属贸易数据等。

2. 世界金属统计局

世界金属统计局（World Bureau of Metal Statistics，WBMS）主要提供全球金属工业的一手数据，发布全球基本金属供应概况，包括基本金属产量和矿产量、消费量、需求量、报告库存、供需缺口等数据。同时，世界金属统计局还预测了主要的有色金属的进出口贸易数据。最重要的是每月发布的《月度世界金属统计公报》（Monthly World Metal Statistics Bulletin）。彭博有色金属数据大多来自世界金属统计局。

3. 美国地质调查局

美国地质调查局（United States Geological Survey，USGS）的主要职责是负责自然灾害、地质、资源、地理、环境、生物信息等方面的科学研究、监测、收集、分析、解释和传播，对自然资源进行长期监测和评估，为决策部门和公众提供广泛、高质量、及时的科学信息。它是世界地质科学领域的领军机构，在全球矿产资源评价方面具有很高的权威性。美国地质调查局主要发布各种矿产资源的储量、基础储量以及地区分布等。

4. 英国商品研究局

英国商品研究局（Commodity Research Unit，CRU）主要从事国际市场分析，研究金属、矿业、化学行业的成本，并预测未来市场发展情况。英国商品研究局发布的金属报告是行业内关注较多的报告，主要根据最新的现货升贴水、产量、库存、冶炼产量、供需平衡表等数据，对市场状况进行描述和分析。

5. 英国矿业金属咨询机构（Brook Hunt Associates）

英国矿业金属咨询机构成立于1975年，是英国一家世界知名的矿业和金属咨询机构，主要为客户提供矿业和金属领域的深度分析报告。英国矿业金属咨询机构主要提供基本金属和贵金属的分析研究报告，如铜精矿、精锌矿市场研究和工业成本分析等，其生产成本分析报告在业界颇有影响。2008年8月21日，该机构被全球最大的能源顾问公司伍德麦肯兹（Wood Mackenzie）成功收购。伍德麦肯兹多年以来为全球领先的能源公司提供极具商业价值的分析报告和策略性建议，为国际一流的能源公司提供具有前瞻性的商业分析服务。两家机构合并后在能源工业和金属矿业领域为全球客户提供高质量的商业分析报告。

6. 国际主要投行报告

国际主要投行报告包括高盛、麦格理、巴克莱等发布的报告。其中，高盛在全球经济、商品和策略方面的研究中，最重要的是商品展望报告与美国经济分析。这两个报告主要对经济前景和大宗商品走势进行预测，其中对大宗商品的宏观因素分析较多。另外，麦格理商品报告（Macquarie Commodities Research）、巴克莱资本关于大宗商品的报告、CRU铜铝铅锌等有色金属的月度报告等都受到了较多关注。

四、分析精锌供给情况时需要重点考虑哪些因素？

（一）影响供给的基本因素

供给量的公式为：

$$供给量 = 生产量 + 进口量 + 期初库存$$

其中，进口量数据较易获得，期初库存数据也会反映在已有的商品价格里，因此影响未来供给变化的主要是当期生产量和潜在产量。

锌作为工业品，最终生产量取决于相关产能规模、生产企业的生产意愿以及可能影响生产进度的突发因素等，因此可能影响锌生产量的因素主要有矿产、冶炼企业的数量及产能、产能利用率、生产冶炼成本及分布情况、生产企业对未来价格的预期、替代品的相对生产成本及价格、主产国对相关生产企业的产业政策和贸易政策等。

（二）分析供给的基本逻辑

1. 前期应该了解的知识

世界上锌储量有多少？这些矿是如何生产的？已开发的精矿累积生产成本情况如何？平均冶炼成本是怎么样的？冶炼加工费是怎么定的？这些都是投资者在交易前期应该了解的知识。

2. 短期产量

想要了解锌的短期产量，可以从以下方面入手：生产地区可能经历混乱吗？目前精矿价格下矿山生产积极性如何？冶炼厂加工费及利润如何？开工率如何？进出口情况如何？

3. 短期新供应资源的情况

短期新供应资源的情况有：旧矿何时扩建？要花费多少？新矿项目进展如何？新增产量是多少？新增的供应量进入市场需要多长时间？

4. 超高价下新的潜在供应情况

需要了解的潜在供应情况有：未来10年勘探开发潜力如何？储层是富矿还是贫矿？有多少储量？研发和生产成本要花费多少？这些新资源可用之前，还需等待多久？新的供给量预计何时可以进入市场？

（三）价格高低不同时供给分析重点不一

低价时，投资者应关注锌精矿价格与全球累计较低生产成本水平，以及加工费与冶炼成本；高价时，投资者应关注潜在资源情况、矿山勘探投入与新建扩建项目的产能及建设进度情况。

受信息获取渠道的制约，投资者很难获得与锌期货相关的全部信息，解决的方法通常是采用世界各个商品研究机构对供求关系的统计及预测。虽然这些统计数据不可能完全准确，但可以从趋势变化中分析行业的未来趋势。

案例4-2

锌精矿勘探与新建项目进程难预测

一般来说，锌精矿高价会刺激勘探投资及新建项目，从而使供给大幅增加，打压高价，但实际情况往往并不容易预测，对实际供给变化及价格的判断也容易出错。比如，20世纪90年代后期的高科技泡沫与2004—2007年金属牛市的一个显著区别是，在这轮牛市期间，西方大矿业公司参与供给的并不多，铁矿石大量产能增量在澳大利亚，铝和锌增量的主要产能在中国，这些产能完全不是按照此前30年的既有模式发展起来的。2004年年底之前，矿业公司的掌舵者们并没有在金属牛市中参与投资，所以这轮金属牛市比以往行情持续时间更长，直到2007年，矿业公司才开始计划其成长项目，而上一次采矿业投资冻结发生在1998年（亚洲金融危机后），7年之后矿业公司才重新考虑增加产能，而且许多项目的建设都持续到2010年后。但是，在市场繁荣时期的过度投资使这些项目大多在2008年市场暴跌后“流产”。2008年金融危机使全球信贷大幅紧缩、价格迅速下挫、投资快速收缩，供给对价格下跌的反应远超以往历史统计。

五、观察锌消费时应当重点关注哪些因素及数据？

（一）需求分析逻辑

在分析需求前，投资者先要了解锌的主要用途以及与之紧密相关的下游消费行业。例如：从中短期来讲，下游消费需求如何？国内外经济前景怎样？如果锌价太高，何种替代品能够有效替代锌？当前的用途中，哪些用途容易被替代？长期来讲，有什么新的技术进步或产业可能会对锌产生需求？这种新增需求有多大？社会库存需求是上升还是下降（去库存和再库存）？在牛市上涨期或流动性充足、通货膨胀预期高时，社会一般会提高备库水平，即增加库存需求，这些需求虽然不会增加实质性的消费，但会对阶段性供需产生影响。

（二）中短期需求关注相关下游行业数据及宏观经济指标

锌消费主要取决于下游行业的发展，锌的下游消费领域主要有建筑、房地产、汽车、家电等行业。这些行业与宏观经济紧密相关，因此通过对各个消费行业指标（如国内外主要消费品的产量）及宏观经济指标的分析，可以大致判断锌消费增长的变化。这些指标主要包括 GDP 增长率、OECD 领先指标、制造业采购经理人指数（PMI）、消费行业数据等。制造业采购经理人指数（PMI）是较好地反映制造业扩张与衰退的中短期指标，制造业增长与衰退的临界值一般是 50%。OECD 领先指标通常用来预判未来 6 个月的工业生产变化。由于工业活动是金属需求至关重要的影响因素，因此 OECD 领先指标通常是经济发展对金属价格影响的早期指示器。OECD 领先指标与 PMI 的运用在下文"周期及季节性问题"中会有举例说明。

另外，计算跟踪表观消费量也可以用来辅助判断消费变化情况。表观消费量是相对于实际消费量的一个概念，一般是指国内产量加上净进口量。因为其中没有考虑库存的变化，所以只能作为辅助判断。期货市场通常会把同期显性库存的变化数量考虑进去，所以误差就在隐性库存上，隐性库存可以通过产业链库存调研数据来推测。如果表观消费量与实际相关下游生产变化比率出现较大反差，也可以反推市场隐性库存情况。

（三）长期关注消费结构（包括替代品）的变化

在消费结构方面，目前我国钢材的镀锌率只有 20% 左右，与日本、美国等发达国家 55%～60% 的比例相差较大，存在较大上升空间。2003 年以后，国内汽车、家电、高速公路和优质建材等领域对镀锌板需求上升，使国内镀锌行业的投资建设迅猛发展。钢及镀锌板产量的上升趋势会刺激锌的需求，但要注意的是，锌主要用于建筑部件、汽车部件以及家电的外层，只有这些相关品种的需求出现上升，锌的需求才会上升，从而出现价格上涨的趋势。

在消费替代方面，如果市场选择其他材料代替锌，就会减少对锌的需求量，在供给不变的前提下，供大于求的现象会对锌价产生下跌压力；反之亦然。铝和锌的竞争领域主要在铸造方面，过去，铸造大多用的是废铝，现在使用原铝的日益增多，相较于铝，锌在铸造材料成本方面占有优势。铝的密度只有锌的1/3，比锌轻。过去，锌的价格只有铝的一半，锌的优势才得以体现出来。随着锌价超过铝价，铝的价格优势又体现出来，再度被广泛应用，比较典型的是，在压铸领域，铝合金开始替代锌合金，这给锌消费带来非常大的压力。比如，随着资源类商品开发难度的加大，在锌价远超铝价的2006年，在一些对重量要求不高的压铸件上，锌部分被铝替代。

未来，随着铝加工技术的进一步提升，在分析锌价走势时，投资者必须关注铝的情况。如果铝价暴涨，那么铝对锌的替代作用就会大大减弱，锌的价格也可能会受此影响出现上涨。但值得注意的是，替代是有边际效应或者说上限的，比如铝对锌的替代暂时主要局限于铸造领域，随着铝在铸造领域的广泛应用，铝在铸造领域替代锌的这个情况对未来锌价的影响就会越来越小。

六、宏观经济主要从哪几方面对锌价构成影响?

（一）宏观经济形势影响锌的消费

锌作为重要的工业原材料，其需求量与全球经济发展密切相关。锌的下游消费涉及建筑、交通运输、家电、基础设施建设、轻工业等，这些下游行业与国家或地区的经济发展息息相关，经济处于快速增长时，这些行业也会快速发展，对锌的需求会明显增加；反之，则减少。因此，锌的消费需求和经济增长呈现同方向的变化。如果供给变化不大，经济高速增长时，锌价表现为上涨；经济处于衰退期时，锌价表现为下跌。2008年下半年全球经济进入下行期，导致锌价急速下跌，甚至跌破成本。

（二）经济的周期性运行带动锌价周期性波动

宏观经济运行具有周期性，因此锌的消费及价格往往也具有周期性。认真观测和分析经济周期的阶段和特点，对于正确把握锌的中长期价格走势具有重要意义。经济周期一般由复苏、繁荣、衰退和萧条四个阶段构成。复苏阶段开始时是前一周期的最低点，产出和价格均处于最低水平。随着生产的恢复和需求的增长，价格也开始逐步回升。繁荣阶段是经济周期的波峰阶段，此时投资需求和消费需求的不断扩张，超过了产出的增长，刺激价格迅速上涨到较高水平。衰退阶段出现在经济周期波峰过后的下行阶段，此时经济开始滑坡，需求萎缩，供给大大超过需求，价格迅速下跌。萧条阶段是经济周期的谷底，供给和需求均处于较低水平，价格停止下跌，处于低水平状态。在整个经济周期演化过程中，价格波动略滞后于经济波动。

分析宏观经济所处的经济周期阶段，投资者可利用一些主要经济指标值来判断，如 GDP 增长率、失业率、价格指数、汇率等，这些都是期货交易者应密切注意的指标。

（三）各国政府的宏观经济政策会影响锌的消费及价格

各国政府对经济的宏观调控政策是影响未来经济走势的重要因素。一般来说，政府的宏观经济政策可以分为两类：一类是针对宏观经济进行调控的财政与货币政策，这些政策可通过影响锌的下游需求、改变通货膨胀预期和投资者偏好等来间接影响锌价；另一类是针对锌或相关行业的产业政策或措施，这类政策或措施会直接影响与锌相关的产业的生产成本、产量及消费量，进而影响锌价。

政府的宏观经济政策中，宽松的财政政策会刺激内需，有助于推动锌价的上涨，而紧缩的财政政策会抑制内需，对锌价有打压的作用。我国于 2008 年底开启的 4 万亿元救市计划，目的就是通过拉动内需来改善经济，正是得益于当时的双宽松政策（货币、财政）推动，锌价在 2009 年得以上演单边上涨行情。宏观经济政策中的货币政策主要是调节利率及货币供应，利率高低及货币流通量会影响实体经济投资决策，还会影响金融市场的流动性、市场对资产的定价以及对通货膨胀的预期。

（四）其他相关政策

期货市场价格对国际国内政治气候和相关政策的变化十分敏感。政治因素主要指国际国内的政治局势、国际性政治事件的爆发以及由此引起的国际关系格局的变化、各种国际性经贸组织的建立以及有关商品协议的达成、政府对经济干预所采取的各种政策和措施等。这些因素将会引起期货市场价格的波动。另外，锌期货价格还会受相关国家的产业政策、进出口政策、储备政策、税收政策等的影响。

七、如何利用经济周期来分析长期锌价走势?

既然宏观经济大的周期性决定了相当长的一段时期内锌的消费及价格的波动方向，那么探究锌价不同周期价格运行规律及背后原理，将有助于理解和把握锌价的中长期走势。在一般的商品分析体系中，周期有长达数十年的超级周期、7 至 10 年的中周期和 3 年左右的库存周期三种。这三者之间的驱动力既有相似之处，也有不同的地方。

（一）超级周期

超级周期是指一个长期的实际商品价格上涨以及下跌的完整周期。超级周期内不需要考虑短期波动。这种超级周期背后的推动力量一般是某一个或几个主要经济体兴起后的城市化和工业化所产生的大量需求，比如基础金属（包括锌）的需求（见图 4 -6）。其原因是城市化与工业化经历的时间一般长达数十年，这种需求将推动金属价格在相当长一段时期内处于上升局面。尤其当工业化经济进入成熟期时（见图 4 -7），相关大宗商品需求呈现加速增长态势，加上此时消费基数已处在较高水平，这种加速增长的需求往往会面临供给瓶颈，引起商品价格暴涨。当工业化与城市化进入尾声，需求的减少以及超高价引发的供给增加将使金属价格进入漫长的下跌通道，直至另一个经济体的兴起。

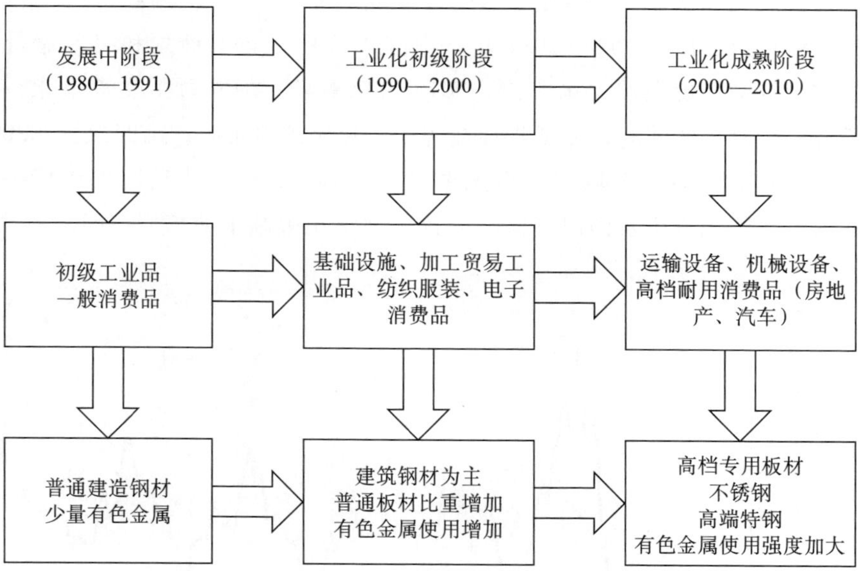

图 4－6　工业化过程金属消费总量趋势

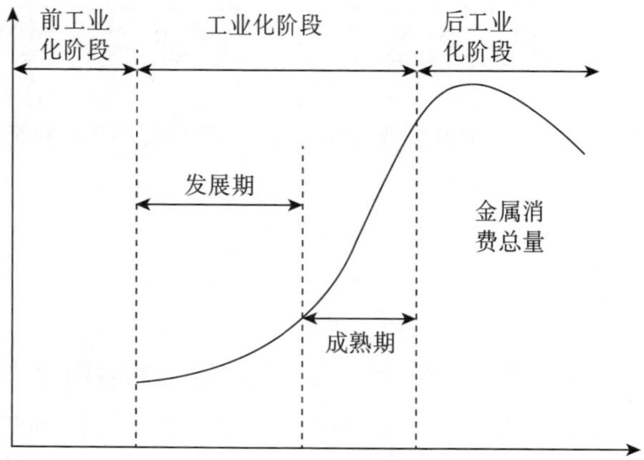

图 4－7　经济发展过程

因为全球货币总量不断递增，货币的实际购买力不断下降，所以用名义货币单位衡量的锌价总体呈上升的态势，不利于对超级周期研究。图 4－8 选择以 2006 年 1 月为不变美元价制作。在去除诸多事件性因素的影响之后，我们从图 4 －8 中可以看到锌价确实存在明显的超级周期特征。2000 年以来全球锌价出现四次上涨行情：第一次，2003—2008 年，中国经济腾飞拉动锌价上涨；第二次，2009—2011 年，中国 4 万亿元救市计划和美联储量化宽松政策推动锌价上涨；第三次，2016—2018 年，在中国棚改货币化、欧美经济同步复苏的同时，原料端存在扰动，超大矿山闭矿；第四次，2020—2021 年，疫情暴发后美联储开启无限量宽松措施，疫情扰动国内锌精矿生产的同时，能源危机及国内能耗“双控”政策也限制了冶炼厂产能。

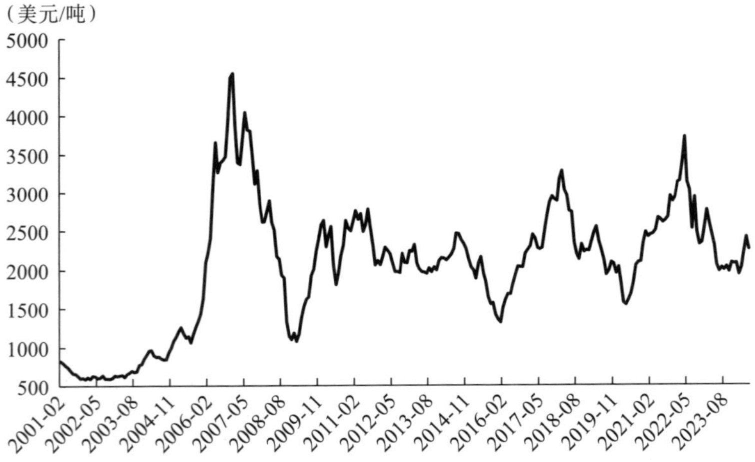

图 4 －8　以不变价衡量的锌价呈现明显的超级周期特征

资料来源：Wind。

（二）中周期

中周期是指全球进入景气的上升或下降阶段。此时的金属价格波动具有中周期特征。经济景气必将带来大量的工业用金属需求，但在萧条时期造成的矿藏勘探匮乏以及设备投资减少往往使金属产能的增加跟不上需求的上涨。供需矛盾的集中体现就是一轮牛市的到来。随着价格的上升，投资扩张的效果将在之后几年逐步显现，金属牛市上升的同时就已经为未来的下跌打下了基础。对于金属而言，受中周期的影响最大。

全球经济大致呈 10 年一波动的中周期波动规律，OECD 指标是一个很好的衡量标准。从图 4－9 来看，锌价的波动与全球经济周期的波动一致（以 2006 年 1 月的美元购买力为基准）。

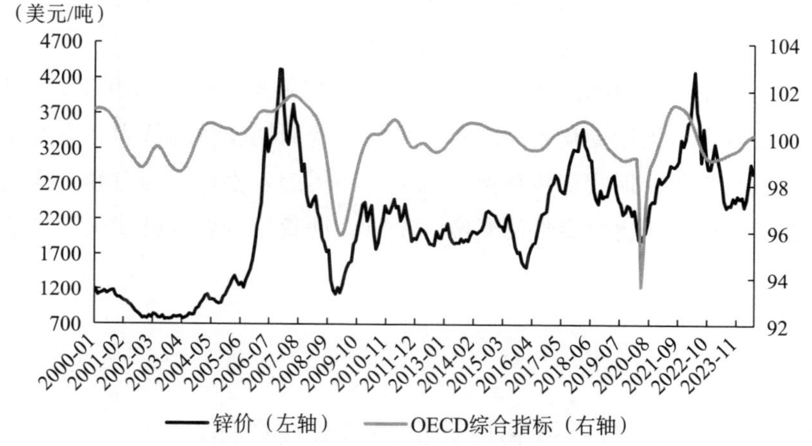

图 4－9　全球经济周期与锌价的中周期波动一致

资料来源：Wind。

那么超级周期与中周期有何不同？首先，从表征来看，一轮超级周期的持续时间远远长于中周期，其背后的原因是一个经济体兴起的工业化进程时间要长于经济周期的波动时间。其次，从结构来看，超级周期中往往包含中周期，二者并不矛盾。当二者发生共振时，波动幅度往往相当惊人。比如，2005—2007 年，金属（包括锌）价格跨区间暴涨就是超级周期和中周期叠加的效应。

（三）库存周期

库存周期是指生产商或贸易商去库存和补库存的阶段。去库存和补库存所引起的价格波动具有库存周期性。对于锌而言，以上两个过程相互交替构成了锌价的库存周期。从更大的层面来看，不同经济体的补库存和去库存过程构成了经济的库存周期。库存周期是由微观主体的抉择引起的，同时具有较大的可变性，相较于超级周期和中周期，库存周期较短，一般一个完整的库存周期的持续时间是 40 个月，即 3 年左右。需要强调的是，由于经济中处于不同产业链上下游企业的补库存和去库存节奏并不完全相同，因此经济周期的库存周期与锌本身的库存周期往往并不同步。

还有一点需要注意的是，有时库存周期并不容易被识别出来，特别是在超级周期与中周期波动共同向上的情况下，库存周期的上升与下降都只是表现为上升过程中的加速与盘整；反之亦然。

总之，在经济周期的各个阶段，都会出现短期价格上涨和下跌的现象，有些波动似乎与周期变化规律不符，但对经济周期变化的认识，有助于投资者分析预测长期的期货价格趋势。因为经济周期发生转折的时候，往往会对商品价格总趋势产生决定性的影响，所以，期货投资者应密切关注经济发展动向。

八、如何分析并利用锌价的季节性规律?

大多数商品的生产和消费或多或少会有季节性特点，导致商品价格走势也呈现季节性特点。有色金属一般需要连续生产，且易储存，而农产品是季产年销，又不耐储存，因此，有色金属价格的季节性规律并不如农产品那么明显，但季节性特点仍然会对有色金属的中短期价格产生影响。金属的供给短期变化不甚明显，相对好把握，故季节性更多体现在需求变动方面。

表 4－2 选取了上期所 2007 年 3 月以来锌期货主力合约的价格作为统计样本数据。图 4－10 描述了 2007—2024 年上期所锌价的季节性走势。

表 4－2　2007—2024 年上期所锌期货主力合约价格季节性统计分析

月度	上涨年数	下跌年数	上涨概率（%）	月度平均收益率（%）	月度收益率波动标准差	月均价最大涨幅（%）	月均价最大跌幅（%）
1月	10	7	58.82	0.58	0.061	9.40	－15.22
2月	9	7	56.25	0.74	0.057	11.67	－11.86
3月	7	10	41.18	－0.58	0.059	13.29	－12.01

续表

月度	上涨年数	下跌年数	上涨概率（%）	月度平均收益率（%）	月度收益率波动标准差	月均价最大涨幅（%）	月均价最大跌幅（%）
4月	10	7	58.82	1.22	0.062	11.90	-7.46
5月	7	11	38.89	-2.07	0.050	5.99	-12.01
6月	7	11	38.89	-1.75	0.059	8.81	-13.17
7月	12	5	70.59	2.86	0.057	11.84	-8.53
8月	10	7	58.82	0.89	0.052	10.68	-8.09
9月	8	9	47.06	-0.69	0.044	7.22	-13.02
10月	12	5	70.59	-0.77	0.103	11.41	-36.20
11月	7	10	41.18	-1.02	0.095	20.09	-23.76
12月	11	6	64.71	2.39	0.060	16.56	-9.45

资料来源：Wind。

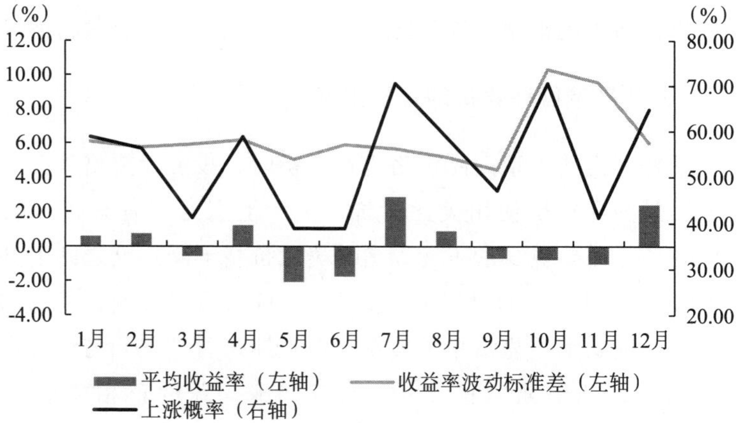

图4－10　2007—2024年上期所锌价季节性走势

从表4－2和图4－10可以看出，从涨跌的概率来看，一年中锌价在5月、6月下跌的概率最高，均达到61.11%，即18年中有11年下跌，仅有7年上涨。一年中锌的价格上涨概率超过50%的月份有1月、2月、4月、7月、8月、10月、12月，其中，7月、10月、12月上涨概率相对较高，且7月、12月的上涨幅度也相对较高（见图4－10）。7月、10月上涨的主要原因是夏季冶炼厂的集中检修和“金九银十”需求发生了催生作用。12月通常将进行下一年的长协协商，一定程度上会刺激需求，拉动贸易升水抬升。综合而言，第三季度上涨概率相对较高，7月最易反弹，而5月最易下跌。

从近年来累计平均涨跌幅度来看，一年之中除3月、5月、6月、9月、10月、11月之外，其他月份的月均价环比收益率均为正。在6个负收益率月份中，5月的负收益最大（见表4-2）。

从各月收益率波动标准差数据来看，5月、8月、9月这3个月的收益率波动标准差较小，而10月和11月的收益率波动标准差较大。

九、影响锌价的金融货币因素有哪些？

锌期货价格与市场汇率、通货膨胀、利率、流动性等有紧密的联系。

（一）美元是影响国际锌价的重要因素

在对包括锌在内的大宗商品价格进行分析时，投资者要格外关注美元走势，主要原因是国际锌价使用美元标价，美元上涨意味着其相对购买力上升，购买同一商品需要更少的美元，名义美元价格下降；反之则上升。从美元指数与LME 3个月锌价的对比图（见图4-11）可以发现，从大的趋势来看，美元与锌价确实呈明显负相关关系。但短期来看，美元与锌价走势并不经常是负相关的；从中期来看，美元与锌同涨同跌的正相关情况也时有发生。

从逻辑上讲，美元只是影响绝对价格的因素之一，对价格的影响不起主导作用，因此仅根据美元走势来判断锌价进行操作是很有问题的，而且美元走势本身也是很难准确分析预测的。比如，2024年4月中旬，在美联储降息预期减弱的刺激下，美元强势反弹并创下106.5的高点。但由于美国经济前景乐观、国内政策面持续发力，叠加锌精矿供应紧缺为锌价提供底部支撑，沪锌也演绎了一波强势上涨行情，屡屡刷新阶段性高点。

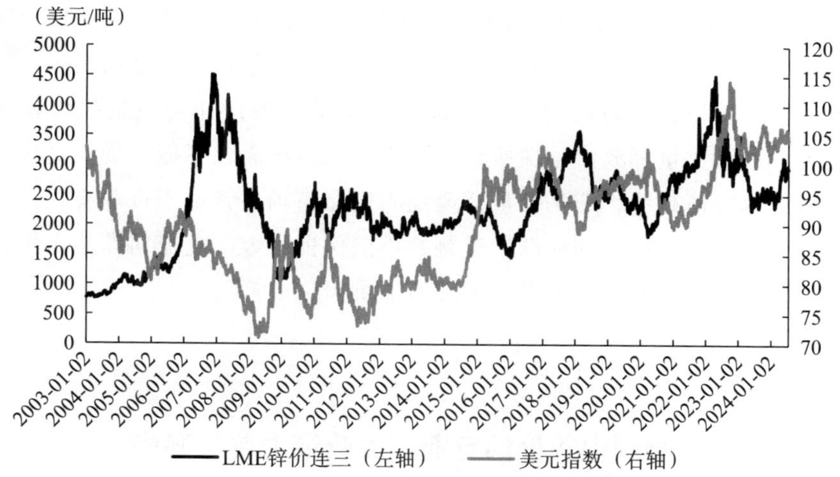

图 4-11　美元指数与 LME 锌价呈现明显负相关走势

资料来源：Mysteel。

（二）人民币汇率是决定锌内外比价的重要因素

国际上锌市场是全流通的，锌的进口与出口频繁发生。当人民币相对美元升值时，锌的进口成本就会下降，导致国内外比价趋降，从而影响国内外跨市套利。因此，当人民币升值预期强时，国内锌价相对国际锌价会呈明显弱势。

（三）通货膨胀与流动性

各国对利率的调整都是权衡经济增长和通货膨胀的结果。利率变化对金融衍生品交易影响较大，对商品期货影响较小。利率周期一般与经济周期同步，伴随着经济的繁荣，商品受需求旺盛影响不断走高（通货膨胀率会上升），利率也会不断提高，因此商品周期和利率周期大部分是同一方向的。但在大的商品牛市上涨的中后期，商品价格上涨的重要支撑因素会由实际消费支撑转为通货膨胀预期支撑（市场会抛弃贬值的货币，积极买入商品），这时利率继续走高会打压通货膨胀预期，从而对商品价格构成下跌压力。

当市场中的货币量远远大于实体经济发展所需货币量时（流动性过

剩），生产投资回报一般会明显不足，迫使资金去寻找比实体经济投资回报更高的渠道，资本市场、房地产市场、商品市场正是这些资金的去向，这种情况下商品价格就容易出现上涨。2009 年全球主要工业金属价格大幅上涨就是各国央行大量释放流动性所致。因为实体经济需求不振、货币过多，所以货币形成贬值趋势，于是大量资金涌入商品市场，锌由于资源有限，自然受到追捧。当然，单纯的流动性过剩并不能保证资金一定流向商品市场，因为这里缺乏最关键的一个因素，即旺盛的供需。

十、影响国内锌价的行业相关政策主要有哪些？

（一）进出口政策

锌作为国际大宗商品，价格取决于全球供需，进出口政策调节并不实质影响全球供需格局，因此不影响中长期价格，但会影响国内外合理比价水平。进出口政策会在短期内使国内外价格强弱不一，对锌期货内外跨市套利影响较大。当国内采取抑制锌出口或刺激锌进口的政策时，国内锌价会因供给增加而出现回落。对于国外 LME 锌期货来说，因为中国限制锌出口，国际市场上流通的锌相对就减少了，锌价自然上涨。

自 2007 年 6 月 1 日起，我国调整了部分商品的进出口关税税率，其中，将未锻轧锌的出口关税增加至 10%。

图 4－12 反映的就是上述消息公布后两个市场的不同表现。

进出口政策是调节国内供需的重要手段。上调出口税率、降低出口退税率会抑制出口；反之则促进出口。降低进口税率会刺激进口；反之则抑制进口。近年来，我国对锌相关进出口政策的调整思路主要是弱化资源类产品出口，特别是高耗能、高污染和低附加值、低效益的金属产品出口，引导有色金属行业发展。比如，以前国内对锌出口商征收 17% 的增值税，实行退税 13% 的优惠。2005 年 5 月这一出口退税率降为 8%；2006 年 1 月

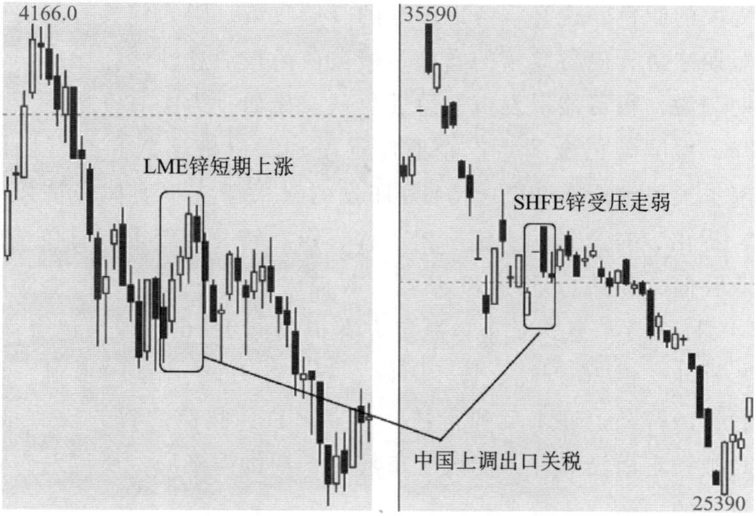

图 4-12 进出口政策对锌价的影响

资料来源：文华财经。

起又进一步下降至5%，9月我国取消了含锌量小于99.995%的未锻轧锌以及未锻轧锌合金的出口退税；2008年8月1日起，税务总局又取消了0#锌锭5%的出口退税。降低资源类产品的出口退税，使上游产业的出口受到抑制，使部分产品转销国内市场，进而对国内金属材料市场形成价格压力。

案例 4-3

国内提高锌出口税率政策使锌价在短期内内弱外强

2007年5月下旬，我国上调锌出口关税税率，使锌价出现了短期外涨内跌的走势。但由于这并没有改变全球供需格局，因此经过短期调整后，内外盘价格再度形成一致的跌势。

（二）国家储备政策

国家储备政策分为收储和抛储。收储相当于短期内市场需求出现突发性增长，有推动价格上涨的作用，而抛储则相当于向市场中投放的资源增加，有打压价格的作用。国家粮食和物资储备局通常会在锌价较低时开始收储，收储的动作会对锌价形成支撑，此时，即使投资者看不出锌在需求方面有太大的起色，也必须考虑国家的收储政策，因为锌具有战略性储备地位。短期来讲，储备政策的实施一般被认为是消息性炒作题材，是对价格的短期刺激，很可能引发市场急涨急跌。比如，为应对疫情所致的金属需求下降，缓解有色金属生产企业库存增加、价格下跌和经营困难等难题，云南省人民政府于2020年4月印发的《关于支持实体经济发展的若干措施》提出，对全省铜、铝、铅、锌、锡、锗、铟等重点有色金属产品进行商业收储，收储总量约80万吨，收储时间为1年。另据上海有色网2020年4月27日消息，甘肃也制定方案拟收储43.6万吨有色金属产品，包括铜8万吨、铝30万吨、锌4万吨、镍1.5万吨、钴1000吨。收储消息传出后，沪锌马上迎来反弹行情。长期来讲，收储的锌并没有被消费，只是暂时被锁定而已，并不能改变市场中长期供需格局，所以对锌价的影响只是暂时的。

（三）铅锌行业准入等其他产业政策

铅冶炼是我国有色金属行业中技术装备水平提高最慢、生产条件最差、污染最严重的金属冶炼业，容易受到国家相关行业准入及环保压力（成本）限制。锌的冶炼也容易受到环保压力。矿产资源税的调整以及有关环保要求的提高都会潜在提高锌的生产成本。

国家对铅锌行业的积极产业政策理论上有助于锌价的提升：一是短期会造成优胜劣汰，减少实际供给；二是从长远来讲，行业集中度会提高，过剩情况不易发生，因恶性不当竞争导致的低价现象会减少。当然，这种价格提升只是理论上的，行业调控是否有效还要看市场是否配合。如果锌价高涨，企业无论规模大小，利润都比较丰厚，则政策实施起来将很难达到效果，而且企业为了避免被政策淘汰，短期内会加大投资，最终，供给反而会增加。

十一、如何利用库存及现货升贴水数据来判断锌的供需状况？

（一）现货升水能够反映供给情况

由于存在持有成本，锌期货价格大部分时间都高于现货价格（现货贴水）。当现货相对期货贴水减少甚至转为明显升水时，往往预示着现货供需异常紧张，锌价易上涨。比如2022年第四季度，在供需错配的背景下，全球显性库存持续下行并降至历史新低，国内代表性市场上海市场普通品牌锌锭的现货升贴水稳定在升水范围，最高达到1265元/吨（见图4－13）。

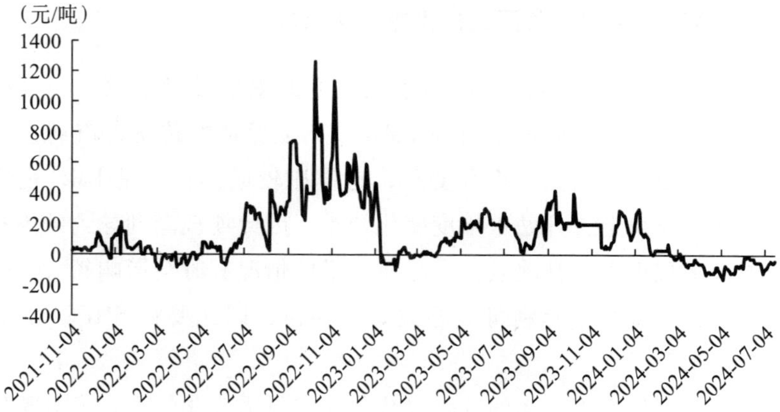

图4－13　上海锌锭升贴水情况

资料来源：Mysteel。

（二）显性库存变化不能完全反映实际供需变化的情况

库存变化是观察和评价短期供需变化的一个重要指标，库存增加显示短期供大于求；反之则供小于求。库存分为报告库存（又称显性库存）和非报告库存。报告库存是期货交易所定期公布的指定交割仓库锌的库存数量，比如 LME 与 SHFE 公布的锌的库存数据。非报告库存主要是指全球范围内生产商、贸易商和消费者持有的锌库存数量，因为这些库存设有专门机构进行统计和对外发布，而且本身也难以统计，所以这些库存又称为隐性库存。

由于公布的显性库存相比散落于产业链各环节的库存可能只占较小比例，因此并不能简单以交易所公布的库存数量的增减来判别锌供需变化的情况。交易所库存增加有很多种情况：一是实际现货市场确实供大于求，因为仓单变现远比普通现货要更方便，现货保值商入市抛货，且可以交割；二是期价升水较高导致期现套利盘介入，买现货抛期货，同时交割；三是因为仓单容易抵押，企业如果有资金需求，可将现货注册成仓单，然后抵押变现。期货库存减少也有很多种可能：一是现货供应趋紧；二是期价低于现货价；三是抵押解除。另外，由于期货市场存在大型投机性机构，通过现货操作故意造成显性库存的增加或减少，可以达到影响价格的目的。因此，单从库存增减判断供需变化存在很大风险，需要进行进一步分析。

（三）多项指标配合共同把握供需变化状况

LME 锌库存是观察全球锌供给紧缺程度的重要参考依据：一是因为全球主要的现货生产消费商大都有在 LME 市场上保值的传统，市场参与者众多，大的资金很难持续操控库存变化，运作比较成熟；二是 LME 现货相比期货的升贴水较稳定，升贴水幅度变化较小，因此期现套利导致的库存增减情况较国内出现得少。其缺点：一是质押融资情况有时会影响较大，需要关注相关信息；二是跨市套利可能导致库存移位，因此要将 SHFE 与 LME 的库存结合起来看。

长期来讲，显性库存大的变化趋势往往与供需变化一致，尤其是库存处在较高位或较低位时。短期来讲，投资者要结合当时期现价差情况、市场资金面、内外价差和两地合计库存变化等情况，以及现货升贴水情况、相关企业库存情况，综合判断短期供求变化情况及程度。

（四）显性库存与锌价变化规律

无论是从逻辑上还是从 LME 长期统计上讲，趋势性大的显性库存变化与锌的长期价格走势确实存在较强的负相关关系。但从中短期来讲，不可否认的是实际两者同向走的情况也非常多，这可从LME锌价与库存变化图（见图4－14）上的标识看出来。根本原因就是显性库存实际并不能代表实际供需情况，这种反常大概率会出现在上涨阶段，即锌价与库存同涨的情况占主导。因此，如果锌价持续上涨，但又没有更多的未报告库存流入交易所，表明隐性库存数量可能很低，供需可能异常强劲，此时是运用库存与价格反向走势的最稳时期。

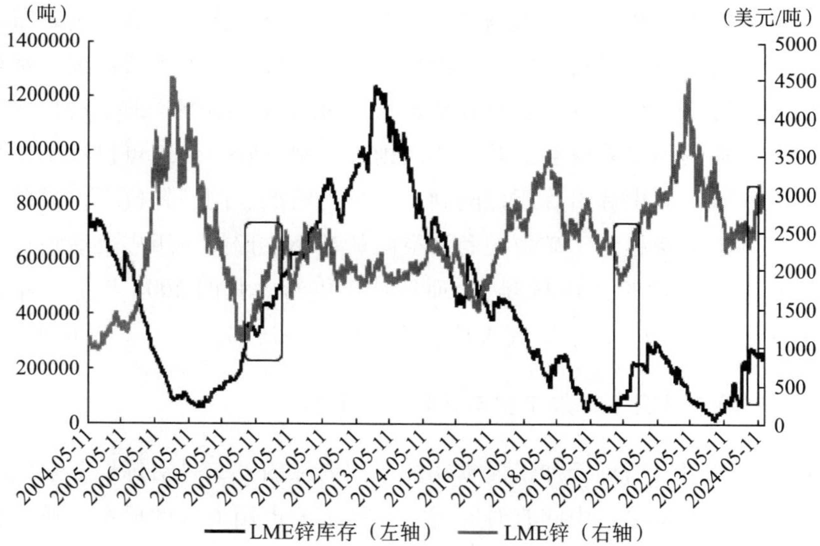

图4－14　LME锌库存与价格走势对比

资料来源：Mysteel。

另外，超低的库存往往出现在历史价格高点前后，而库存的高点往往出现在锌价的低位，即库存变化方向与价格变化方向相反，但在库存历史拐点前后，情况未必如此。上期所锌期货的投机性比LME锌期货的投机性更大，受期现套利盘的影响较大，因此价格库存同方向变化的情况多于LME。

十二、如何从加工费变化中分析锌精矿的供需状况？

（一）加工费在一定程度上能反映锌精矿供需情况

锌的加工费变化是判断市场供求关系的一项重要指标。加工费是指冶炼厂的冶炼费用。冶炼厂购买精矿的价格，等于锌价减去加工费。加工费代表了矿山与冶炼厂的供求关系，当锌精矿供给过剩时，冶炼厂的主动权比矿山更大，锌精矿的加工费就会上升；相反则加工费下降。由此可以看出，加工费的高低体现了矿山和冶炼厂之间利益的分配情况。同一锌价下，矿山支付给冶炼厂的加工费越多，矿山的利润空间就越小。比如，历史上冶炼厂分成占比最高曾到过47%（1993年），而锌精矿供给紧张的2006年上半年，冶炼厂分成基本在10%以下，收入从冶炼厂向矿山转移。

（二）通常情况下，加工费与锌价走势相同

锌价涨跌时，冶炼厂加工成本往往会同向涨跌：一是冶炼厂一般先购入精矿，再冶炼并卖出，中间有时间差，包括需要占用资金的成本，所以锌价越高，所占用的资金成本及价格风险也越高；反之越低。二是锌价大幅涨跌时，涨跌往往与商品周期共振，人工及相关加工辅料的价格也会跟随涨跌。因此，在精矿供需正常的情况下，冶炼厂和矿山协商的加工费与加工成本、锌价走势大致相同，此时加工费涨跌并不能反映锌精矿的供需。

（三）加工费与锌价走势明显背离时往往能很好地反映锌精矿的供需状况

在锌精矿供需明显异常时，矿山与冶炼厂谈加工费时的地位就会呈现明显的不同，谈成的加工费与实际加工成本可能并不同向。因此，当出现加工费与锌价走势明显背离时，往往说明此时的锌精矿供需异常。如2024年上半年，全球锌矿产量未有明显改善，供应紧张情况持续，锌加工费呈现震荡

下行趋势。而 LME 锌价的运行重心自 2024 年 2 月后则不断抬升（见图 4 - 15）。中长期看，精锌供给主要取决于锌精矿供需，精锌需求与锌精矿需求基本一致，因此加工费可以作为判断锌中长期供需的一个较好指标。但从短期角度来讲，加工费涨跌只反映阶段性供需情况，如短期内矿山惜售、抛售或者冶炼厂减产或增产等，对未来价格判断指导性不强。

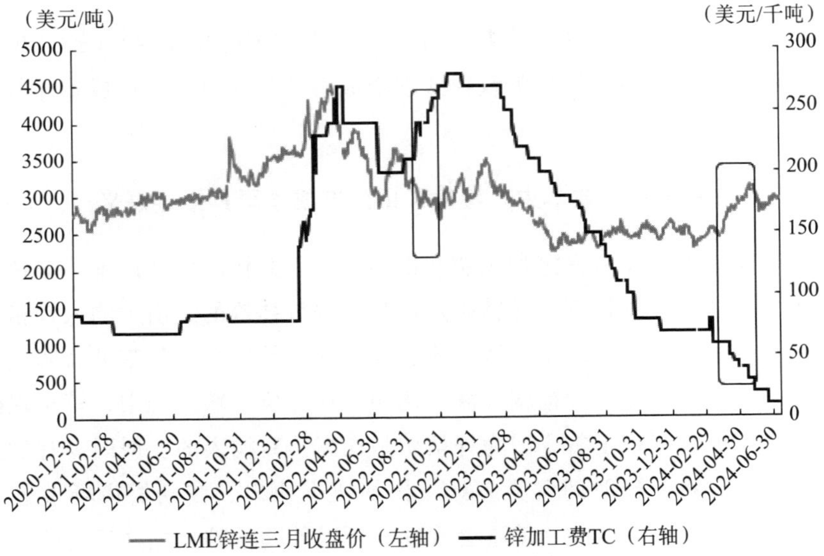

图 4 - 15　锌现货加工费与 LME 锌走势对比

资料来源：Mysteel。

十三、如何动态分析生产成本对价格的支撑作用？

（一）生产成本对价格有支撑，但不是“铁底”

成本支撑价格的理论通常是成立的，因为没有任何一家企业愿意长期做赔本的买卖，一定会紧守成本的底线，所以成本区附近会有强烈的支撑力量。但这并不代表这种支撑牢不可破，有时甚至很容易被打破：一是企业成本差异非常大，有较强支撑的应该是社会平均生产成本，所以较高水平的生产成本很容易被打破；二是当产品出现强大过剩压力时，不卖或无法卖出可能造成更大的亏损，企业被迫以亏损换取周转，这种情况下较低的成本支撑也会被打破。

矿山和冶炼厂，尤其是前者，固定投入较高（资金成本），因此生产成本具有刚性。一般只有锌价下跌导致现金成本被打穿时，生产成本才具有支撑意义。

（二）在锌的生产成本中，考察矿山生产成本更具指导意义

冶炼企业通过赚取固定加工费获得利润，因此锌的生产成本一般按锌精矿成本加上加工成本计算。锌精矿定价是与锌价挂钩的，由于购入锌精矿至生产出精锌并销售的时间不一致，或者说原料与精锌在定价基准时间上不一致，容易产生账面上的亏损或利润。比如，在锌价下跌过程中，锌价跌破冶炼企业生产成本就很正常，因为锌精矿是在高价时购入的。但因为有的企业在现货购销时将定价时间调为一致，比如快进快出、在期货市场上进行套保，或者是自有矿生产的，就不会亏损，所以外购精矿且先购后销的冶炼企业的生产成本最不具支撑意义。除了锌精矿成本差异较大外，不同冶炼企业的加工成本也有差异，因此冶炼企业生产成本永远是个变量，要考察某一时点社会平均生产成本非常困难，或者说是不可能的。值得注意的是，冶炼本身有较多副产品，因此即使冶炼企业加工成本被打穿，但如果副产品有较高收益，也能弥补加工损失，冶炼厂自然不会减产。比如，2020 年第四季度硫酸价格上涨，对冶炼企业利润贡献度加大，尽管第三季度加工费大幅下降，但冶炼企业并未明显减产。

矿山由于前期固定投入较大，比如购买矿权、固定资产投资等，因此分摊的利息、折旧等成本较大，即使锌精矿价格低于综合生产成本，也可能会继续生产。但如果锌精矿价格低于矿山的直接现金成本，矿山就会减产，甚至关闭矿山。一旦矿山供给减少，那么最终生产出来的精锌也会减少。对于已投产的矿山来说，生产成本变化一般不大，因此考察矿山生产成本具有现

实意义。

（三）全球累积75分位的生产成本在历次熊市中有较强支撑

锌精矿采选成本包括采矿、选矿、原矿运输、企业管理费用分摊等。采矿成本因为开拓方式（平硐、竖井）、采矿方法、排水量大小等不同而有所不同。选矿成本一般受矿石含泥程度、矿物粒度、药剂消耗量、尾矿输送距离等因素的影响。在计算锌矿采选成本时，锌矿的采矿贫化率和选矿回收率以及原矿品位均不同，所以生产成本也有明显差异。

原矿品位差别非常大，理论上矿山生产成本变化范围是非常大的。只有当锌精矿价格超过生产成本时，矿山才有可能开采，因此锌价越高，理论上能开采的矿山就越多，高成本矿山陆续复产、扩产，产量就会不断增加，而累计平均生产成本也随之上移。当锌价从高位回落时，生产成本较高的矿山则陆续减产、停产，因此累积平均成本的重心也不断下移。按某一固定产量对应的生产成本由低到高排序，生产一半产量的边际生产成本，称为50分位成本，90分位成本就是指对应90%产量的边际生产成本。因此，从支撑角度看，成本越低，支撑力度就越大。

从LME 3月锌价与全球锌的几个主要生产成本线对比图（见图4-16）可以看出，在出现大的风险事件时，锌矿山会触及75%成本分位线，如2008年金融危机、2015年全球大宗商品大熊市、2020年3月新冠疫情引发的美元流动性危机等。

SMM数据显示，2022年国内矿75%分位成本线在13800元/金属吨，2023年，随着辅料价格下滑，国内矿75%分位成本线降至13000元/金属吨。

（四）国内锌生产成本参考

锌冶炼有两种工艺：火法冶炼和湿法冶炼。其中，湿法冶炼是当今世界最重要的冶炼方法，其产量占世界总产量的85%以上。目前，我国锌冶炼工艺中，湿法占70%，火法占30%。锌冶炼成本主要由两部分构成，分别是精矿和加工成本。

从国内外矿成本看，因国内外矿定价机制不一致，国内外矿的价格有所不同：

图 4－16　全球锌矿成本分位线和 LME 锌期货均价

资料来源：Wind、海外上市公司公开报告、招商期货。

注："90% 的成本线"代表全球累积 90% 产量的边际成本，其他类推。

国内锌精矿的价格 = SMM1#锌 － 国产加工费 －20% ×（SMM1#锌 －15000）；

国际锌精矿的价格 =（LME 锌价 × 品位 × 回收率（85%）－进口加工费）/品位 × 汇率 ×1.17 + 港杂费

冶炼厂加工成本（冶炼成本）主要由能耗、工资、维修材料、消耗材料、折旧、生产费用等几部分组成。

金属回收率：2020 年工业和信息化部发布的《铅锌行业规范条件》规定，电锌冶炼总回收率应达到 96% 及以上，即相应的技术水平应确保 1 金属吨的锌精矿能够冶炼出不少于 0.96 吨的精锌。

电力：以电力为主的能源消耗是冶炼成本的重要组成部分。工信部最新发布的《铅锌行业规范条件》对此有明确规定：阴极板面积为 1.6 平方米及以下的电锌直流电耗应低于 3000 千瓦时/吨，阴极板面积为 1.6 平方米以上的电锌直流电耗应低于 3080 千瓦时/吨。再加上在其他生产和非生产环节消耗的电能，吨锌耗电取值 3300 千瓦时较符合实际。

硫酸：在湿法炼锌中，硫酸是重要的辅料，同时也是重要的副产品。常用稀硫酸为浸出剂，冶炼厂硫酸可以自给，在焙烧环节回收的硫酸部分自用，剩余的用于销售。每生产 1 吨锌大约消耗 250～330 千克的硫酸。锌矿以硫化物为主，《铅锌行业规范条件》对硫的回收率也有要求。锌冶炼过程中，金属与硫酸产量的比例大概为 1∶1.5。

锌粉：锌粉作为冶炼辅料，在浸出液中发生置换反应后以离子的形式进入浸出液。视杂质情况每吨锌耗锌粉 55～65 千克。由于锌粉完成置换作用后，平均约 60% 能以锌锭形态进入产品，其余部分进入锌渣，因此实际生产中只消耗了用量的约 40%。

其他辅料还包括阴极板、阳极板、锰矿粉、触媒等，用量较小，价值偏低。

计算公式：

精锌冶炼成本 = 0.25～0.33 × 硫酸价格（元/吨）+ 0.055～0.065 × 0.4 × 锌粉价格（元/吨）+ 3300 × 电费（元/千瓦时）+ 0.04 × 锌价（补足锌精矿回收率）+ 其他辅料成本（阳极板、阴极板和锰矿粉等）+ 人工 + 运输 + 折旧

由于电价在加工成本中占比较高，长期表现平稳，其他部分如硫酸、锌粉等用料不多，因此近年来冶炼厂加工成本基本在 5000 元/吨附近波动。

（五）科学运用成本支撑理论

综上所述，国内冶炼企业计算的锌生产成本最具迷惑性，而矿山成本差异又太大，全球的数据又不好获知，因此在运用成本支撑来指导价格判断并进行交易时需要特别谨慎。一般来说，成本支撑往往在判断熊市底部时比较有效。在价格下跌到市场普遍认可的成本线附近时，下跌势头会减缓，甚至第一次触及成本时，价格会出现较大反弹，但成本线支撑力度关键是看该成本线本身的强度以及当时的供需大势。比如 2008 年第二、第三季度，所谓的几个重要成本支撑一路被打穿，令众多依据成本支撑理论进行交易的投资者亏损惨重，教训不可谓不大。

一般熊市最低价会打穿最强的成本支撑价格（如 50 分位成本线），所谓“不破，不立”，但价格停留在其下方的时间并不会太长。如 2008 年 11 月，由于锌价持续快速暴跌，减产累积效果不明显，加之市场极度恐慌，价格最低明显脱离了 50 分位成本线。明显偏差的原因就是历次熊市锌价从来

没有这么快下挫过，产量及成本线预期极度悲观，不像正常情况下 50 分位成本线的缓慢变动，对成本有明显支撑。

十四、如何分析资金对锌价的影响？

（一）国际大型投资基金运作对商品价格影响巨大

国际投资市场上有各种类型的投资、投机基金，这些基金有较高的研究能力和市场把握能力。同时，基金交易行为的种类繁多，有投机性质的、投资性质的以及在商品市场或商品期货衍生品市场进行套利交易的，还有直接与现货企业或具有现货背景的企业进行联合协作完成期市运作的。这些基金的资金量巨大，又对市场进行了长期研究，另外，一些富有操作经验的基金经理又将旗下委托的大量投资基金运作于市场之中。

2020 年，全球资产规模激增 11%，年末达 103 万亿美元。近年来，机构投资者不断加大在商品市场的资产配置，使基金的交易方向成为左右锌价格的另一个重要因素。

一般认为，基金投资者的长期关注和介入，使商品价格的波动显现出日趋理性化的特征。在这种理性化的特征中，基金投资者发现并完善了众多诸如套期保值、套利等市场特有的交易模式。但是很多时候这些大资金往往就是造成市场过度波动的元凶，例如 1997 年发生的“株冶事件”就是因为国际投机基金盯上了单边做空的株洲冶炼集团，在逼空成功后，国际投机资金大规模撤出，使急速攀升的锌价立即出现暴跌。

平常给价格带来大冲击的主要情况有：一是对冲基金的大规模转仓，比如资金在商品、股市及债市中转换；二是商品投资基金进行的调整组合等。第一种情况主要取决于宏观经济环境，可以从相关报告中关于资金流动部分看出，但多是同步或滞后指标，可借鉴性不大。第二种情况产生的影响持续时间短，但对盘面影响较大，而且相对有规律可循。

（二）主要商品指数基金情况

商品指数基金并不实际投资现货商品，但根据其跟踪的指数所包含的一揽子商品，投资者可按一定的比例买入并持有不同品种的商品期货，作为其资产组合的一部分，并希望通过组合的变化和多样性来规避宏观经济风险并获得收益。从资金流动情况看，2023 年全球商品 ETF 资金净流出 156 亿美元，中国商品 ETF 净流入 50.76 亿元。目前，国际上最主要的两个商品指数基金是标普 GSCI 和道琼斯 UBS。商品指数基金一般每年调整一次组合的指标权重。其中，标普 GSCI 主要依据商品数量调整权重，主要是商品过去 5 年平均年产量的变化，因此变动有限；而道琼斯 UBS 主要参考美元加权价值量来确定商品权重变化，因此影响更为显著。一般而言，商品指数基金当年宣布下一年度新的目标权重后，基金管理者就会根据这个指标开始逐步调整头寸。

目前，全球主流的商品指数有路透商品研究局指数（CRB）、标普－高盛商品指数（S&P GSCI）、道琼斯－UBS 商品指数（DJ－UBS CI）、罗杰斯国际商品指数（RICI）、德意志银行流通商品指数（DBLCI）。

（三）重点关注道琼斯 UBS 指数基金

从两大指数基金在不同品种的投资比重看，道琼斯 UBS 在工业金属方面的投资比重较大，而标普 GSCI 对能源市场的影响力更为明显（见图 4－17）。标普 GSCI 一般在 7 月中旬根据权重结合产量情况调整其商品组合。道琼斯 UBS 基金管理者以每年第四个交易日的价格为基准，按照公布的目标权重，在接下来的一周时间内进行相应调整。

从 UBS 调整权重的依据来看，调仓深层次的逻辑在于价格向均值回归的内在动力，因此，临近权重调整期，权重的变化是可以估测的。

按照往年的经验，指数基金调仓的影响一般集中反映在 12 月后两周和下一年 1 月初，影响时间较短。但从近几年的价格走势看，影响力度较大。投资者适当关注并采取对策（投机或跨品种对冲），有可能取得较好的收益。

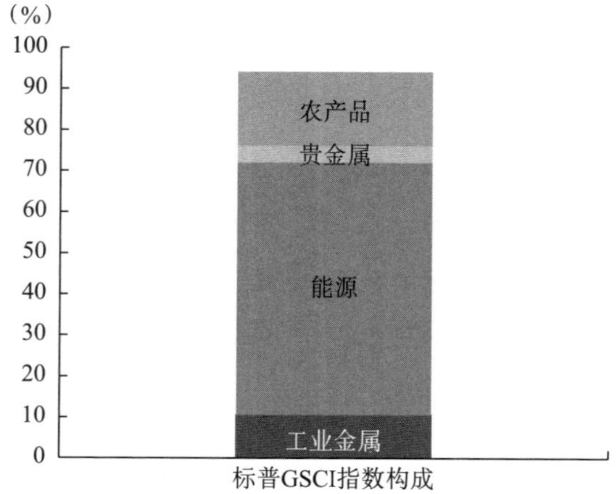

图 4-17　标普 GSCI 商品指数基金在不同行业的投资比重

资料来源：标普指数（S&P Indices）。

（四）短期期市资金关注渠道

想要了解上期所锌期货市场上短期资金流向，投资者可参考上期所会员成交持仓排名，以获取投机及套期保值盘动向情况，进行辅助价格判断。另外，因为国内外锌价以及锌价与铜价高度相关，所以在判断国际锌价时，投资者可以关注 LME 公布的大户持仓报告以及美国商品期货交易委员会公布的 COMEX 铜的持仓报告等。

小贴士

获取国际期货市场资金动向的方法

1. 美国商品期货交易委员会公布的持仓报告

美国商品期货交易委员会（Commodity Futures Trading Commission，CFTC）作为美国政府的一个独立机构，是美国金融监管机构之一，负责监管商品期货、期权和金融期货、期权市场。CFTC 每周五都会发布一份报告，主要为投资者提供较为及时的各个期货市场内交易情况的信息，以增加期货交易市场的透明度。这份报告将市场内的交易者分为三类，并分别记录和统计这三类交易者在当周周二收盘时的仓位分布，从中可以对当周市场内各商品期货的供求状况有个大概了解。

美国商品期货交易委员会网址是 http：//www. cftc. gov。

2. 伦敦金属交易所公布的大户持仓报告

伦敦金属交易所会延后两个交易日公布会员持仓集中度数据，该数据主要反映一家会员或客户相应时期的持仓占全部市场持仓量的比率区间，交易者可以通过这些数据观察市场主力投资动向。这些数据可以通过期货交易软件资讯频道或者伦敦金属交易所获取。

伦敦金属交易所网址是 http：//www. lme. com。

自测题

一、填空题

1. ________是由联合国 1959 年组建的政府间商品组织，旨在确保全球铅锌市场的透明度，定期会发布高质量的统计数据和深入研究的经济数据，同时，该组织也会发布一些基础报告，组织各种国际会议和特殊会议，召集铅锌产业人士和政府部门讨论铅锌领域共同关注的问题。

2. 国家储备政策分为________和________。

3. ________是观察锌供应紧缺程度的重要参考依据。

4. ________是美国政府的一个独立机构，负责监管商品期货、期权和金融期货、期权市场。其每周五发布的商品期货基金持仓报告是反映基金持仓的重要报告。

二、多项选择题

1. 通常来讲，一国的商品供给量由以下（　　）变量构成。

A. 生产量　　　　B. 进口量

C. 期初库存　　　　D. 期末库存

2. 根据大宗商品供需、商品价格波动规律以及影响时间的长短不同，商品价格的形成可以被分解为（　　）的叠加。

A. 长期趋势性因素　　B. 季节性因素

C. 短期波动因素　　D. 心理因素

3. 主要的商品指数基金有（　　）。

A. 标普－高盛商品指数（S&P GSCI）

B. 路透商品研究局指数（CRB）

C. 罗杰斯国际商品指数（RICI）

D. 道琼斯－UBS 商品指数（DJ－UBS CI）

4. 国外经常发布锌的供需等数据的权威机构有（　　）。

A. 国际铅锌小组（ILZSG）　　B. 世界金属统计局（WBMS）

C. 美国地质调查局（USGS）　　D. 英国商品研究局（CRU）

5. 分析经济周期所处阶段时，应重点关注（　　）指标的高低。

A. GDP 增长率　　B. 失业率

C. 通货膨胀率　　D. 汇率

三、判断题

1. 短期因素是指短期内会对锌供求关系变化造成影响的因素，如人口及经济的增长与下降、科技进步导致消费结构及生产成本的变化、锌行业产能的扩张或萎缩、土地及环境变化等。（　　）

2. 现货升水是反映供给关系是否紧张的唯一指标。（　　）

3. 从涨跌的概率来看，一年中锌的价格上涨概率超过 50% 的情况主要集中在 2 月、3 月和 7 月，而 6 月、9 月、10 月和 11 月锌价格下跌的概率较大。（　　）

4. 短期内锌的供需格局不容易转换，需求对锌价的影响要大于供给。（　　）

5. 通常来说，锌的成本线对锌价支撑作用较强，跌破成本价的持续时间不会太长。（　　）

参考答案

一、填空题

1. 国际铅锌小组　2. 收储、抛储
3. TC/RC 费　　4. CFTC

二、多项选择题

1. ABCD　2. ABCD　3. ABCD　4. ABCD　5. ABCD

三、判断题

1. ×　2. ×　3. ×　4. √　5. √

第五章

锌期货投资交易方法

本章要点

投资交易方法是决定盈利与否的最主要因素。本章对基本面、技术面、心理面等价格判断方法进行了详细介绍，并对这些方法的优缺点及互补性作出归纳，分析了多因素结合运用的可能性，并提出了建构完整交易系统的方法，包括完善预测分析模块、风险管理和投资策略等，从而帮助读者形成一套贯穿整个交易过程的行为准则。

一、期货市场中，经常用来分析和预测锌价格的方法有哪些？

一般而言，分析和预测期货行情的方法可以归类为三方面：基本面、技术面和心理面。虽然看上去三种方法都比较复杂，但只要抓住要点，就能将复杂变为简单，事半功倍。

首先，基本面分析相对比较复杂，因为要梳理盘杂交错的信息。对普通投资者而言，需要密切关注三个层面的信息：一是宏观政策；二是金属锌供需整体情况和缺口；三是库存情况。

宏观政策分析主要是指针对各种宏观政策进行的分析，如财政政策、货币政策、产业政策等。一般而言，宏观经济分析使用得最为普遍，也最受关注。但是对宏观政策的理解和分析是一门需要实际经验的技术活，交易者不可一叶障目，妄加推导。

供需缺口是决定价格牛熊的主要因素，即商品的供求关系是处于“供给赶超需求”时期，还是处于“需求赶超供给”时期。事实上，供需情况存在数据统计口径准确的问题，因此我们需要重点关注权威机构发布的对供求缺口预测数据的变动情况；另外，供需情况变动有时滞问题，只能客观地描述市场过去和现在所处的基本阶段，对市场的实际影响并不确定，很难对价格拐点有立竿见影的指导作用，因而供需情况和缺口分析需要做大量的数据统计和分析工作，以事实为依据才能进行准确判断。

商品的库存数量是很重要的数据，也是一个比较特殊的现货分析指标。在关注库存时，一是要认真分析显性库存和隐性库存的转化，二是要分析库存周期的变动趋势，明确区分当前所处的库存周期的阶段，即主动去库存、被动去库存及主动建库存、被动建库存。每个阶段对应的深层次逻辑和表现形式完全不一样，所蕴含的风险和机会也完全不一样，尤其是对金属而言。

其次，按照技术分析的理论基础，所有基本面的变动最终都要在技术面上体现出来，因而用技术面研判价格成为技术派最直接的手段。

利多空间再大，如果不转化为盘面上现实的买单，期货价格就不会上涨；反之，利空空间再大，如果不转化为盘面上实实在在的卖单，期货价格也不会下跌。所有的一切都要通过技术面买卖双方力量的强弱变化显示出来。技术面在交易时非常重要的作用是寻找买卖信号，交易者根据买卖信号进行下一步具体操作。技术面分析的核心是趋势，但趋势是分级别的，交易者需要根据自己的情况确定长期趋势、中期趋势和短期趋势的划分标准。同时，对短期趋势、中期趋势和长期趋势的转势给出明确的判断依据。

最后，心理面分析是一种“从市场心理到价格”的分析思路，对比前两种分析法，它有着不同的原理，有着无可比拟的优势和独到之处。

心理面分析的定义是，在市场方向即将逆转或维持原方向的临界点时，推测市场主导势力控制者的心理价格定位，以此为基础分析主导资金的流向（资本流向），从而判断未来市场走向的分析方法。其原理在于：在市场混乱时建仓，价格会在一个新的公众心理共识的影响下受到追捧或打压，直到出现一个公众心理可以接受的大众价格。在这个价格上，多空双方的势力再一次基本均衡，此时，市场又开始基本维持盘整态势，一个上涨（下跌）行情由此结束。

二、运用基本面分析来判断价格，存在哪些优势与劣势？

对于一般投资者而言，使用基本面分析法，建立一套完整的基本信息数据库是非常重要的。在锌期货市场上，需要搜集的品种信息有很多，如库存、产量、消费量、进出口数据、现货价格等，从不同渠道、角度得到的数据相差很大。

基本面分析的功能不是预测市场，其更大的作用是告诉我们市场价格波动的原因，使我们更清楚地认识和了解市场，不至于因为对基本面情况的一无所知而对市场价格的涨跌感到迷茫和恐惧。

（一）基本面分析具备趋势性与稳定性

由于基本面不会轻易发生根本性的改变，市场一旦形成某种趋势，这个趋势就不会轻易结束，它将运行相当长的时间，也就是说，基本面的性质具有相对稳定性，它不会像市场价格一样天天变化。因此，只有基本面发生根本的改变，才会导致新趋势的开始，于是我们可以认为这个新趋势还将延续，此时若再配合一些相应的技术工具，就可以很好地利用基本面的研究成果来形成真正的交易利润，这才是基本面分析最有价值之处。

（二）基本面存在固有的劣势

基本面分析不具有预测市场未来方向的功能。基本面分析只是客观地描述了市场上发生了什么事，以及市场价格是如何反应的。在某些情况下，我们甚至根本无法从基本面上找到价格涨跌的原因，因为：

1. 基本面包括很多内容，除了商品的供求关系之外，还有国内外的经济情况、政策等因素，还包括天气、自然灾害等因素。可以说，没有人甚至没有机构能全面了解基本面的情况，只是有人了解得多有人了解得少而已。

2. 基本面未来的变化和市场价格一样无法预测，未来的市场价格是由未来的基本面情况决定的，而不是由目前的基本面情况决定的，我们无法用目前所掌握的静态的基本面情况来分析和预测未来动态变化的市场。

3. 在市场发生趋势性转变的时候，我们所能知道的基本面仍处于原来的趋势方向，但这时市场已经改变了运行方向，只是投资者还把这个方向看成调整而已，因为这时基本面还没有改变。

案例 5-1

基本面变化导致市场变化

1. 2020 年 1 月新冠疫情暴发，2 月至 3 月金属锌价格短期内遭遇重挫，单月跌幅超过 3000 元/吨，随着积极的财政政策和货币政策的出台，金属锌的价格在之后的一年走出了波澜壮阔的行情。疫情持续的两年间，锌价格从 14000 元/吨最高涨至 27000 元/吨附近，涨幅超过 90%。

2. 2023 年锌价格在美国加息以及硅谷银行爆雷等多方面因素的影响下，整体上走势偏弱，重新回到了 16000 元/吨附近出现震荡行情。但进入 2024 年后，由于美国降息言论开始充斥市场，有色金属价格出现回暖，甚至走出了一段比较大的涨势，锌价格也一度冲高至 25000 元/吨的上方。可见，基本面的重要变化、货币政策和财政政策的变化都会对金属价格产生较大的影响。

三、锌期货常用的技术分析方法及指标有哪些？有何优缺点？

根据最早的技术分析理论——道氏理论的阐述，技术分析是对价格趋势的发展及趋势反转时价格形态的观察，并进行跟随性的分析。最初，技术分析仅被运用于股票市场，后来逐步延伸到商品、债券和外汇市场。

技术分析的三大原则：

一是价格反映所有信息；

二是价格沿趋势运动；

三是历史会重演。

基于投资者对三大原则的广泛认可，投资者使用技术分析的目的在于为投资人提供一套“周期式”投资策略，且通过技术分析提供的优化讯号提升投资回报率，从而得出该策略优于“买入—持有”策略的结论。事实上，商品期货市场高杠杆、双边交易的波动所产生的风险与利润远远大于股票现货市场，因此，技术分析的优化交易方法更加适合期货市场。

目前，市场上常用的技术分析方法一般可划分为两大类：一类是形态学技术分析；另一类是动力学技术分析。

形态学技术分析应用较广，主要用来描述市场价格目前运行状态的外在表现，主要有以下三种方法：

一是结构形态描述，包括波浪理论、道氏理论、中枢理论、缺口理论、蜡烛图组合等；

二是右侧趋势指标，包括均线系统、MACD、RSI、KDJ 等；

三是左侧位置指标，包括布林通道、ATR 止损线、斐波那契理论、通道线、趋势线理论等。

动力学技术分析主要用来研判促成市场当前走势的内在原因，并将此原因量化。动力学技术分析相较于形态学技术分析，更难以掌握，需要及时获知信息，并拥有足够的经验解读并量化信息。主要包括经济周期与循环周期理论、宏观数据的量化建模、市场情绪指标（涨跌家数、资金流向、基金持仓）、江恩时间与斐波那契时间理论等。

限于篇幅，本章不可能对所有技术分析方法一一详述，下面针对较典型的几种方法深入探讨，至于其他技术方法，读者可根据以上的分类按图索骥。

（一）形态学技术分析应用

1. 均线系统

均线系统以一组不同参数的均线组合相互印证，如 5 天、10 天、60 天线或更长的 120 天、240 天线。一般来说，短期常用的参数应以 5 天、10 天、20 天、30 天为好，中长线则以 60 天、120 天、240 天以上为佳。其分析逻辑主要有两种：一是从均线与价格的关系判断支持与阻力的变化。通常来说，价格上穿均线看涨，反之则看跌。二是从均线之间的关系判断短期线与中期线、长期线的变化。短期线上穿中期线、长期线为金叉，可买入；短期线下穿中期线、长期线，则为死叉，可卖出。

从图 5－1 的左边来看，当短期 30 天线向下击穿 50 天线（死叉），而 50 天线又向下击穿 120 天线后，市势确认全面进入下跌势头。同时，当锌价企稳后多次触及 30 天线，最终又在 50 天线的阻挡下回落，随之出现巨幅暴挫。图 5－1 右边显示，锌价经释放抛压后重新回升 30 天线及 50 天线，经两次回升获得支持后，50 天线突破 120 天线（金叉），此时预期锌价将会回升，经历两次金叉（30 天线上穿 50 天线，50 天线上穿 120 天线）后，市场果然出现快速回升的势头。

均线作为右侧趋势指标，存在天然的缺点：在一些快速行情中，均线往往较为滞后，而在一些过分窄幅的波动区域，又容易产生过多的买卖讯号，即杂音过多。如出现这一情形，分析者要配合其他分析方法尽量避开。

2. MACD 指标

MACD 称为指数平滑异同移动平均线，是从双移动平均线发展而来，由快的移动平均线减去慢的移动平均线计算得出。当 MACD 从负数转向正数

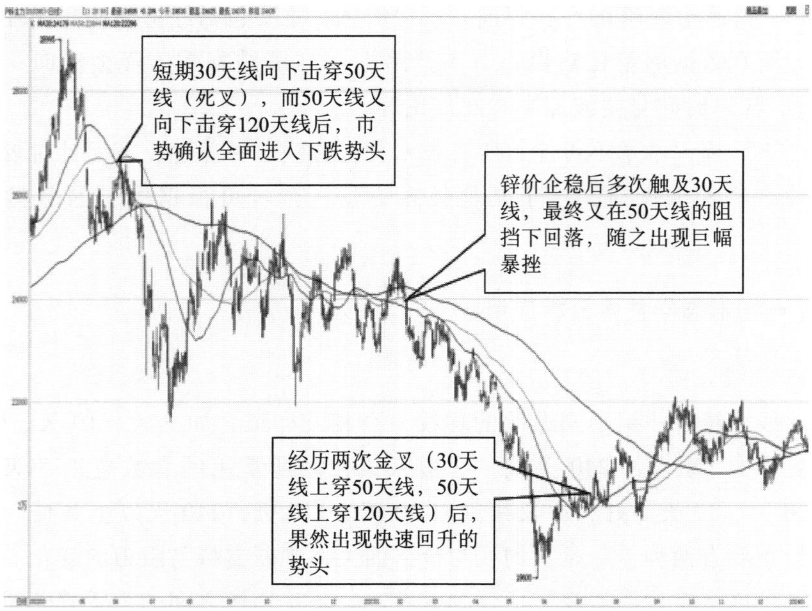

图5－1　均线系统的买卖技巧演示

资料来源：彭博金融投资分析系统。

时，是买的信号；当MACD从正数转向负数时，是卖的信号。当MACD出现大角度变化时，说明快的移动平均线和慢的移动平均线的差距被非常迅速地拉开，代表市场大趋势的转变。此外，MACD柱高或面积与价格形成背驰时，也是相当明确的买卖讯息（见图5－2）：如顶背驰（价格连续创新高，而MACD柱高或面积未能创出新高）时，则为卖出信号；如底背驰（价格连续创新低，而MACD柱高或面积未能创出新低）时，则为买入信号。

与均线系统相比，MACD系统功能主要是给出明确的买卖讯号，与类似的指标KDJ、RSI相比，MACD指标较稳定，过滤小波动的功能较好，对长期趋势的判断较准确。

不过，作为右侧趋势指标，MACD与KDJ、RSI一样，同样无法规避两个固有缺点：

（1）滞后性，即背驰判断技巧可以相对提前于均线系统进出场，但对“V”形逆转行情无能为力；

图 5-2　MACD 系统的买卖技巧演示

资料来源：彭博金融投资分析系统。

（2）震荡市中信号频繁出现，如果单纯根据买卖信号交易，可能导致频繁反复止损。

3. 用结构形态方法（如波浪理论）与左侧位置指标配合，以弥补右侧趋势指标的不足

由于用均线系统、MACD、KDJ、RSI 等趋势指标判断行情有天然的缺点，市场上普遍用另外两种方式（结构形态方法、左侧位置指标）来配合趋势指标研判价格。其中，最被广泛称誉的是艾略特波浪理论。

波浪理论精炼出市场的 13 种型态或波形，但是出现的时间间隔及幅度大小并不一定具有再现性，这些呈结构性形态的图形可以连接起来，形成同样形态的更大图形。波浪理论提出了一系列权威性的演绎法用来解释市场行为，并特别强调波动原理的预测价值。

波浪理论的先进性在于，把市场走势视为一个层层嵌套、自我生长、结构相似的过程，其中包含了大自然的智慧，以及近期出现的前沿数学物理学——分形理论的思想。右侧趋势指标的缺点是不能把握价格的变动幅度、级别、长度、变动频率等，用波浪理论与左侧位置指标配合就可以弥补这个

不足。

如果做一个形象的比喻，波浪理论或类似的结构形态方法研判的是市场走势的骨架，左侧位置指标研判的是走势的肌肉，而右侧趋势指标则类似流动的血液。只有同时考虑这三个方面，投资者才有可能看清市场的轮廓。

艾略特波浪理论的基本精神可总括为三个要点、一个概念和一项规定。

（1）三个要点：一是上升趋势由五个波浪构成，相应的调整由三个波浪构成；二是根据这一精神，可以把波浪进行分化（分为次一级浪）；三是可以将波浪进行合并（合并成高一级浪）。详见图5－3。

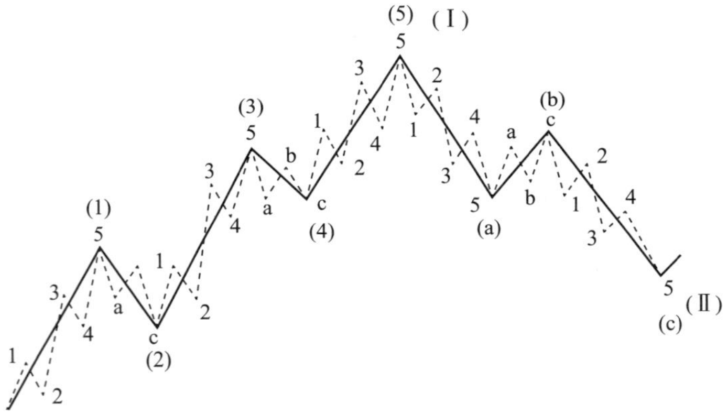

图5－3 经典的8浪运行结构

（2）一个概念：前面一组五浪属于主要趋势，称为“推动浪”，后面一组三浪是次级趋势，称为“调整浪”。

（3）一项规定：尽管浪中有浪，分分合合，但一共只有九级，即所谓九级分浪，分别为历史长浪、超级巨浪、巨浪、大浪、中浪、小浪、分浪、秒浪、微浪，并规定了不同的符号。

下面用伦敦锌期货的走势来举例。尽管2003年以来伦敦锌期货价格出现巨幅上涨，但整体依然没有逃出长期箱式整理格局，所以2008年的大幅下挫也就不难理解了，它是一个非常典型的调整浪结构，应用波浪理论，其8浪循环中的调整浪ABC模式是适用于这一品种的。如图5－4所示，我们用（A）—（B）—（C）—（X）—（A）—（B）—（C）双重调整浪表示巨浪的浪级，其中每一巨浪的内部又可分出 A—B—C 三个次级大浪。

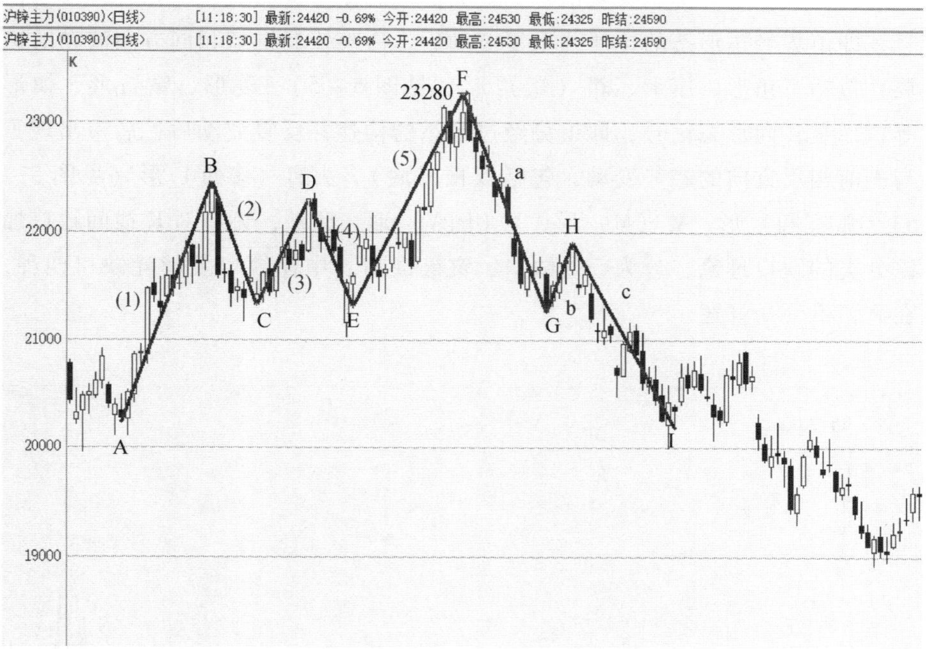

图 5-4　伦敦锌期货波浪分析

资料来源：彭博金融投资分析系统。

不过，有些分析者可能会想，为何在没有推动浪的情况下就出现了调整浪呢？对于这一点，“艾略特名言集”没有明确指出必须要先出现推动浪后才能走出调整浪的说法。所以，根据商品市场（包括锌等品种）的趋势特点，上述以调整浪的分析方式是合理的。

沪锌上市时间已有 18 年，大级别的 8 浪循环还没有清晰地出现过，所以还不能过早地对它进行武断的波浪剖析。

波浪理论是一个不断更新完善、相对较为复杂的系统，它的固有缺点其实是形态学的通病：如果不结合分析市场当前走势的内在原因，那么即使是完全相同的形态，后期也可能出现截然相反的走势。由于波浪理论浪中有浪、级别复杂、调整浪涵盖类型较多，在界定起点和终点上，每人所主张的内在原因不一样，经常会出现“千人千浪”的结果。

除了波浪理论之外，某些专家还把一些经常出现的图表形态加以分类和命名，为未来走势提示买卖信号。经典的形态信号有两类：一是整理形态信号，即市势经过形态的构建并重复波动后，后市依然维持相同方向波动的格局，包括三角形、旗形、箱（矩）形（见图5－5）、菱形、钻石形、楔形等；二是转向形态信号，即市势经过形态的构建并反复波动后，后市出现了与先前相反方向的趋势变动，包括双顶（底）、头肩（多重）形（见图5－6）、弧（圆）形、W（M）形、V（倒V）形。此外，还有对K线间缺口加以分类的缺口理论，分为普通缺口、突破缺口、中途缺口及消耗缺口四种，在此，不一一详述。

图5－5　伦敦锌期货箱型整理

资料来源：彭博金融投资分析系统。

图 5-6 伦敦锌头肩顶形态

资料来源：彭博金融投资分析系统。

如果在厘清市场运行的结构形态之后，辅以左侧位置指标判断逆转或突破的准确点位，交易系统将更加完善。

图 5-7 是运用趋势线理论判断位置的例子。沪锌在连续下跌的过程中，有两个高点 A 和 B，连接 A、B 点并延伸一条下降阻力线，在 C 点触及下降线，遇阻后迅猛掉头下挫。其后突破下降阻力线，宣告下跌波段结束。

从图 5-8 可以看出布林通道有时可精准预测顶底。沪锌指数在 2022 年 8 月与 2023 年 1 月多次触及布林通道上轨之后，立即见顶回落，在 2023 年 5 月触及中轨之后见底反弹。从图 5-8 来看，沪锌指数仍在一个大区间内形成震荡格局，只有突破后才能选择方向。

可见，通过对重要位置的辨识，交易者可以有效化解一些买卖陷阱，减少风险，提高胜算概率。不过，在行情内在推动原因不一的情况下，在同样的位置，左侧位置指标也可能出现支撑逆转或顺势突破这两种极端情况，这是形态学无法规避的通病。

图 5－7 沪锌一直受压于下降阻力线

资料来源：彭博金融投资分析系统。

图 5－8 沪锌指数月线触及布林通道边缘发生逆转

资料来源：彭博金融投资分析系统。

近年来动力学技术分析方法在大中型机构的研究团队中渐渐盛行，成为与形态学相辅相成的利器，其追求的是对市场行情不仅“知其然”，更要“知其所以然”。部分动力学技术方法包含了对基本面信息的量化分析，因此，该方法成为贯通技术面与基本面的桥梁。

（二）动力学技术分析应用

本节开篇提及，动力学技术分析方法主要用于研判促成市场当前走势的内在原因。动力学技术分析方法主要包含经济周期与循环周期理论、宏观数据的量化建模、市场情绪指标（涨跌家数、资金流向）、江恩时间理论等，其中最著名的是周期理论。

周期是指价格形态在特定时间内呈现某种规律，这种规律为未来价格的运行方向提供了确定性的上涨或下跌动力。周期理论大体可以分为两种：一种是基于经济基本面的经济周期理论，如长波周期（康得拉季耶夫周期）、中波周期（朱格拉周期）、短波周期（基钦或库存周期）以及综合的熊彼特周期等；另一种是基于时间与空间的循环周期理论，下面重点阐述相关内容。

循环周期，顾名思义，是以过往多个区间的时间距离作为衡量标准，判断未来可行的时间间隔距离，只要有足够的历史统计数据（一般有二三个及以上的参照样本），未来价格的波动节奏是可以给出较明确的指引的。

1. 周期理论的分析应用

因为商品价格具有一定的价格规律，供需、成本、季节等均有一定的时间循环，所以商品期货市场的周期性更为明显。与股市相比，周期理论在商品市场的作用更加重要。

伦锌周期就是一个典型的价格周期。如图 5－9 所示，近十年的周期高点每隔三四年出现一次，即 2015 年的高点就是受周期的影响；而周期的低点，则每隔四五年出现一次，2015 年大跌正是这一周期性的产物。可见，周期分析有时能提前预知大的价格拐点。但是，从图形上我们只能进行粗略分析。目前，根据价格序列，通过统计软件对已经部分拟合的回归曲线进行季节性分析，可以从数学层面给出更为客观的说明和结论，在这里就不做展开了。

图 5－9　伦敦锌的高低点循环周期均非常明显

资料来源：彭博金融投资分析系统。

在图 5－10 中，我们可以对比发现：过去的 20 年，道琼斯指数几乎一路上涨，但除了 2009 年及 2020 年两个明显的低点外，道琼斯指数的周期性并不明显。而对应的伦敦锌期货来说，长周期几乎每隔四五年就会出现一个明显的低点，每隔三四年又会出现一个高点。另外，中短周期方面，我们还可以看到 45 个月左右（约 4 年）即会出现一个低点周期。尽管中短周期的周期性不如长周期，但到目前为止，中短周期依然在持续。可见，商品市场的周期性更为明显。

2. 循环周期的分析应用

根据循环周期理论，分析步骤一般为：一是量度周期的距离，必须要有三个及以上的重复周期，这是分析的基础。二是时间之窗的区位选择，确定周期转折区后，画出最早出现的时间窗（用 T1 表示），再画出最迟出现的时间窗（用 T2 表示）。设置时间窗的目的是让分析者密切注意市场的变化，及早采取行动。三是设定买卖的价格范围及止损点，在最早及最迟的时间窗

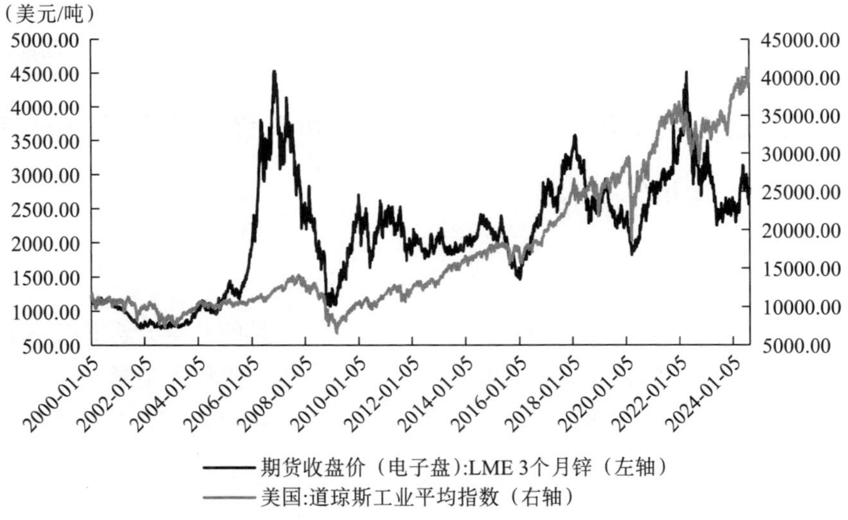

图 5－10　道琼斯指数与伦敦锌期货的周期比较

资料来源：Wind。

口内，观察市场的变化，确定买卖的价格区域，同时相应设计止损的合理位置。

小贴士

运用技术分析方法要注意的事项

一是遵照理论规则的要求执行，大胆预判，细心求证，配合对经济基本面的判断与分析，其结论一般是客观的。二是图表是可以改变的，有时会出现一些图形陷阱。一些分析者可能过于信赖图形，所以该认错的时候要认错，忌主观，尤其在极端行情阶段，要懂得随机应变，设定止损点，任何图形及分析方法均是概率事件，不能将其当作金科玉律或精确计算。

四、如何实现基本分析与技术分析在锌期货交易中的结合运用?

世界上没有尽善尽美的事物，作为市场分析工具的基本分析和技术分析也不例外。它们在有效地发挥市场功能的同时，也不同程度地暴露出各自的一些不足，如果从更积极的角度去思考这个问题，我们就不难发现两种分析方法之间存在着必然的优势互补。

（一）从市场分析过程的角度看两种分析方法的优势互补

在市场分析的过程中，基本分析侧重研究市场中供需关系的变化因素；技术分析则侧重研究基本面因素作用于市场变化时从量变到质变的过程。它们分别从导致市场趋势变化的因与果的角度提出分析的结论。在两种分析方法中，基本分析的优势体现在对供求关系的把握上；而技术分析的优势则体现在对市场趋势从量变到质变的过滤上。但是，二者单方面对市场趋势进行分析时，都明显地表现出在另一方的优势方面所存在的局限性。这主要是两种分析方法均不能单独涵盖市场分析全过程的原因所致。

（二）从期货价格形成的市场机制看两种分析方法的优势互补

期货价格是在市场预期过程中市场观点对立的产物，而不是协商一致的结果。技术分析研究市场能量转换的意义就在于期货价格形成的市场机制，即期货价格的市场预期性和市场观点的对立性。价格的预期性决定了期货价格不能等同于现货价格；观点的对立性又决定了并不是所有的市场预期都是正确的。

我们知道，基本面的变化从来都不会以简单的方式传递市场信息。在更多情况下，它以复杂而矛盾的方式将两方面不同的市场信息同时呈现。投资群体专业化层次的不同，以及他们获得的信息在渠道、准确性、数量、时间以及观察问题的角度和信息处理能力等方面存在的差异，使投资群体从事基本分析的前提并不完全相同。这就很容易使在信息处理能力上存在很大差异的投资群体在面对相同的基本面因素时得出截然不同的结论。

那么，在基本面分析结束之后，如何确定基本面因素能否作用于市场趋势呢？基本面因素作用于市场趋势时的强弱程度又怎样判断呢？技术分析就满足了这样的市场需求。技术分析所传递出的市场信息，实际上是经过市场选择的基本面信息。从这个意义上讲，技术分析与基本面分析具有逻辑上的优势互补。

（三）从基本面变化与市场趋势变化在时间上的不对称性看两种分析方法的优势互补

从判断趋势转换的角度来讲，基本面分析总是先于技术分析得出市场的结论，而这一结论能否作用于市场趋势的改变，还必须通过时间的检验。但是，无论该结论正确与否，市场都不会先于技术分析的结论而改变方向。因为受市场利益原则的约束，市场趋势的转换必须首先形成它的市场利益群体，并以此作为趋势发展的基础，否则，趋势的转换就不可能长久，更不可能有力度。只有形成市场利益群体的趋势，才可能成为市场未来发展的方向。

（四）从市场波动频率的角度看两种分析方法的优势互补

因为期货市场存在投机资本，且具有价格发现的市场功能，所以相较于现货价格的变化频率，期货价格的变化更加频繁。因为期货市场实行的是保证金制度，所以，即使在期货市场变动方向与现货价格变动方向保持一致的前提下，期货价格的波动对于一般投资者而言，其杀伤力也是相当强的。对于这一点，如果仅凭基本面分析而不借助于技术分析，恐怕难以规避这样的市场风险。

从追踪市场趋势的角度来看，技术分析可以帮助投资者寻找顺应趋势交易的切入点，从而避免在不适当的时机踏入市场振荡旋涡的危机。当然，技术分析中常常会遇到技术陷阱。这就如同我们从事基本面分析时经常要面对假消息一样。在危机四伏的风险市场中，这是很正常的现象。

总而言之，在市场分析中兼顾基本面分析与技术分析，并将二者的优势加以优化互补，是最大限度规避市场风险的必然选择。

五、为什么说完整交易系统比价格研判更关键?

上文详细剖析了价格判断的方法，但在现实中，一个成功的期货交易者所凭借的其实并不是独门的技术指标，也不是精准异常的基本面分析，而是正确的交易系统及策略。其实可以这样归纳，价格判断方法是“术”，交易系统是“道”。道是境界、修养，术是智力、技巧，顶尖交易者以道驭术，才能抵达期货交易的殿堂。

在业界中，虽然很多人都知道交易系统这个概念，也常常把交易系统挂在嘴边，但事实上能够正确认识交易系统、了解交易系统组成部分和制作过程的交易者并不多，而且相当一部分交易者对交易系统有各种各样的误解。对交易系统全面的、正确的认识应该是这样的：交易系统是一套完整的交易规则，这一交易规则是客观的、唯一的、量化的，它严格规定了投资的各个环节，要求投资者完全按照其规则进行操作。

交易系统的组成部分包括预测分析模块、风险管理和投资策略。预测分析模块的功能是给出入场、出场信号；风险管理的功能是保护资金和利润；投资策略的功能是指示在不同实际情况下的具体操作。

交易系统包含并弥补了价格研判方法的缺陷。在承认风险交易对象价格运行规律可以揭示的同时，也必须承认价格的随机扰动是不可避免的，是与其规律性共生共存的。价格肯定会随机扰动，所以行情判断子系统就会出现判断失误，从而产生交易风险。交易风险的具体表现是可能造成或者实际造成交易资本的损失，风险的大小以亏损占交易资本的比例来衡量。另外，资本本身也具有独特的风险特征，如资本占用时间的长短、资本的来源、投资的目的等，都会对资本的风险属性构成影响。

因此，交易系统仅具有行情判断功能是不够的，还必须具有风险控制功能。交易系统在结构上必须包括风险控制与资金管理子系统，在满足资本风险特征的同时，交易系统在功能上应该达到精确量化控制风险、保护资本的效果，进而实现资本的增值要求。所以，交易系统远胜于单纯价格判断。

在投机过程中，风险与收益常常是对等的，多大的风险就对应着多大的收益，因此，我们在制定策略的时候要注意：

（1）把风险控制在可接受的范围内，再尽量扩大收益。

（2）在把握较大或收益较高时，适当多投入资金；在无把握或交易收益不可能太高时，尽量减少交易。

要制定期货的交易策略，必须先针对投机者的风险承受能力制定相应对策，然后再进行仓位管理、资金管理，构建止盈、止损点以及构筑组合。

只有制定并严格执行交易纪律，严格遵守止盈和止损设置，尊重趋势顺势操作，避免武断，再配合投机、避险、套利以及价差交易的多样交易策略，才能在期货市场上游刃有余，积小胜为大胜，跻身赢家之列。

小贴士

期货交易的七大金律

1. 跟随趋势，让利润奔跑

期货是标准的零和交易，当波段趋势产生，同时也持有同方向的仓位时，应该一直持有头寸直到价格趋势结束，涨不动或者跌不下去的时候，才顺势获利平仓；相反，若看错行情，应该严格执行止损，只有如此，才能赚多赔少，实现整体盈利。

2. 严格遵守操作策略及交易纪律

每个投资者都应该有一套适合自己的操作策略，并以此为交易纪律。符合交易原则才进场交易，即使进场交易，也应该先测试多空方向，分步进场，等趋势确立后，再进一步加码乘胜追击；相反，若持有反向头寸，应该避免在赔钱的头寸上继续加码摊平成本，到达止损点后应该严格止损，切记不能死扛。

3. 风险永远在利润之上

因为利润和风险是相伴而生的，所以投资者在追求利润的同时必须先了解可能面临的风险。要先求避险，然后再追求利润，只有如此，投资者才能将风险控制在可承受的范围内，长期保持风险可控才能够赚多赔少。

4. 不做满仓，严格资金管理

在期货业界流传着一个简单的资金管理法则，即做 1 手要有 2 手的钱，也就是说，你的交易资金必须是合约所需保证金的 2 倍以上，千万不能满仓交易。严格资金管理，主要原因是期货的高杠杆与高风险特性。如果进行满仓交易，一旦行情瞬间大幅度波动，投资者马上就会面临追加保证金的压力，影响交易情绪和结果。

5. 休息是为了走更远的路

行情在短期内波动可能很大，投资者的操作策略可能会暂时失灵或者钝化，使投资者的头寸出现较大幅度的亏损，或者迫使投资者进行连续性止损而使其心理遭受严重的挫折。长期下来，可能使投资者原本的客观性逐渐下降，进一步丧失对行情的敏感度，并动摇自信心。这个时候，投资者不如暂时休息一下，从负面的情绪中先跳脱出来。

6. 培养市场敏感度，不摸头抄底

操盘其实很像学游泳，没有人是天生的好手，必须经过长时间的严格训练才能有骄人的成绩。很多交易者都想去摸头抄底，但这和中彩票的概率其实并没有什么两样。成功的交易策略往往需要耐心等待，也就是说，有大的胜算才进场交易，完全符合做多的条件时，才进场做多；完全符合做空的条件时，才进场做空。

7. 交易策略拟定后要有执行力

执行是策略的根本，具有强化策略的作用，因为执行力不强，就不可能规划出什么像样的策略；一个好的交易策略，如果不严格执行，也是枉然，所以我们不仅要制定交易策略，还要严格执行。

六、投机、套保及套利不同投资方式下对价格分析的要求是什么?

从动机上看，套保者与投机者、套利者没有太大差别。以农业生产者为例，其产出的农作物，除去少量自用部分，大多要向市场出售。向市场出售的部分，生产者当然希望卖出更好的价钱，以获取最大的利润，这一动机与投机者、套利者完全相同。

事实上，套利者、套保者与投机者的区别是他们对待风险的态度不一样。从风险厌恶取向上看，套保者与套利者相似，无论是在现货市场还是在期货市场，都厌恶冒险和赌博。相对而言，套利者表现得似乎更积极、更有进取性，他们紧盯相关市场，只要出现套利机会，就去尝试抓住；而套保者表现得更为稳健，只要能规避手中存货价格风险即可。

此外，不同的投资方式对价格分析的要求也是不同的。

1. 投机对价格判断要求最高，要求掌握价格的时点。期货投机交易是在一段时间内对单一期货合约建立多头或空头头寸，即预期价格上涨时做多、预期价格下跌时做空，在同一时点上是单方向交易。因为价格波动对利润的影响极大，所以对价格判断的准确率要求较高。

2. 套利注重对价格的强弱判断，可有效规避系统性风险。套利交易在相关期货合约之间或期货与现货之间同时建立多头和空头头寸，在同一时点上是双方向交易，只需对两个交易对象的强弱关系和价差变化准确判断即可，对价格分析方法的使用频率最小。

3. 套保的主要目的是规避大的系统性风险，基本不关注短期波动与小额损失，更注重判断影响价格的长期走势，对价格分析方法的使用频率不高。

七、如何通过做好资金管理最大限度地提高投资收益率？

做好资金管理，可以说在期货市场上已经成功了一半。期货交易的困难之处并非期货交易的市场策略，因为确定入市、出市的方式并无大的不同，真正的不同就是对资金的管理。

（一）资金账户的总体风险测算

投资者在从事期货交易时，要先根据自己的资金实力和心理承受能力确定在期货交易中能动用的资金和能承受的最大亏损额度。对散户来说，每次的交易现金都不要过半；对大户和中户而言，多次交易动用的现金不应超过资金总量的10%~15%。

（二）测算报偿与风险的比例

在期货市场上，大多数的交易都是赤字，所以交易者唯一希望的就是确保获利交易的盈利大于亏损交易的损失额。为达到这个目的，报偿与风险比例的测算是必要的。在实际操作中，交易者对每笔计划中的交易都应确定其盈利目标（报偿），以及在操作失败的情况下可能损失的金额（风险）。把利润目标与潜在风险加以权衡，可得出报偿与风险的比例，这一比例的通用标准是3:1。也就是说，只有获利潜力至少三倍于可能的亏损时，交易者才应付诸实施。

（三）合理搭配投资组合

在期货交易中，进行投资组合搭配的目的是分散风险。投资组合的搭配是一门学问，需要交易者仔细研判，既不能孤注一掷，也不能平均用力，将资金平均分散到多个项目上，因为“平均使用兵力往往会劳民伤财”。“打得准才能打得狠”，成熟的交易者往往会确立几个重点的投资目标，作为自己盈利的最大可能点——中坚力量，然后再设几个点分散投资——辅助力量，用于防范风险。我们还可以采取复合头寸交易的方法。复合头寸分为跟势头寸和交易头寸。其中跟势头寸用于谋划长期的目标，需要设置准备长期投资的止损指令，为交易的巩固、调整留有充分的余地。

（四）保护性止损指令的设置

止损指令可用来开立新头寸，也可用来限制已有的亏损，或保护已有头寸的账面利润。止损指令明确了有关交易指令的执行价格，交易者必须为自己的持仓头寸设置保护性止损指令，通过反向的限价（平仓）指令来完成。

（五）把握资金管理风格

在期市投资中，成功和失败都是很正常的事情，所有交易者都会碰到。关键是在成功或失败以后，我们应该做些什么。失败以后灰心丧气，成功以后乘胜追击、加大入注，这些都是很常见的反应，但是正确的做法是合理地把握资金管理，严格遵守制定好的方案。

八、如何科学止盈止损？

止损指令的设置是一门艺术，需要从宏观和微观两方面来把握。

（一）在宏观把握上

（1）交易者必须对价格图表上的技术因素与资金管理方面的要求进行综合研究。

（2）交易者应该考虑市场的波动性。市场波动大时，止损指令就应设置得较远；市场波动小时，止损指令则应设置得较近。

（二）在微观把握上

（1）买入止损指令一般应设置在市场价格上方；卖出止损指令则应设置在市场价格下方（与限价水平相反）。

（2）可设立跟踪止损。例如在多头头寸情况下，卖出保护性止损指令可设置在市场价格下方，如果价格上涨，可以提高止损指令的水平，保护账面利润，也可以在当前阻挡水平的上方安排好止损指令，在突破发生时能及时开立多头头寸。

小贴士

止损的常见种类

1. 资金额度止损

其操作要点是，设立进场部位资金或总资金最大亏损额度。一般为所占用资金的5%~20%（或总资金的1%~10%），也可以是所占用资金的绝对数额，如每手100元。一旦达到亏损额度，无论是何价位，立即止损离场。

2. 时间止损

时间止损是根据交易周期而设计的止损技术。譬如，若对某个合约的交易周期预计为5天，交易者买入合约后，价格在买价附近徘徊超过5天或者5天后上涨幅度没达到预期水平，那么下一交易日应坚决出仓。当然，在真正出现亏损时，更要立即出局。

3. 跟踪止损

跟踪止损，在某种意义上讲就是止盈，就是当价格朝着对自己有利的方向行进时，根据已经变化了的价格，逐渐调整止损位，即逐步调整出局位置，以防止利润回吐。

4. 心态止损

当操作连续多次亏损或自身心态不稳时，应立即停止操作，进行反思和休息。不要强迫自己进行交易，更不要和市场赌气。

5. 技术止损

技术止损是经常用到的技巧，常见的有趋势止损、指标止损、K 线止损、关键价位止损和密集成交止损等。

（1）趋势止损：是指在趋势运行过程中出现了趋势停顿或趋势转折时的出局行为，其依据是移动平均线和趋势线。趋势线止损主要是支撑压力止损。

（2）指标止损：是指根据技术指标所发出的买卖信号进出市场。当所利用的指标发出出局信号时，即使资金亏损也要离场。

（3）K 线止损：包括 K 线组合止损和 K 线形态止损。例如，在上涨做多操作的趋势中，如果市场已出现“两阴夹一阳、一阴断三线”的“断头铡刀”“黄昏之星”“穿头破脚”“射击之星”“黑乌鸦”等典型见顶 K 线组合时，就需要考虑做减仓或出局动作。

（4）关键价位止损：是指注意一些关键价位的支撑或阻力，比如回调或反弹的斐波那契位置、黄金分割位置、重要的整数关口以及历史最高最低价等重要位置。

（5）密集成交止损：在横盘区域或近期巨量大单的位置，一般会对价格的升降起到较强的支撑或压力作用，此时要考虑离场。

（6）形态止损：包括期价击破头肩顶、M 头、圆弧顶等头部形态的颈线位和期价出现向下跳空突破缺口等，出现这些形态，应考虑离场。

自测题

一、填空题

1. 一般而言，分析和预测期货行情的方法，可以归类为三方面：________、________和________。

2. 对于目前市场上常用的技术分析，一般可分划为两大类：一类是

________，主要用来描述市场价格目前运行状态的外在表现；另一类是________，主要用来研判促成市场当前走势的内在原因，并将此原因量化。

3. 完整交易系统的组成部分包括：________、________和________。

二、单项选择题

1. 下列不属于基本面分析范畴的是（　　）。

A. 供需关系

B. 宏观政策

C. 天气与自然灾害

D. 主力资金流向

2. 以下（　　）方法不属于形态学技术分析范畴。

A. 均线系统

B. 波浪理论

C. 布林通道

D. 循环周期分析理论

3. 以下（　　）投资交易方式对价格判断的要求最高。

A. 投机交易

B. 套期保值交易

C. 套利交易

D. 现货交易

三、判断题

1. 基本分析与技术分析在期货交易中无法互补兼容。（　　）

2. 只要掌握技术分析方法，就可以百分之百地准确预测行情。（　　）

3. 在期货市场生存的第一要务是学会止损。（　　）

参考答案

一、填空题

1. 基本面分析　技术面分析　心理层面分析
2. 形态学技术分析　动力学技术分析
3. 预测分析　模块风险　管理模块　投资策略模块

二、单项选择题

1. D　2. D　3. A

三、判断题

1. ×　2. ×　3. √

第六章

锌期货的套利交易

本章要点

本章主要介绍了关于锌期货套利的一些知识，包括锌期货套利的原理、分类、操作方法和技巧、风险控制、资金管理等。阅读本章以后，读者对锌的套利会有一个清楚的认识。

一、常见的锌期货套利机会有哪些？基本原理是什么？

（一）金属期货套利的可行性

作为当前国际金属期货交易的重要组成部分，金属期货套利交易已经获得欧美对冲基金的认同和参与，保守估计，对冲基金已经占据整个金属套利市场的70%以上，究其根源，最重要的原因之一是国际金属期货套利具有成熟性和稳健性。同样，在中国期货市场中，金属期货套利交易也是最成熟和最稳健的，这与我国金属行业、金属期货以及国内外金属市场的发展紧密相关。1995年金属期货套利开始小规模上市交易，随后被大规模推广，同时被企业广泛运用。目前，金属期货在大宗商品交易体系中，已成为一种成熟的交易模式。

金属期货交易的运行特点决定了套利的可行性：一是交易的稳定性。有色金属期货经过长期发展已经成为较为成熟的投资品种，市场的广度和深度都超过国内其他品种，被广大期货投资者所喜爱。二是内外联动的紧密性。国内金属和国际金属价格的相关性几乎超过90%，两个市场紧密相关、相互影响，并能延续一定的时间周期，为套利交易者提供了充足的运作时间。三是由于有色板块与宏观经济高度相关，有色金属各品种的运行方向经常一致，只是节奏有所差异。这些都是金属期货套利交易运行良好的关键所在。

（二）跨期、跨市及跨品种三种套利模式

基本金属的套利交易，是国内日趋流行且相对较为成熟的一种获取低风险、稳定收益的操作模式。常见的模式有以下三种。

1. 跨期套利

这是通过利用同一种商品但不同交割月份之间的价差变动来获利的套利。跨期套利的原理是：在考虑了资金占用成本、交易成本与仓储成本的因素下，相邻两个合约间的价格差保持在一定的幅度内。当市场供求关系发生变化或受某些偶发性因素的影响时，合约间的价格差异就可能出现扩大或缩小的情况。由于各合约都受同样的经济因素及政策因素的影响，即处在相同的经济环境中，那么，随着交割期限的临近，二者间的价格关系会趋于一致。这种价格差的变化为跨期套利交易提供了基础。

2. 跨市套利

跨市套利的理论基础是现货的进出口贸易。在正常的进出口贸易下，国内外现货之间存在着一个正常水平的价格比例。当两个市场的交易出现差异（如时间差、基金炒作、大户异动等）时，SHFE和LME的同期合约价格比值就会偏离正常水平，产生扭曲，此时即可进行跨市套利交易。由于两地价

格比出现扭曲，两地的相关贸易商就可能通过进出口去谋利，大量的贸易往来会在短时间内将两地该商品的价格重新调整平衡，因此，在“扭曲入市—正常平仓”的过程中就可完成一次套利交易。

就锌品种来看，国内外锌市场具有较高的融通性和联动性：国内锌进、出口通畅，国内锌期货交割标的0#锌进口关税为零，当两地锌价之差超过相关贸易成本时，就存在买低卖高的交割式套利交易机会。同时，沪锌和LME锌的价格之间存在比较稳定的比价关系，即两市运行的方向与速度趋于一致，但由于二者在地理位置、各自供求基本面及资金面等方面存在一定差异，二者的比价关系经常会随着行情的起伏而出现波动或偏离，套利者就可以利用专业知识对锌期货价差进行预测并操作，即利用价差波动来获利。

3. 跨品种套利

这是指利用两种相互关联的不同商品之间的期货合约价格差异进行套利的投资方式。跨品种套利是通过买进一种商品的某一交割月份的合约，同时卖出另一商品相同交割月份的合约，然后等待有利时机将两个合约同时对冲平仓，从而获利。金属品种之间的产业联系比较松散，基本面因素差异较大，在形成稳定的价差区间或均衡的比值关系方面，没有逻辑必然性。这些品种之间的价差或比值走势，更多地取决于各自的产业供需因素。实际上，跨品种“套利”，就是做多强势品种、做空弱势品种，规避单边风险，获得相对稳定的收益。

（三）交割式套利与投机性套利

按是否交割，套利分为交割式套利与投机性套利。套利与投机的最大差别就是，套利通过一买一卖获利，而不是单一买卖，获利与否取决于价差变动，因此，可以说套利就是对价差进行投机，不论价差操作是想将“不合理”价格扭回合理，还是趋向更“不合理”。

传统套利最基本的出发点就是利用市场反常规的表现捕获套利机会，等待市场回归“常规”，再获利“出局”。比如期货价与现货价升贴水极度异常，近远月价差太大或太小，LME与SHFE两市比价不合理或者锌与相关品种如铝的比价极不合理等。这种不合理除了跨品种外，大多可以通过交割的方式来确保套利收益，即套利主要通过实物转移交割锁定不合理价差带来的差额利润，这就是交割式套利，是传统套利中收益最稳定的一种。一旦不合理价差存在交割有利的情况，非理性比价往往容易回归。因此，很多传统套利者是在不合理价差的情况下进行套利操作的，如果价差回归，则对冲了结获利，如果不回归或回归不够，就通过交割来保证预期收益的实现。

如果仅根据价差可能变动方向的分析进行一买一卖操作，最终肯定要以平仓方式了结，这一操作称为投机性套利。显然，投机性套利因为没有物流强制扭回的机制，风险较大。但相对投机性套利全部利用期货保证金交易来说，实物交割意味着资金占用成本较大，而且会产生交割等相关费用，因此，虽然收益较稳定，但收益率较低。对于资金量小、不能参加交割的一般投资者来说，他们只能做投机套利，但相比单边投机，套利的风险明显小得多。

最典型的交割套利有期现套利、买近卖远交割式跨期套利以及跨市套利。这些套利关键在于“算账”。因此，在操作交割式套利时要注意利息、质押费用及仓储费等成本的核算，而且要关注交割环节中物流的畅通程度。在现货方面，涉锌企业参与交割套利较为有利，而期货交割方面则需要期货公司大力配合。在实际操作中，除了要考虑交割时可能出现的风险，还要考虑增值税相关风险，下文再具体讲。

实物交割的套利方式能获得比较稳定的收益，但收益率不高。对于机构投资者来说，实物交割方式的跨期套利具有以下几个优势：一是可以获取稳定且高于银行利息收入的资本回报；二是可以实现巨额的现货贸易量，如以5000 万元的资金进行套利交易，一次可实现 1 亿元盈利的贸易额度，这非常有利于公司的再融资；三是利用仓单质押进行累进式套利，可以提高资本效率、降低成本。

二、套利涉及交割时需要注意哪些事项?

（一）交易主体有限制

由于交割套利要进入期货交割，仓单卖方必须是能开具相关增值税发票的法人企业，自然人不能进行期现套利。

（二）准备注册锌仓单的实物必须符合相关质量要求，并且是交易所规定的交割品牌

要进行期现套利的商品必须符合期货交易所的质量标准，这是期现套利实施的首要条件。交割是实现期现正向套利的基础，一旦这个基础被破坏，将面临期货市场上巨大的敞口风险。

（三）要保证运输和仓储

在套利交易中，注册仓单的时间点非常重要。不能过早或过晚地把货物运到交割仓库，运过去早，则仓储费高，利润会大打折扣，如果过晚，来不及交割的话，结果会更糟糕。所以套利交易对参与者的运输条件和仓库的装车发货能力要求非常高，需要期货公司的高效协作。选择规范、高效尤其是有成熟套利操作经验的期货公司进行套利交易可帮助参与者顺利完成操作流程，更好地把握套利机会，并防范操作中可能出现的其他意外。如果企业及所在会员期货公司与仓储部门有长期的良好合作关系，那么在进行套利时，计划可能就会比较周密，使交割商品能顺利装车运走。另外，决定做套利前，交易者一定要查看准备注册的交割仓库库容是否充足。

（四）有严密的财务预算

要保证套利交易成功，就要对所有环节发生的费用有一个严密的预算，

对相关成本更要计算周密，且充分预留可能需要追加的期货保证金。比如，在交割日买方需要提交全部货款，其对短期资金的需求很大，但是在交割日之前，交易者只需要较少的保证金，确保短期资金周转灵活即可。只有这样才能大大提高套利资金的利用效率。

1. 仓储费、出入库费等费用。表6－1是上海期货交易所锌的仓储费等费用一览表。

表6－1　　上海期货交易所锌品种相关交割费用

完税指定交割仓库价格		保税交割仓库价格	
仓储租金		仓储租金	
货场	锌：0.30元/吨·天	货场	无
进库费用		进库费用	
1. 专用线	26元/吨	1. 专用线	无
2. 自送	18元/吨	2. 自送	18元/吨
	（集装箱）30元/吨		（集装箱）30元/吨
出库费用		出库费用	
1. 专用线	26元/吨	1. 专用线	无
2. 自提	15元/吨	2. 自提	15元/吨
	（集装箱）25元/吨		（集装箱）25元/吨
分检费	5元/吨	分捡费	无
代办车皮申请	5元/吨	代办车皮申请	无
代办提运	2元/吨	代办提运	2元/吨
加急费	无	加急费	无
打包费		打包费	
锌	30元/吨	锌	无

资料来源：上海期货交易所。

2. 过户费。过户费也是交割时产生的费用，是指指定交割库在审核标准仓单的所外转让时收取的费用。该费用由指定交割库向受让方单边收取。具体标准如表6－2所示。

表6－2　　上海期货交易所金属过户费

品种	一般指定交割仓库	保税交割仓库
铜、铝、锌、铅	1元/吨	1元/吨（暂不开通）

资料来源：上海期货交易所。

3. 打印费。打印费是指仓单所有人向指定交割库申请打印纸质仓单的费用，指定交割库按100元/张的标准收取打印费。

三、为什么套利中经常会提到增值税风险？如何规避？

2019年3月27日，上期所根据财政部、税务总局、海关总署于当年3月21日发布的《关于深化增值税改革有关政策的公告》有关规定，下调上期所实物交割结算、标准仓单交易各品种的增值税税率。具体来看，铜、铝、铅、锌、锡、镍、黄金（出库）、白银、螺纹钢、热轧卷板、线材、天然橡胶（进口）、纸浆、石油沥青的增值税税率由原来的16%下调为13%，天然橡胶的增值税税率由原来的10%下调为9%，其他保税及免税品种的增值税税率不变。

按规定，国内锌的增值税税率为13%，抵扣后的税率为：13%/（1+13%）=11.5%。增值税风险源自买入或卖出交割价与实际成交价格不同所导致的增值税多缴或少缴的问题。根据上期所规定，增值税的计算方法为：

$$增值税税额=(交割价-成交价)\times 增值税税率$$

交割价为期货最后交易日的结算价，这样增值税计税基础价格与实际期货交易价格不同，从而给交易者带来增值税方面的不确定性风险。以买现货卖期货的交割套利模式为例：

某企业以17300元/吨买进锌现货，以17800元/吨卖出下一月的锌期货，进行期现套利。扣掉运输、注册、入库、利息、仓储等固定费用后，有近300元/吨的利润。如果期间锌期货价格大幅上涨，最终以20300元/吨的结算价交割，结果增值税增加了（20300－17800）×11.5%＝287.5元/吨，因为最后交易日的结算价过高，导致增值税大幅增加，抵消了最初的大部分利润。如果最终结算价格再多涨100元/吨，这单套利交易就要出现亏损。当然，如果锌期货价格最终下跌，增值税就会少缴。同样的道理，买入交割价（卖现货买期货的套利模式）下降时也会发生增值税变化的情况。

显然，增值税的不确定性使交易者的最终盈利也不确定，稳健投资应当采取措施规避增值税风险，特别是当价格极有可能朝不利方向转化时。

以下是规避增值税风险的一种策略安排：开始建仓时，按照套利数量，少建立11.5%的远月合约空头头寸，或建仓后，如遇价格稳步上扬，就平仓了结11.5%的远月合约；在远月合约的最后交易日临近收盘时，补足11.5%的空头头寸，并于交割日足额交割所卖出的锌。上述操作对增值税风险规避的结果如下：当价格上涨时，在高价补足的空头头寸正好可以弥补多缴的增值税；当价格下跌时，只要在进价之上，在低价补足的空头头寸也正好可以充抵少缴的增值税；当价格下跌到进价之后，是否抛出锌，可根据具体价格以及企业内部的现货贸易增值税情况而定。总之，这样可以减少企业在增值税方面的不确定性。

案例6－1

期现套利卖出交割时的增值税避险操作

继续以前面的例子说明：某企业以17300元/吨买进100吨锌现货，以17800元/吨卖出下一月的锌期货。

（1）按照计划，以17800元/吨卖出100吨锌期货：

预计毛利 $=(17800-17300)\times100-(17800-17300)\times100\times11.5\%=44250$（元）

（2）假如以17800元/吨卖出85吨锌期货，最后以19200元/吨卖出15吨锌期货，那么：

最后的利润 $=(19200-17300)\times15+(17800-17300)\times85-(19200-17300)\times100\times11.5\%=49150$（元）

（3）假如价格最后下跌，企业以16800元/吨卖出锌期货，那么：

最后的利润 $=(16800-17300)\times15+(17800-17300)\times85-(16800-17300)\times100\times11.5\%=40750$（元）

四、升贴水变化对套利效果有何影响?

现货贴水，即期货溢价，一般是指在正常的供求关系下，现货价格低于期货价格，近期合约价格低于远期合约价格。近低远高的合约间基差关系反映了正常的持仓费状况，此时的市场称为正向市场。现货升水，一般因现货供应短缺，导致现货和近期合约价格高于远期合约价格。

无论是跨期套利、跨市套利还是跨品种套利，都涉及升贴水的问题，都会对套利结果产生不同程度的影响。其中，在跨期套利中，合约间升贴水或基差的变动不光对套利效果产生影响，还是直接关系套利能否成功的决定性因素。在后两种套利形式下，升贴水差异对套利结果的影响大致有以下几种情形：

（一）不同市场或品种间的升贴水结构完全不一致

在一个期货升水的正向市场中，合约间的基差分布是由近及远、价格逐步抬高；而在期货贴水的逆转市场中，情形则刚好相反。随着远期合约向交割月份靠近，两者原来的基差呈逆向运行，如果套利交易是在正向市场卖出，而在逆转市场买进，则随着时间的推移，两个套利头寸的基差都会朝有利方向变动；反之，则两边都可能出现基差损失。另外，持有套利头寸期限越长，因升贴水结构的不一致或背离而造成的可能损失就越大。

（二）升贴水幅度的差异

在跨市场套利中，若两地市场升贴水结构不同，则套利头寸的移仓可能会对整体收益有所影响。

若两地市场升贴水结构完全不一致，随着时间的推移，跨市场套利两个套利头寸的移仓将根据不同的情况受到损失或者享受额外的移仓收益。比如，2018 年 4 月，LME 市场金属锌期货价格呈近低远高的结构，而 SHFE 市场锌期货价格是近高远低的结构，如果买国内锌期货合约抛国外锌期货合约的反向套利，则可以享受两地价差收益外的额外移仓收益。

若两地市场升贴水结构一致，但升贴水幅度有差异，则依然会对套利效果产生影响。比如，铜期货在 LME 和 SHFH 市场都维持正向市场结构，但两地市场的价差幅度并不相同。比如，锌现货对 3 月期货贴水达 14 美元/吨左右，而铝现货对 3 月期货贴水不到 1 美元/吨，如果持有买锌期货抛铝期货的套利头寸，则交易者每个月因此将出现约 13 美元/吨的基差损失。

（三）升贴水结构分布的不平衡

有的品种的某个或某几个合约存在挤仓或技术性紧张等异常现象，其升贴水结构的正常分布可能会被打乱。

（四）升贴水随时会发生变化

套利头寸往往要持有一段时间，在此期间，原来的升贴水状态可能会发生变动，并因此对套利效果产生意料之外的影响。

总之，套利头寸持有时间越长，套利效果受升贴水变化的影响程度也就越大。

五、如何计算和分析锌期现套利机会？操作中应注意哪些事项？

（一）期现套利种类与原理

理论上，期货价格与现货价格间的差距，即价差：

价差 = 锌期货价格 - 锌现货价格

价差应该等于锌的持有成本。

一旦价差与持有成本偏离较大，就出现了期现套利的机会。

由于期货价格的特殊性，它时常会大幅偏离现货价格，当二者偏离过多时，就可以进行期现套利。当期货价格大于现货价格与相关注册卖出交割费用的和时，企业可以通过买入现货或者将手中持有的锌在期货市场上抛售的方式，进行期现套利操作，以获得预期的无风险收益。反之，当现货价格大于期货价格与相关买入交割费用的和，即期货价格与现货价格出现倒挂时，交易者可以在向市场抛出现货的同时，买入期货合约，等期货合约到期后再交割买入现货。当然，这种套利机会并不能被所有人捕捉，持有锌现货且在一段时间内都不需要使用的现货商才可以这样操作。在保证库存的情况下又可以获得收益，这些现货商采取这样的操作，常被称为"库存套利"。

（二）实际期现套利成本计算

卖出锌期货的交割成本包括运输成本、注册相关成本、仓储成本、资金成本、开具发票所增加的成本、交易交割费用等。

案例 6－2

沪锌期现套利

某企业发现，2020 年 8 月 4 日，锌的现货价格是 19100 元/吨，2011 锌期货合约结算价为 19790 元/吨，期现价差为 690 元/吨，距锌 2011 期货合约最后交割日 11 月 15 日有 101 天，年贷款利率为 6.06%，则总成本大致为 561 元/吨，低于期现价差，因此，存在买入现货卖出期货的套利机会。在规避增值税风险的情况下，交易者可获得约 129 元/吨的利润。具体成本测算如表 6－3 所示。

表 6 - 3　　　买现货抛沪锌 2011 合约的期现套利成本测算

成本类型	套利成本	成本项目	成本（元/吨）
可控成本	固定支出	入库费	26
		交割手续费	2
		过户费	1
		分检费	5
		代办车皮申请	5
		代办提运	2
		打包费	30
		交易手续费	5
	浮动支出	资金成本	3.66 × 103 = 376.98
		仓储费	0.3 × 101 = 30.3
不可控成本		增值税额	79
套利成本			561.98

资料来源：中国国际期货。

注：（1）2020 年 8 月 4 日，买入现货并卖出沪锌 2011 合约进行期现套利。

（2）资金利息成本一般以一年期贷款基准利率 6.06% 计算。本例中现货锌的价格加上杂费成本按 20000 元/吨计算，注册成仓单后办理质押，月利息为 0.15%。

（3）卖方于第三交割日（11 月 17 日）收款，故借入资金天数按 103 天计算。

（4）卖方于第一交割日（11 月 15 日）交标准仓单，故仓储费天数按 101 天计算。

（5）增值税额以固定支出与浮动支出之和乘以 11.5% 计算，增值税避险操作可确保实际变化不大。

从表 6 - 3 测算可知，资金成本是期现套利的最大成本，因此资金利息的高低以及资金周转效率决定实际收益率。如果是自有资金，按活期甚至无息算，利润将明显上升；反之，则此套利不应进行，因为价差不能覆盖成本。从实际操作来讲，动用的资金计算如下：

$$动用资金 = 现货价格 + 期货结算价 \times 0.14 \times 2$$

预留双倍交易保证金，是为了保证期货持仓安全，因为在交割前期价波动可能有浮亏。另外，按上期所规定，持有仓单进入交割月后将不用再交保证金，因此实际资金成本会比计算的数额少。

（三）测算的期现交割预期利润

测算的期现交割预期利润往往是最低利润。上述129元/吨的费用可以作为跨月套利的盈亏平衡点。理论上，交割收益率是最小的收益率，因为一旦出现有利的价差变化，可以将占用的保证金全部平仓，收益率自然会明显增加。对于抛出的期货合约，如果交投不是很活跃，需要控制好头寸数量，以防范流动性风险。

案例6－3

注册仓单前要考察相关库容情况

在图6－1中，虽然2021年上半年沪锌交割利润较高，暴涨导致期现价差扩大，可以进行交割式套利，但因为当时库存巨大，可用交割库容一时比较紧张，存在无法正常注册交割的风险。正是因为这个因素，期现货持续保持较高价差。之后，上期所大幅增加相关库容，期现价差迅速缩小。

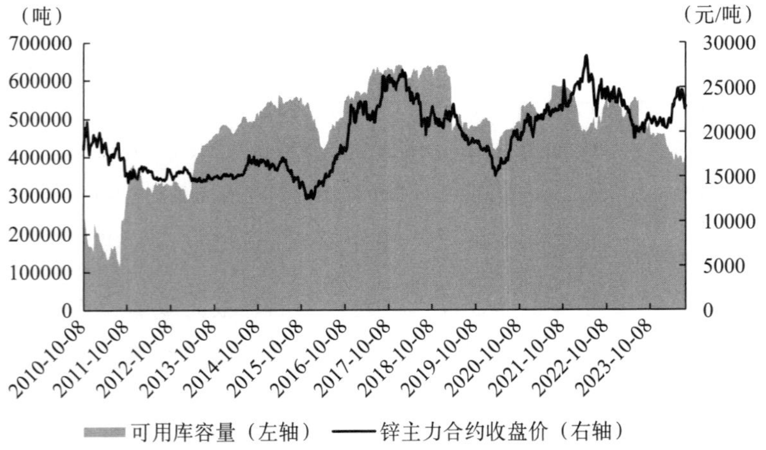

图6－1 上期所可用库容量与沪锌期价关系

资料来源：Mysteel。

六、上海期货交易所锌的跨期套利机会有哪几种?

(一)牛市套利和熊市套利

根据建仓方向不同,跨期套利可分为牛市套利(买近抛远)和熊市套利(买远卖近)。买近抛远的操作思路主要是,交易者认为正向市场中当前锌期货合约间的差价过大(大于持仓费与利息之和),未来的差价会回归到正常的水平,所以交易者买入较便宜的近月合约,卖出较贵的远月合约,等两者价差回复到正常水平后对冲平仓。而买远卖近的操作思路是交易者认为在反向市场中远期贴水过大,因此买入较便宜的远月合约,卖出较贵的近月合约,等两者价差回复到正常水平后对冲平仓。

相对而言,在正向市场做跨期套利要比在反向市场做跨期套利风险小。在正向市场中,由于受正常持仓费的限制,远期和近期合约间的价差不可能扩大到离持仓费太远的地方,即买近抛远的风险相对有限。即便合约间的价差得不到合理回归,对于大资金来说,还可在近期接下仓单,届时在远期月份进行实物交割来对冲头寸,以规避套利风险。但在反向市场中做跨期套利,则存在较大风险。典型的反向市场呈现近期高、远期低的特点,主要就是因为现货供应紧张而预期未来供应充足。从理论上说,逆转市场中的合约间基差可以无限扩大,而且不可能像在正向市场那样可以采用实物交割的方式来规避套利风险。

跨期套利按有无交割分为两种:一种是指买进现货仓单或在交割月份接下现货仓单后转抛远期合约并进行交割,即实物交割性的跨期套利;另一种是买进或卖出近期合约,同时对远期合约做反向操作,待基差出现有利变动后同时平仓对冲,也称为投机性跨期套利。前者是介于套利和套期保值之间的一种特殊形式,并不完全通过基差的相对变动来获利。由于要占用大量资金，参与者应具有雄厚的资金实力，并且跨期套利的实际收益率并不高，因此适合要求低风险的交易者操作。在所有的投机套利中，跨期套利的风险相对最小。

（二）不同合约间价差变化规律

影响合约间价差变化的三大因素是：

（1）未来供需变化的预期或者未来价格变动方向是决定近远月价差变动（包括方向与幅度）的重要因素；

（2）资金主动性移仓会导致价差变化，比如空头移仓使隔月价差扩大，多头移仓使隔月价差缩小；

（3）价格快速变化时，相对近月或主力合约的波动性最强，较远月合约的波动性相对较弱。

（三）交割式买近卖远套利操作及成本计算

当远期合约价格超过近月合约价格与相关交割套利成本之和时，交易者可买入近月合约，同时卖出远期合约，等近月合约交割时再接入仓单，并在远月合约交割时转出仓单。

跨期交割式套利成本 = 仓储费 + 资金利息 + 交易、交割费用 + 价差增值税

案例 6 - 4

买远卖近交割式跨期套利

2011 年 3 月 9 日，交易者买入沪锌 1105 合约，并卖出沪锌 1109 合约进行跨期套利，当日 1105 合约成交价为 18110 元/吨，1109 合约结算价为 18900 元/吨，价差为 790 元/吨。按表 6 - 4 进行成本核算，每吨获利近 445.22 元。这个预期收益是最小收益，如果价差减小至套利成本以下，直接平仓获利会更高。

表 6－4　　买 1105 合约卖 1109 合约交割式跨期套利成本

成本		成本项目	成本（元/吨）
可控成本	固定支出	交割手续费	42
		交易费	10
	浮动支出	资金成本	$1.72 \times 120 = 206.4$
		仓储费	$0.4 \times 120 = 48$
不可控成本		增值税额	38.38
预估套利成本			344.78

注：（1）动用资金 =（近月结算价 + 期货结算价）×0.14×2。为保证期货持仓安全，预留双倍交易保证金。资金利息成本以一年期贷款基准利率 6.06% 计算。

（2）借入资金及仓储天数以 120 天计算。

（3）发生买入与卖出两次交割费用。

（4）增值税额以“固定支出与浮动支出之和 ×13% ÷（1+13%）”计算。

七、锌期货跨市套利的基础是什么？

跨市套利交易对期货市场的有序发展具有非常重要的作用，有助于使不合理的期货市场价格通过贸易流回复到正常水平。跨市套利交易有助于发挥期货市场价格发现的功能。套利者一旦发现某些市场的价格走势异常，就会利用不同市场之间的价差变化随时进行套利交易。这种交易会使不同市场间的价格关系趋于正常，从而促进期货市场形成合理价格。另外，跨市套利交易有助于期货市场进一步提高流动性。套利交易提高了期货市场的活跃程度，增加了期货交易的成交量，保证了套期保值功能的顺利实现。套利者承担了市场价格相对变动的风险，有助于消除期货市场的价格操纵行为，促进交易的流畅化和价格的理性化。

一般品种间的正相关系数在 0～1 波动。如果相关系数为 0～0.3，为无相关性；在0.3～0.5，为低相关性；在0.5～0.8，为中等相关性；在0.8～1，则为高相关性。根据历史数据统计测算，沪锌与LME锌的走势存在较强相关性，两市锌价的相关系数达到0.96以上，属于高度正相关，因此两市具有较好的跨市套利条件（见图6-2）。

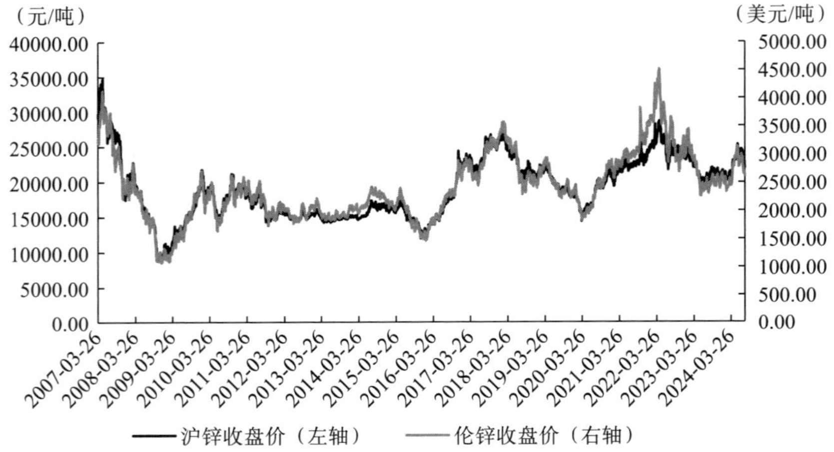

图6-2 沪锌与伦锌走势高度相关

资料来源：Mysteel。

国内锌期货合约自上市以来备受市场青睐，巨大的交易量为锌的跨市（LME和SHFE）套利提供了肥沃的土壤。锌本身就是一个国际性的品种，有非常好的流动性。当前，国内精锌的进出口基本平衡，这使LME锌和SHFE锌的价格既有较好的相关性，又有各自局部的供求特点。

锌期货满足进行跨市套利的所有要求：第一，上海期货交易所在设计锌期货合约时，就将交割标的设计为与LME锌相同的0#锌，这为开展两市的跨市套利奠定了最根本的基础。第二，2023年，国务院关税税则委员会发布公告，自2024年1月1日起，我国对1010项商品实施低于最惠国税率的进口暂定税率。其中，进口商品暂定税率表中涉锌商品5种，目前税率为0。这对降低锌品种套利成本非常有利。第三，在贸易流程上，锌的进出口不存在限制因素，精锌进出口量对贸易条件的敏感度非常高。第四，国内锌的产能过剩情况并不严重，供销基本平衡，进出口量的突然变化会迅速造成国内供需平衡状态的转变，从而强迫被扭曲的价格回到正常范围之内。以上四点使锌期货跨市套利大有可为。

八、上海锌期货与伦敦锌期货的跨市套利策略有何不同？

跨市套利主要是利用国内外市场价格之间的差异，牟取价差变动收益的一种套利方式。一般比较流行的是在两市同时买进和卖出相同或相近月份的期货合约，待价差出现有利变动后再同时对冲平仓。这就是投机性跨市套利。在 LME 点价后进口现货，然后在 SHFE 相应远期合约保值抛空（锁定利润），这实际上是介于套利与套期保值之间的一种特殊形式，属于一种实物贸易方式。

（一）对沪伦比价的研究较为重要

跨市套利表面上交易的是比值，但其实是进口盈亏。进口盈亏驱动物流变化，进而改变两市比值。跨市套利的理论性操作是高进口盈利开正套，高进口亏损开反套，但实际操作中需要分情况考虑。一种情况是不太需要考虑境内外市场各自的供需平衡，比如铜，因为近些年铜一直维持在供需平衡附近，当中国进口减少时，境外一定过剩，国内一定短缺。另一种情况是需要同时考虑境内外市场各自的平衡，比如锌，2017 年全球市场出现短缺，如果按照对铜操作的逻辑，在国内短缺且高进口亏损的情况下贸然建仓进行反套利，则很容易在 LME 市场上亏损。

具体来说，沪伦比值是指沪市价（如上海期货交易所的锌期货价格）和伦敦价（如伦敦金属交易所的锌期货价格）的比值，这个比值反映了锌的进口盈亏情况。当沪伦比值低到一定程度时，意味着进口锌的盈利空间有限或已经无利可图，这会导致进口量减少，进而可能导致国内库存消耗到一定程度后，供给不足，刺激价格上升，使沪伦比值重新上升。

从图 6 - 3 沪伦比价的历史走势变化来看，SHFE 与 LME 锌期货正常比值运行区间的高位一般取决于理论进口比值（在该比值下进口锌成本价与国内锌价一致），低位取决于理论出口比值（在该比值下国内锌出口成本价与国际锌价一致）。其成本主要取决于进出口税率、人民币与美元汇率等。

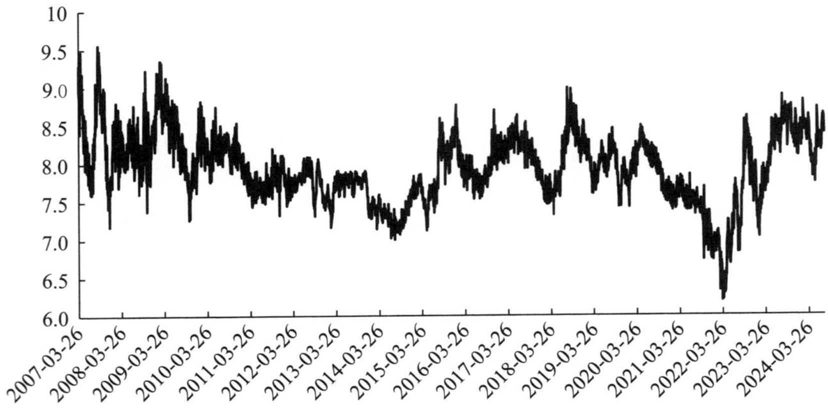

图 6-3 沪伦比价的走势变化

资料来源：Mysteel。

沪伦比值达到多少时会导致进口亏损呢？这其实没有一个固定的数值，因为它受多种因素的影响，包括国内外锌市场的供需情况、汇率波动、运输成本等。纵观历史数据，我们可以看到，沪伦比价大部分时候集中在7~8.5这个区间，但在2022年锌的内外比价波动较为剧烈，最低到了6.2，而下半年则快速回升到了8.5。在这个时间段内，国内锌锭现货进口亏损经历了两段扩大和一段收缩行情。2022年初至4月底，锌锭进口亏损比例不断扩大，由亏损10%扩大至20%以上，4月出口窗口打开；4月底至10月中旬，锌锭进口亏损震荡收窄，在8月出现较大回撤，10月中旬锌锭进口盈利比例接近10%，进口窗口短暂开启。

当沪伦比价接近理论进出口波动区间的上下限，或者超出正常波动区间时，就会产生比价异常的现象，但是比值有回归正常的客观要求。这种偏离为跨市套利交易提供了可能和机会。比价关系从偏离或异常的矫正或回归的过程，就是套利的获利过程。一般接近波动区间的上限即可进行正向套利（即卖出沪锌、买进伦锌，简称“正套”），而接近区间的下限则可反向套利（即买进沪锌、卖出伦锌，简称“反套”）。国内锌产量与消费量基本平衡，进出口量的突然变化会迅速造成国内供需平衡状态的转变，从而强迫被扭曲的价格回到正常范围之内，这也为锌的跨市套利打下了良好的基础。

（二）低风险套利策略：准备对冲了结套利，但要做好交割了结的准备

随着套利力量的加强，国内外锌价的相关性和联动性更趋密切，造成比价波动区间趋于收敛，套利的获利空间也被压缩。从图6－3可看到，内外比值有时会大幅波动，但随着时间的推移，这种比价的波动范围会逐渐收缩至理论进出口比值区间，主要原因就是参与套利交易群体的日益庞大，有效调节着两市的比价关系。只要市场有一定程度的偏离，马上就会吸引大量套利者介入，于是不正常的比价就能在较短时间内得到矫正。

在此情况下，套利者可以在比值靠近但还没到套利盈亏平衡点时提前进场：一旦比值按有利方向回归，可择机对冲平仓；如果继续朝不利方向运动，也可通过跨市交割将风险控制在一定范围内。

（三）相对高风险套利策略：只能对冲了结，无论盈亏与否

两市比值变化不仅反映了贸易成本变化导致的合理进出口比值变动，而且会反映出中短期国内外锌供需的差异性。当国内产量快速增长、可能转为精锌净出口国时，国内外锌价比值将回落围绕出口盈利比值波动；当国内锌供求紧张，可能要进口精锌时，国内外锌价比值将回升，围绕进口盈利比值波动。因此，套利者可以通过对人民币与美元汇率的变化、进出口税率可能的变化以及未来国内外锌供需相对强弱变化的分析来预测未来比值变化，并通过相应操作来获取比价向预期方向变化的对冲盈利。由于该套利并不存在不合理比价回归的内在动力，套利者主要靠对市场未来的分析判断来进行操作，其中不涉及跨市交割，所以成本较低，但风险较大。

九、如何计算上海锌期货与伦敦锌期货交割式跨市套利成本及收益?

跨市套利最基本的出发点是，同一个品种在一个市场的价格远高于（低于）另一个市场价格，如果套利者捕获到“在一个市场买入、在另一个市场卖出”的套利机会，那么他可以等待市场回归到“常规”水平时对冲获利。两个市场的价差（比价）如果大到（或者小到）覆盖了所有的成本，就能够进行进出口交易。进行跨市套利，首先要看价差（比价）的变动方向，其次才是套利者对行情走势的判断。

（一）两市交割套利成本计算

如果价差（比值）不能向着预期的方向发展，那么履行交割职责也能保住最初的成本投入（严格进行资金管理，使保证金能维持到交割日期的前提下）。

进口成本 =（LME 3 月期货价格 +/－现货升贴水 + 到岸升贴水）× 汇率 ×（1 + 增值税率）×（1 + 关税税率）+ 杂费

进口比值 = 进口成本/（LME 3 月期货价格 + 对应月份升贴水）

实际比值 = 沪锌价格/（LME 3 月期货价格 + 对应月份升贴水）

实际比值低于进口比值表示进口亏损，实际比值高于进口比值表示进口有盈利。

表 6－5 举例说明了沪锌与伦锌套利的成本和盈亏核算。

注意：

（1）LME 3 月期货价格为沪锌收盘时的报价，沪锌价格为当日收盘价。

（2）LME 各月份升贴水都是相对于 3 月期货合约的升贴水，其中，现货升贴水是沪锌收盘时伦锌 0～3 月升贴水的实时报价。

表 6 – 5　　　　　　　　**沪锌和伦锌实盘套利盈亏测算**

参数		合约月份	升贴水（美元/吨）	远期汇率	进口成本（元/吨）	沪锌价格（元/吨）	进口盈亏（元/吨）	实际比值	进口比值
LME 3 月期价格	2370 美元/吨	现货	–27.75	6.83	20059	18300	–1759	7.81	8.56
到岸升贴水	90 美元/吨	1 月	25.50	6.82	20484	18550	–1934	7.74	8.55
增值税税率	假设是 17%	2 月	–11.25	6.80	20115	18725	–1390	7.94	8.53
关税税率	3%	3 月	–9.25	6.78	20077	18915	–1162	8.01	8.5
杂费	50 美元/吨	4 月	–6.50	6.76	20043	19100	–943	8.21	8.48

资料来源：中国国际期货。

（3）进口盈亏为沪锌收盘价减去对应月份的进口成本。

（4）国内现货价格为上海有色金属网现货成交区间的均价。

（5）两市比值按时间对应的原则计算，即一个市场的现货价格/另一个市场的现货价格、1 月 SHFE 期货合约价格/1 月 LME 期货合约价格、2 月 SHFE 期货合约价格/2 月 LME 期货合约价格……

（6）进口比值 = 进口成本/（LME 3 月期货价格 + 对应月份升贴水）

（二）两市套利的注意事项及案例

比值是跨市套利的核心，但两市升贴水结构对套利也具有非常大的影响，它决定了两市持仓的展期收益或损失的大小。另外，套利者还要充分考虑以下因素：预期收益（风险）、冲击成本、调期成本等。在实际的操作过程中，套利者应根据不同的预期收益、风险承受能力及操作经验等适当放大或收窄套利区间。

案例 6 – 5

内外比值投机套利

某年 10 月底，受利空消息影响，国内、国际锌价出现了不同程度的下跌，上海期货交易所锌期货价格下跌超过 4000 元/吨，跌幅超过 16%，而伦敦金属交易所（LME）锌期货价格仅下跌了 200 美元/吨，这种差异性的下跌为那些买入 LME 锌期货、卖出上期所锌期货的套利者带来了丰厚的回报。比如套利者在 10 月 31 日买入 1 手（每手 25 吨）LME 3 个月期的锌期货，同时卖出 5 手（每手 5 吨）上期所锌期货 0801 合约，那么截至某年 11 月 14 日，短短两周的时间，套利者做空上期所锌期货可以获利近 10 万元（即 4000×25），做多 LME 锌期货则亏损 5000 美元（即 200×25），约合人民币 3.8 万元，本次套利交易共获利超过 6 万元。

案例 6-6

融资进口会降低合理内外比价

以融资为最终目的的进口会降低国内商家合理的进口价格，使两市比价区间下移。当国内宏观调控政策严格、银根相对偏紧时，以融资为目的的进口量占总进口量的比例会大大增加。当以融资为目的的锌进口量占总进口量的比例有了很大的提高时，会使合理的比价关系在对进口锌的定价上的影响小很多。

十、锌跨市套利交易中可能遇到哪些风险？

（一）汇率风险

跨市套利的前提条件是人民币对美元保持相对固定比价（即联系汇率制）。如果国家汇率政策出现重大改变，如人民币大幅贬值或升值，则国内外锌的比价关系必须重新定位，而已经建立的跨市套利头寸就会面临巨大风险。同时，目前许多企业在进行外盘操作时，以人民币折价支付保证金或结算盈亏，若外汇政策出现重大调整，则这些资金无疑存在相当大的汇率风险。

（二）进出口关税等政策风险

国家进出口关税政策风险包括国家对有关商品进出口政策的调整、关税及其他税收政策大幅变动等。这些调整或变化都可能使跨市套利的条件发生重大改变。与之相关的跨市套利交易也应重新进行评估。

（三）流动性风险

如果套利者操作的相关合约存在流动性不足问题，那么对成本的冲击可能较大，套利风险将会增加。

（四）信用风险

由于国内禁止未经允许的境外期货交易，目前大多数国内企业采用各种变通形式，如通过注册地在中国香港或新加坡的小规模代理机构进行外盘操作，但该途径存在一定的信用风险。有些企业虽与一些国外的正规代理机构签订了外盘代理协议，但从法律角度看，这种协议的有效性存在一定问题。外盘业务的正常开展及资金安全，主要依赖国外代理机构的信誉，有些企业为了规避法律限制，利用在境外拥有的海外关联企业名义，与国外代理机构签订代理协议，然后进行外盘操作。因此，涉及与外盘有关的套利操作必须注意规避非交易风险。

（五）市场风险

如果基差和升贴水异常变动，出现偶然性的挤仓或逼仓事件，可能会使市场正常价格严重扭曲。在发生逼仓的市场上，价格机制的形成受到人为干扰，正常的价差关系会被严重扭曲，这时即便市场上出现符合套利的一些基本条件，但因介入后风险无法控制，价差的变化或波动可能完全超出预期，所以，此时（尤其在逼仓的开始阶段或进行过程中）投资者不应该参与套利交易，对已经建立的头寸也应及时止损。1997 年“株冶事件”中发生的锌锭逼仓就是 LME 铜与锌之间的比价关系发生了严重扭曲，逼仓的结果造成原来正常的价差关系严重偏离后，必然存在巨大的回归空间，这为套利交易提供了绝佳机会。因此，一旦发现明显的逼仓结束迹象，在风险可控的情况下，投资者可大胆介入套利部位，此后必将获利丰厚。

（六）交易风险

由于SHFE与LME是非同步市场，两个市场的交易存在时间差，因此在交易过程中，如果已锁定某一市场头寸，且该市场闭市后另一市场受突发事件影响发生价位波动，两市锁定的价格空间就会存在不确定性。

（七）操作风险

操盘团队要对两个市场有深度了解，对盘面走势有理性认识和感性理解，这样才能及时调拨资金和灵活操作盘面，否则极易出现操作风险。

（八）其他影响

运费的变化、现货成本的增减、库存的多少都会成为影响跨市套利的因素。比如我国连续出台的振兴计划和收储行动，都会在短期内支撑国内锌价的反弹，在一定时期内影响两市比价。

十一、与锌相关的跨品种套利有哪些？

跨品种套利主要是指在买入或卖出某种商品（合约）的同时，卖出或买入相关的另一种商品（合约），当二者的差价收缩或扩大至一定程度时平仓了结的交易方式。跨品种套利主要有相关商品间套利和原料与成品间套利。从套利机制上讲，商品期货套利分为两种类型：内因套利和关联套利。

在进行跨品种套利时，要注意这两种商品应具有相互替代性、关联性或受同一供需因素的影响，套利者从其中一种商品合约获利，必然会在另一种商品合约上发生亏损。虽然两种相关商品期货合约的价格变动方向一致，但是波动幅度并不相同，也就是说，其中一种商品合约的上升速度或下跌速度会比另一商品合约要快，套利活动成功与否取决于这两种商品合约的价差变化程度。

跨品种套利风险相对较低，适合大规模资金操作。另外，跨品种套利可以减缓或规避单边投机绝对价格的剧烈波动。同时，由于跨品种套利是利用市场上的价差或比价关系进行操作，相对来说获胜率较高。

（一）传统跨品种套利：选择相关性高的品种

传统跨品种套利一般具备三个条件：一是两种商品之间应具有关联性与相互替代性；二是影响价格的因素大体相同；三是买进或卖出的期货合约通常应在相同的交割月份。由于锌与铜、铝、铅等同属有色金属板块，它们的价格走势存在共性，价格波动趋势也大体相近，在长期运行过程中保持着一定的比价关系（见图6－4）。所以它们之间的价差过大或过小时，就蕴藏着一定的套利机会，投资者可以在适当时机进场操作，以期在价差回归合理比值时获得收益。

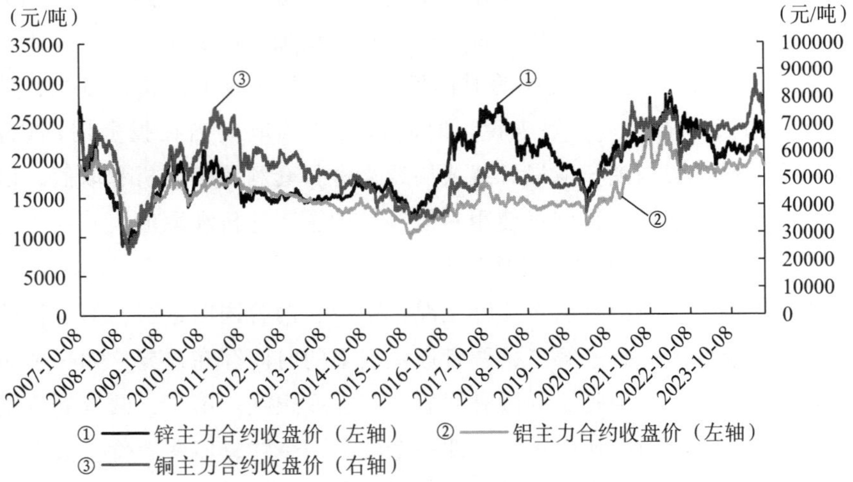

图6－4 上期所铜、铝、锌期货价格对比

资料来源：Mysteel。

1. 相关性分析很重要

观察相关性，除了了解价格统计数据外，还有一种比较直观的方式，就是参考走势叠加图。

（1）相关性的时间分布应具有均衡性。如果某些品种或合约之间的总体相关性符合要求，但具体的时间周期和分布具有不均衡性，有时几个品种的相关性不大，甚至出现严重背离情况，那么在那段时间进行套利交易将难以取得预期效果。如果这种不均衡持续的时间过长或在此期间相关性过低，那么套利交易就会出现损失。理论上看，各品种价格走势不均衡，相关系数必然减小，套利风险必然加大。不均衡性持续时间的长短和离散程度直接影响套利的成败、效果及资金使用效率。

价格走势波动如果在一个相对长的时间内缺乏相关性，则在此期限内，套利者和投机者实际面临同样的风险。价格变动在一段时间内严重不同步，导致价差不断偏离，甚至出现逆向波动，可能造成套利头寸被深度套牢，最后套利者可能因无法承受巨额浮亏而被迫止损出局。

（2）相关性的时间概念。相关性的程度与时间成反比关系，即单位时间内的走势联动性越强，整体相关度就越高。相关性所体现的时间长短，不仅决定了价差回归的时间，也决定了套利的时间成本。如果品种间的相关性在若干个月后才体现出来，则无疑会给套利者增加时间成本。

投资周期决定衡量相关性的时间跨度、波动周期（日线、周线、月线的取值）和回归周期。一般来说，时间跨度的选取应当在投资周期以内，如以月计量的投资周期，应以日线或周线来进行套利图表分析和取值；以年为单位进行的长期投资，则可使用月线等长期图表分析和取值。

2. 价差从偏离到回归的几种情况

价差从偏离到回归有以下几种情况：第一，两者同向运行，但运行的速度或波动的幅度不一致。第二，两者产生波动的时间存在差异，如一个品种出现涨跌，另一个品种隔了一段时间后才起涨或跟跌。第三，两者的价格波动方向在某一段时间内逆向运行，即一个涨另一个跌，但两者价差会迅速扩大或缩小，回归正常状态。这种情况比较少见，但也会出现。如 LME 的一些小金属锌、镍、锡及铝合金等之间经常出现这种短期内的反向波动，如果能抓住时机，可在较短时间内获利，产生意想不到的套利效果。

（二）锌与铝的套利：比价规律挖掘

锌和铝同为基本金属，来自相同行业的需求比例较高，并且相互间具有一定的可替代性，同时，影响这两个期货价格的各种因素也相近，可从这两个品种的长期走势图看出来。锌铝价差的扩大主要来自基本面的强弱以及市场关注炒作程度的不同。比如，从生产规模上看，国内规模性锌企业多，中小企业也很多，行业的产能产量难以控制。国内铝产业集中，规模化生产程度较锌高很多。因此，2008 年国内锌、铝企业同时联合减产限产后，锌价走势明显弱于铝价。

1. 波动率不同使比价在金属价格趋势明显时有较强规律

跨品种套利的盈利主要是通过两个品种价格变化幅度的不同来实现的。从铝、锌的历史价格走势看，二者虽然方向一致，但波动率有明显差别，其中，上期所锌价波动率在 0～0.7，而铝价波动率则在 0～0.4，多数时间在 0.25 上下，锌价的波动率明显高于铝价。二者方向一致而波动幅度有差别，这样二者价差就会出现扩大或缩小的情况，存在套利机会。锌的波动率较铝大，在市场整体上涨或下跌时，锌价往往可以看作围绕铝价在波动，因此，铝锌比率与整体市场方向呈现反向关系。当市场趋势很强时，比值往往呈单边走向。虽然是套利交易，但我们也可以将其看作对比值进行单边交易，因此，可以运用技术分析方法对比值进行趋势性分析。

案例 6－7

注意技术走势分析，把握入市时机

相对于基本面分析，从技术的角度可以更加直观地判断两个品种的强弱关系，也可根据相关软件的跟踪分析，得出价格关系的趋势性变化。

在国庆节前的一个多月时间里，锌强铝弱格局一直未被打破，而节后比价走势拐头向下突破之前的上涨趋势线，此时可分析出锌弱铝强的格局（见图 6－5）。

2008 年 10 月 6 日之后，沪锌沪铝比价趋势改变，锌弱铝强格局在比价走势图上于 10 月 8 日得到确认，同时从各品种走势图上也可看出。此时，适宜执行买入铝、卖出锌的套利策略。以 5 万元资金为例，此时两品种价格相近，可买入 1 手铝期货的同时卖出 1 手锌期货。若按收盘价计算入市成本，保证金按 12% 计算，5 万元做一对套利单子的保证金占用资金大概只有三成，符合普通投机的资金管理要求。根据上述分析理由，我们按 2008 年 10 月 23 日平仓计算盈亏如下：

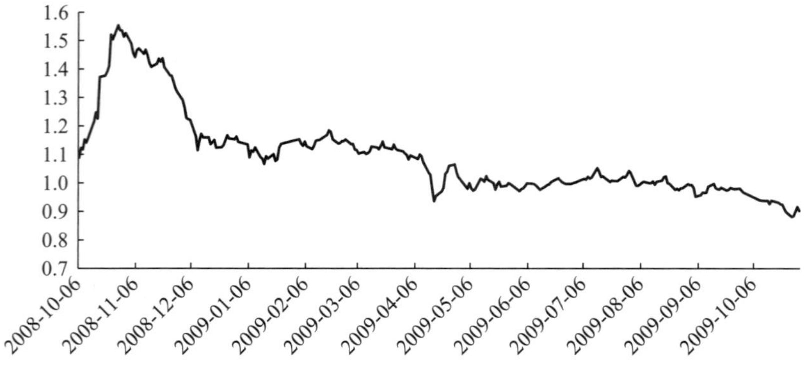

图 6－5 国内铝锌的期货比价

资料来源：Wind。

铝：13750－14325＝－575（元/吨）

锌：12755－9210＝3545（元/吨）

盈利：（3545－575）×5＝14850（元）

盈利率近30%。

由此可以看出，在单边下跌的趋势中还是有以较小的风险获取较大的利润的机会的。因此，跨商品套利也不失为一种适合广大投资者的交易策略。

2. 国内外铝锌比价强弱有差异，但趋势一致

选取更大时间跨度的LME铝价和锌价做比价关系走势图，我们发现在2006年之前，铝锌的波动率相差不多，因此，比价在一个振荡区间内徘徊，且呈现正向关系。而在2006年之后，由于锌的供需基本面发生变化，锌价波动率较以往大幅增加，锌价一举超过铝价。从那时开始，LME铝锌比率开始与有色市场整体走向呈现反向关系。将两个市场的铝锌比例放在一起观察发现，LME铝锌比率始终大于等于国内铝锌比率，从未往下突破过。而在LME比率上升或下降时总能带动国内比率向同方向演进。因此，LME铝锌比率对国内市场具有引领性，且二者保持较高的相关程度。

（三）买强卖弱的套利：选择相关性低的品种

由于锌与铝、铜等有色金属均与宏观经济高度相关，大的趋势上比较接近，而且各品种间的相关性在时间上并不均衡，因此在供需差异不明显或相

同（同紧缺或同过剩）时，品种间比值走势方向往往较难判断。因此，近年市场出现了另外一种创新型跨品种套利（对冲），运用的就是买强卖弱。其原理就是利用二者供需结构或影响因素的明显差异来进行买强卖弱的套利，在这种情况下，二者相关性越差越好。当两个品种供需差异较大时，比值单方向走势往往比较明显。比如在市场避险情绪极浓、市场对未来经济预期极度悲观的情况下，可以买入黄金、抛空锌，因为黄金在避险情绪下是最好的避险工具，而锌由于需求前景差易走弱。在农产品供给相对充裕、实体经济异常强劲的情况下，可以买入锌、抛出供需形势最差的农产品品种。例如，每年春节后的三四月份，是锌传统的消费旺季，此时的白糖却是消费淡季、供给旺季。在这一时间段内，锌与白糖的比值走高的概率相对较大。在白糖明显过剩的情况下，这种变化趋势会更加明显。

（四）研究基本面非常重要

如果完全脱离基本面分析，则可能遇到意想不到的后果。基本面的差异可分为静态和动态两个类型。前者是指已经存在的供需基本面上的差别，后者则是指未来可能出现的基本面变化。跨商品套利时，从大的方面来讲，交易的两个品种在基本面方面所受的大的影响因素是一样的。这个时候，就要分别细致地去研究两个品种各自基本面的差异。基本面分析对长期套利头寸的建立是很有帮助的。有的基本金属如锌和铜、铝价格之间的价差长期以来存在明显偏离（长期停留在正常波动区间以外），我们只有从这些金属各自的基本面出发，才可能搞清造成价差长期严重偏离的原因，以及价差未来多久可能回归到正常状态。尽管回归是迟早的事情，但由于供需基本面的变化和调整相对缓慢，只有在进行基本面分析后，才有信心介入买锌抛铝或铜的中长期套利头寸，并以此获得较高套利收益。

基本面的变化实际上分为两种：一种是结构性的变化，具有刚性特点，将对有关品种及其基差关系产生深远的长期影响，如生产成本的大幅变化、进出口关税的调整、新用途的发现、生产工艺的重大革新、替代产品的出现等。这种基本面的结构性变化将导致不同品种或不同市场间正常价差的重大调整。另一种是基本面的短期变化，如阶段性的减产或限产措施、产能的扩充或矿山的临时关闭等，均具有弹性特点，只会短暂或局部性地影响相关品种的价格波动，而且可在客观上给套利交易提供机会。

如果目前不正常价差的出现是各自基本面发生了很大变化造成的，则：(1) 不正常价差关系可能会维持相当一段时间，直到有关品种基本面的严重差异得到矫正为止。这就涉及套利的时间周期，即加大套利的时间成本。(2) 目前的不正常价差可能会继续扩大，彼此间的价格扭曲程度会进一步增强，则介入套利不仅在一定时期内无利可图，套利者还可能面临被套牢的风险。

十二、实际套利投资中有哪些技巧和经验？

（一）套利应注意的事项及技巧

1. 应考虑套利品种及合约的活跃度

选择套利操作的对象，首先要考虑合约的活跃度，成交量和持仓量过小，可能会没有交易对手。持仓量过小，套利的大规模头寸进出不易，而大资金的套利持仓量往往比较大，所以有可能找不到交易对手。

2. 正确理解套利交易，且长线持有

有些投资者参与套利交易时耐心不够，在操作没有被证明是判断错误之前，看到其他品种上上下下波动，就耐不住寂寞早早了结头寸，从而错过了获取更大利润的机会。一般来讲，套利交易是中长线的投资行为，需要投资者心态稳定地完成交易过程。

3. 注意头寸配置，专业交易者可适量敞口

做套利交易，一定要注意做多的品种与做空的品种头寸在价值上要相近，只有如此，在价差变化时才能通过差异赚取价差。如果在头寸初始配置时就出现一方多、另一方少的情况，那么这个配置就违背了套利的基本原则。但如果在波幅上没有太大差异，则头寸的比例可以适当调整。

在套利交易开始之后，多空的头寸肯定有一个是获利的，这时候获利头

寸一般是这个品种趋势的真正方向，这时可以加大获利品种的头寸，以期获取一部分风险利润。这种做法完全依赖套利者对套利交易技巧的熟练掌握，一般交易者最好不进行这样的操作。

（二）套利资金管理

同一般的投机交易一样，正确的资金管理也是规避套利操作风险的重要手段。在进行套利资金分配和管理时，应注意以下几点：

1. 套利资金的使用比例

套利资金的使用应遵循的原则是，在规避因价差波动造成风险的前提下，充分发挥套利资金的使用效率。由于套利交易具有风险小、占用双向保证金的特点，有些投资者为了提高资金使用效率、提高投资回报率，倾向于满仓操作，这样做的风险是显而易见的，一旦价差出现大的波动，交易者就可能因浮亏的增大而被迫止损出局。

对于不同的套利种类，因各自的风险存在一定差异，在资金的使用上也应有所区别。对于价差或比值波动率较低，或者风险较低的传统套利组合，一般资金使用量可相对大一些；但对于一些波动比较大的套利品种，如跨品种套利、卖近买远的跨期套利，则需要留有更多的资金。

2. 资金的分配应考虑总体的套利方向与价格运行趋势

例如，跨市套利交易中，在价格下跌趋势中买国内期货品种、抛国外期货品种，则在国内期货品种上可能会出现比较大的浮亏，应多备资金，因为按 LME 规则，外盘的浮盈难以及时兑现和调回，短期不能弥补沪锌多单的巨大浮亏；在涨势中，则正好相反。

3. 应准备一定的补仓资金

有时介入套利的价位不一定很理想，所以可在合适的价位适当补仓，尤其是当价差意外严重偏离时。

4. 利用组合投资以分散风险

多组不同套利组合的搭配和综合使用，可分散或摊薄将资金过分集中于某一套利组合而产生的风险。

5. 适当调整套利头寸的比重

在单边势中，可适量敞开部分套利相关头寸（即持有适量投机头寸），以增加套利的盈利效果。

（三）套利头寸的止损

由于套利交易的风险对冲机制，其价格风险是相对有限的，一般止损的概念就比较模糊，这与一般纯投机交易的操作有明显差异。但在一些特定的风险情况下，套利头寸的止损仍是不可避免的。主要包括：

1. 套利品种出现逼仓行情，可能导致正常价差关系出现严重偏离或扭曲。

2. 基本面出现重大改变，使不同品种之间的正常比价关系遭到破坏，或价差关系在一定时期内严重偏离。比如在跨市套利中，进出口政策和税收政策的重大调整，可能使套利赖以成立的基础和条件不复存在，正常的比价关系和波动区间就会被完全打乱。

3. 因资金管理不当，在价差变化脱离正常预期范围时，产生过大的浮亏，无法补足资金，这时也必须止损。

套利头寸止损总的原则是，如果影响套利基础的因素是刚性的，必须考虑止损；若是具有弹性的，则可适量减仓，以降低风险度；当市场出现异常波动时，应以观望为主。

案例 6－8

沪锌投资创新模式：投机套利融资

曾经流行的铜融资贸易由于内外价差的不断拉大而使融资成本过高，已经被进口锌融资所替代。一些投资者利用完整的锌交易市场链条，挖掘出一种低风险、高收益的投资途径，在“投机、套利、融资”三重保险下，在上海市场抛空锌期货已经成为某些投资团队最安全也是最重要的收益来源。

1. 投机

2008 年，全球锌供应过剩和国内锌消费需求不足时，不少人确信锌市场处于供过于求的阶段，锌期货价格难以维持在高位，在高出一定价格的时候便出现了卖出的好时机。因此，许多投机资金每天紧盯沪锌盘面，一旦价格走高到一定程度，就果断卖出，当价格下行后再买入平仓。那时，许多投资机构分析了锌精矿进口成本和锌冶炼成本等方面后认为锌价过低，而没有从需求和国外锌进口价格的汇率平衡角度考虑，就盲目进场操作，为卖空投机者提供了高位卖出的机会。据了解，这种当日平仓的操作占了抛空投资操作的主要部分，基本都实现了快速盈利。

2. 套利

其实，如果当日的卖出交易没有获得收益，交易者也不用急于砍仓，卖空者通过在伦敦市场做相应的买入操作，便将投机变成了套利操作。比如，由于人民币对美元汇率不断攀升，伦敦锌与上海锌比价呈不断上升趋势，如果在几天内进行套利操作就会产生盈利。在市场上买伦敦锌、抛上海锌的操作一直比较活跃，这也是套利操作往往能够盈利的原因。如果入场点位比较好，开立信用证的利息完全可以被人民币升值带来的收益所抵消，从而使进口锌有利可图。

3. 融资

如果套利没有产生利润，投资者就会进口锌进行融资操作。经过计算，开立信用证进口远期锌，以预期汇率升值后计算，虽然进口锌每吨可能会亏损100~200元。但实际上，只要信用证一开出，贸易商马上就可以从上海保税区提到锌现货，而上海地区有色金属现货市场发达，可以很快在现货市场上尽数卖出，获得一笔融资成本相对低廉的资金。那么，在国家宏观紧缩的情况下，对于贸易企业来说，低廉的融资成本，往往意味着可以获得快速而丰厚的收益。

真正能够获得三方面保险的投资者，其身份可在投机者、套利者和贸易商之间随时转换，因此，熟悉整个锌贸易链条并拥有良好的贸易通道，是获得这三重保险的必备条件。

自测题

一、单选题

1. 基本金属的套利交易操作模式中最常见的三种是________、________、________。

2. 根据建仓方向的不同，跨期套利可分为________和________。

二、不定项选择题

1. 交割套利主要有以下（　　）操作方法。

A. 期现套利

B. 买近卖远交割式跨期套利

C. 跨市套利

D. 投机

2. 套利中涉及交割时，应注意（　　）。

A. 交易主体的限制

B. 准备注册仓单的实物是否符合要求

C. 运输和仓储方面的保障

D. 准备注册的交割仓库库容是否充足

3. 套利效果会受到升贴水影响，主要是因为（　　）。

A. 不同市场或品种间的升贴水结构完全不一致

B. 不同市场或品种间升贴水的幅度可能存在差异

C. 升贴水结构的正常分布可能会出现异常：如有的品种因为某个或某几个合约存在挤仓或技术性紧张等异常现象

D. 升贴水随时间的变化而变化

4. 实际期现套利时，应关注的成本主要有（　　）。

A. 运输成本　　B. 仓储成本

C. 资金成本　　D. 交易、交割费用

5. 常见的锌的跨市套利可能会遇到的风险有（　　）等。

A. 流动性风险　　B. 关税政策变动风险

C. 信用风险　　D. 汇率风险

6. 锌期货沪伦比价的合理区间是（　　）。

A. (6.5, 8.5)　　B. (7, 8.5)

C. (7, 9.5)　　D. (8, 10.5)

7. 实物交割跨期套利的优点是（　　）。

A. 可获取稳定且高于银行利息收入的资本回报

B. 可实现巨额的现货贸易量

C. 可利用仓单质押进行累进式套利，提高资本利用效率，降低成本

D. 简单方便、容易操作

三、判断题

1. 建立套利头寸时应在价格较高的合约上建立多头头寸，在价格较低的合约上建立空头头寸。（　）

2. 锌期货套利是完全无风险的。（　）

参考答案

一、填空题

1. 跨期套利　跨市套利　跨品种套利

2. 牛市套利（买近抛远）　熊市套利（买远卖近）

二、不定项选择题

1. ABC　2. ABCD　3. ABCD　4. ABCD

5. ABCD　6. B　7. ABCD

三、判断题

1. ×　2. ×

第七章

涉锌企业运用锌期货的理论与实践

本章要点

本章主要介绍了涉锌企业是如何运用锌期货提高企业经营效率的。首先，分析了产业链价格风险的特点及形成原因。其次，针对产业链上不同企业的风险情况，举例讲解了企业运用期货交易进行风险管理的方法，以及重要注意事项；还针对锌期货的套期保值、基差和交易策略进行了初步知识铺垫。最后，本章又介绍了近年来有关企业在创新运用期货方面的一些模式及经验。

一、涉锌企业为什么要进行套期保值？

（一）锌价频繁剧烈波动的情况下企业参与套期保值势在必行

企业在其运行过程中不可避免地要面临原料、成品等价格波动风险，这些风险会影响企业生产和经营的正常运行，使企业无法事先确定成本、锁住利润。这种价格波动风险不像一般的商业风险，可以通过向保险公司投保的方式进行转移，而期货市场基本的经济功能之一就是为现货企业提供价格风险管理机制。国际上，为了避免价格风险，企业最常用的手段便是利用期货市场进行套期保值，以便将生产者和用户的价格风险转移给投机者。简单来讲，现货企业利用期货市场来降低或消除现货经营中不利价格风险的过程就叫套期保值。

国内市场化成熟度最高、价格受宏观经济周期及景气度影响巨大的有色金属行业中的涉锌企业始终面临诸多价格风险，如原材料价格上涨风险、产成品和库存价格下跌风险。自 2011 年以来，大宗商品价格的大幅波动日趋常态化，而与宏观经济关联紧密的锌市场波动得更为明显。

第一阶段是 2011 年至 2016 年：锌价一直在低位偏弱震荡，主要震荡区间为 14000～17000 元/吨；

第二阶段是 2016 年下半年至 2017 年年底，锌价一路攀升至 27200 元/吨的历史高位，涨幅高达 80%；

第三阶段是 2018 年初至 2020 年年初，锌价又一路下跌，低点回到 14000 元/吨，跌幅达到 90%；

第四阶段是 2020 年 3 月至 2022 年 4 月，锌价又从 14000 元/吨一路狂飙至 28995 元/吨，两年的时间锌价翻了一倍；

第五阶段是 2022 年 4 月至 2023 年 7 月，锌价再次暴跌至 18600 元/吨附近；

第六阶段是2023年7月至今，锌价又回到2万元/吨上方。

图7－1反映了自2011年以来沪锌期货主力合约价格频繁剧烈波动的状况。

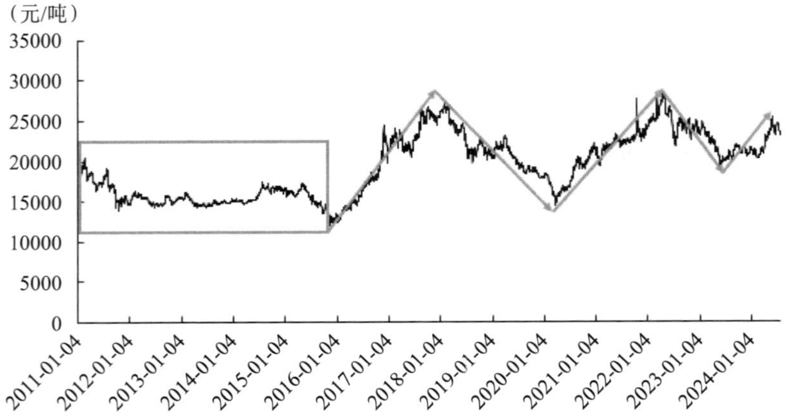

图7－1 2011年以来沪锌价格频繁剧烈波动

资料来源：Wind。

从图7－1中可以看出：锌价的波动幅度较大，每年的波动幅度基本都在50%以上，最大波幅甚至达到了100%。锌价波动趋势性强，上涨和下跌趋势一旦形成，走势都比较流畅；锌价趋势形成后，从时间周期看容易形成年度行情。

国内锌行业面临的生存环境依然不乐观：一是从上游看，我国锌矿自给能力不足。随着冶炼产能的快速扩张，我国年产锌近700万吨，而国内仅能满足一半的冶炼需求，50%的锌原料需要从海外进口，过高的进口依存度导致冶炼企业缺乏话语权。二是国内房地产行业近几年快速下滑，国内需求下降，与锌相关的产业链的中游加工及贸易企业的利润缩减，行业生存压力加大。锌市场中“过山车”般的剧烈行情和非理性涨跌，使一般企业仅靠现货经营难以稳健运营，必须利用期货现货两条腿走路，所以企业进行套期保值的价格管理是必然选择。

案例 7-1

价格暴跌令冶炼企业措手不及

国内锌冶炼企业的生产都有一个周期，一般在 10~15 天，需要提前储备一个月左右的原料库存。我国北方的冬天可能出现各种极端天气，导致冶炼厂的原料供给出现问题，所以，在第四季度到来之前，冶炼厂一般都会多备一些原料库存。根据生产周期，冶炼厂的产品要在第二年的第一季度才生产出来，进入销售流程。

2022 年第四季度，锌价一直在 23000~25000 元/吨的区间整理，进入 2023 年上半年，锌价一路暴跌，3 月底跌至 22000 元/吨，6 月底继续跌至 18600 元/吨附近（见图 7-2）。锌价暴跌使冶炼厂在 2022 年冬储的锌矿资产持续贬值，不仅把加工费这部分利润空间全部挤掉，金属产品也没有能在较高的价位上销售，出现较大亏损。假设冶炼厂冬储锌原料 1 万金属吨，加上常态原料及成本库存，原料总储备可能会达到 2 万吨。如果生产锌的成本为 24000 元/吨，第一季度结束后锌价跌至 22000 元/吨，则每吨锌亏损 0.2 万元，合计亏损 4000 万元。到 2023 年 6 月锌价在 18600 元/吨的时候，合计亏损超过 1 亿元。更让冶炼厂难以承受的是，锌精矿加工费从 2022 年年

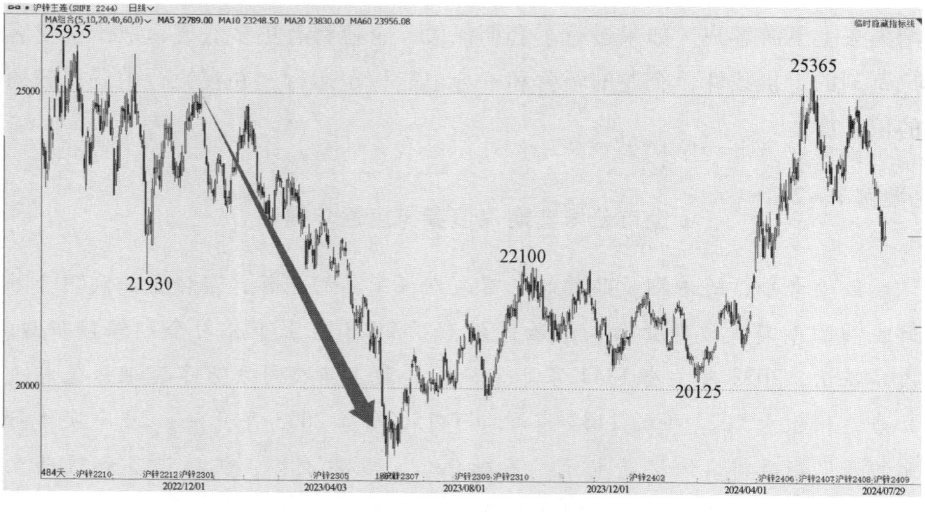

图 7-2　2023 年第一季度锌价暴跌

资料来源：文华财经。

底的5500元/吨，一直跌至4500元/吨。所以，锌冶炼厂面临的是库存快速贬值和加工费持续下降的双重打击。这种较为恶劣的市场环境如果持续1年时间或者频繁短周期出现，将会给冶炼企业带来重击。

（二）参与套期保值的实体企业数量逐年增加

以前，传统企业不做保值的原因是产销周期短（不到一周）、订单小、加工利润厚、价格波动小。然而，近年来，随着产业发展，锌市场出现了产业集中度走高、加工利润薄、产销周期长、订单大等行业发展的新特点，如果企业仅专注于现货的经营，在行业竞争中将愈发艰难。如果不做套期保值，一个中等规模的价格波动周期下来，市场就会淘汰一批企业。比如，上游冶炼企业大量进口锌精矿备货，加工产品销售还未进行时，出现锌价暴跌行情；下游加工企业大量备库之后锌价走熊或不备货但原料价格大涨，而终端产品滞胀。面临上述情况时，企业仅靠现货经营无法完全规避经营风险。

另外，激烈的行业内卷促使采销出现多重定价方式，企业在经营中无法有效应对。如果不进行套期保值，企业担心风险，将不敢接受上下游企业灵活的定价方式，也不敢接受长期订单和大额订单。这样，企业在竞争中将逐渐失去上下游客户。如果进行了套期保值，企业将有更多底气，敢于接受客户苛刻的定价条件，企业的经营和资金也能稳定运行，并在银行中获得较高的信誉度。

案例7－2

上市公司套期保值参与度逐年提高

最近十年，随着期货品种的丰富、期权工具的完善，实体企业利用金融衍生品的参与度逐年上升。避险网发布了2023年上市公司套期保值报告，内容显示，2023年共有1311家非金融类A股上市公司发布了套期保值相关公告，相较于2022年的1133家增加了15.7%。2023年年底，29个实体行业的套保指数排名依次是电子、基础化工、电力设备、机械设备和医药生物，汽车、有色金属、轻工制造等行业紧随其后。

二、锌产业链不同环节的锌价格风险有何特点？套保的目的是什么？

锌产业链上的生产、流通和消费企业通常会面临锌价格风险，即企业的成本、利润对锌价波动非常敏感。

根据企业运营模式以及原料、产品价格波动等特点，涉锌企业主要有三种类型：上游闭口、下游敞口的单边敞口型企业；上游敞口、下游闭口的单边敞口型企业；上下游均敞口的双边敞口型企业。图 7－3 说明了产业链各环节上涉锌企业的主要收益来源。

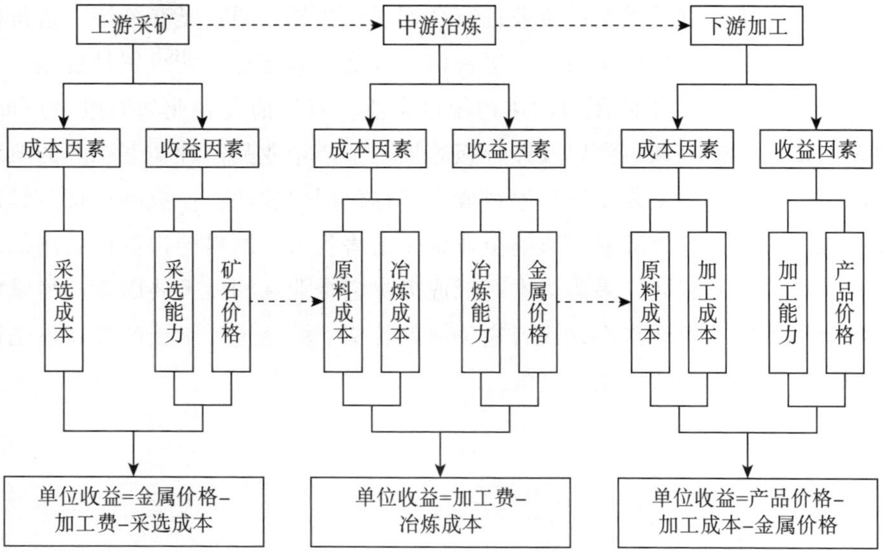

图 7－3　锌产业链各节点主要收益来源

资料来源：中国国际期货。

1. 上游闭口、下游敞口的单边敞口型企业。比较典型的企业有矿山、自有矿山冶炼厂或按长期协议价格进口锌精矿的冶炼企业。这类企业的主要特征是原料成本或采购成本相对固定，产成品锌锭价格波动较大。因此，相关企业的利润主要取决于卖出锌锭价格的高低，锌价大幅波动意味着企业利润也会随之大幅波动，也就是说，企业必须面对不是获取巨大超额利润就是要承受巨大亏损的极端情况。将锌锭销售价格锁定在较高水平或者避免锌锭价格跌破成本是企业参与套期保值的主要目的。

2. 上下游均敞口的双边敞口型企业。比较典型的企业有以现货价格外购锌精矿进行冶炼的企业和涉锌相关贸易企业。这类企业的主要特征是原料和产品价格都随锌价同向波动。这些企业赚取的核心利润是稳定的加工费或贸易价差，但如果原料采购定价与成品销售定价在时间、价格基准与定价方式上不一致，就会产生额外的风险或利润，这样企业就不能赚取稳定的加工费或贸易差额，加工费或贸易差额一旦朝不利方向变化的幅度过大，企业将面临亏损风险。这种类型的企业进行套期保值操作，通常是在购销一边价格确定后利用期货交易锁定另外一边价格，以确保固定加工费或贸易价差。

3. 上游敞口、下游闭口的单边敞口企业。终端消费企业如家电生产商、汽车制造商、建筑承包商以及镀锌板等加工生产企业是这种类型企业的典型代表。这类企业的主要特征是原料成本随锌价同向波动，产成品价格与锌价相关性不大，即锌价涨跌不影响企业整体销售收入，原料购进价格的高低才会直接影响企业利润，采购成本高低成为决定企业利润的重要因素。尽量将原料价格锁定在较低水平，或者避免原料价格上涨超过可承受的最高值是这类企业参与套期保值的主要目的。

三、何谓套期保值?

（一）套期保值的概念、原理和目的

套期保值的基本做法就是买进或卖出与现货市场交易数量相当、交易方向相反的商品期货合约，以期在未来某一时间通过卖出或买进相同的期货合约对冲平仓，结清期货交易带来的盈利或亏损，并以此来补偿或抵消现货市场价格变动所带来的实际价格风险，从而使交易者的经济收益稳定在一定的水平。例如，某一锌的下游消费企业担心未来锌价上涨，锌锭采购成本上升，因此在期货市场上买入锌期货合约以规避风险。建仓后，如果锌价与预期方向一致，期货现货价格都会上涨，到需要购进锌锭进行生产时，再在期货市场上将买入的锌期货合约卖出平仓。这样，期货市场上的盈利基本可以抵消因现货价格上涨而导致企业实际多支付的那部分资金（见图7－4）。

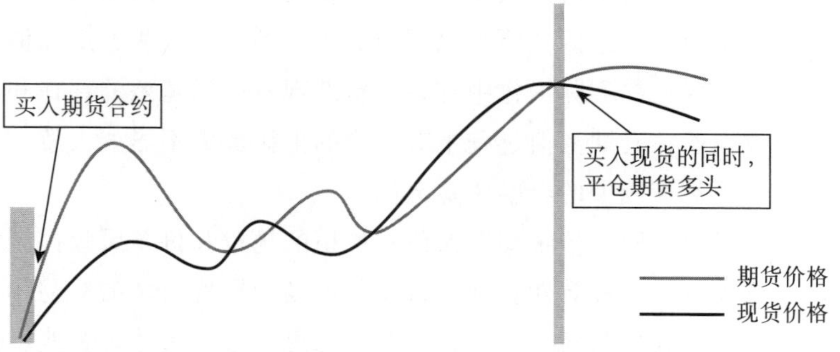

图7－4　期现对冲模拟示意图（以买入套期保值为例）

显然，进行套期保值的目的就是规避价格波动的风险、控制成本，使企业的利润不会因上游材料价格的大幅上涨而出现巨额亏损，也不会因下游需求过度旺盛而产生巨额盈利。套期保值就是稳定企业利润，使企业利润达到

“削峰平谷”的效果（见图7－5）。合理利用期货市场的套期保值功能，不但可以为企业规避原料价格风险、稳定经营业绩，从长远看，还可成为企业提高管理水平和行业竞争力的有效工具。

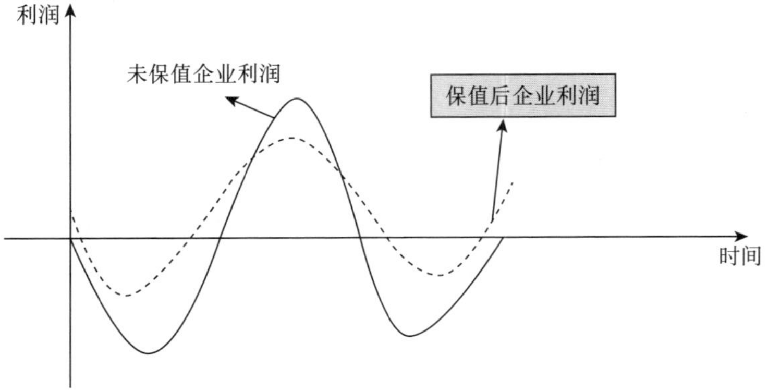

图7－5 套期保值对企业利润的熨平模拟效应

（二）企业推动传统套期保值理念向现代套期保值理念转化

传统套期保值理念认为要用期货和现货两个市场的盈亏来平衡，从而将整体盈亏控制在既定范围内。其中包括品种相同、交易方向相反、数量相等和月份相同四个原则。这四个原则也是当前用来判定是否为套期保值的普遍依据。传统套期保值在实际操作中容易忽略期现货市场基差的存在和对行情的判断，导致企业在套期保值过程中对风险的把控能力不尽如人意，出现不少套期保值亏损额度较大的金融风险案例。

现代套期保值不同于传统套期保值对价格的规避和价差风险控制，而是基于对价格风险进行合理有效管理，将现货市场和期货市场的交易作为一个组合投资，以保值的思路建立头寸，按套利的思路管理头寸。企业不一定完全按照期货现货业务时间上一一对应的方式参与套期保值，而是按照净风险敞口的方式参与该业务，企业在实施套保过程中也可以选择更加宽松和灵活的方法，以权衡风险和回报，套期保值者在既定的风险（收益的波动性）水平上使预期收益最大化，或者在既定的预期收益水平上使风险最小化。因此，现代套期保值强调的是“风险管理”，而不是“风险转移”。

（三）套期保值分类

生产经营企业面临的价格波动风险可以分为两种：一种是采购商担心即将采购的原材料价格上涨；另一种是担心库存原料或待售库存产品价格下跌。根据操作方向的不同，套期保值分为买入套期保值、卖出套期保值和综合套期保值（在期货上同时进行买入卖出操作）。

四、什么情况下企业要进行买入套期保值？如何操作？

买入套期保值，是指在期货市场上买入与即将在现货市场上买入的现货商品数量相等、交割日期相同或相近的该商品期货合约。买入套期保值后，企业在现货市场上真正买入现货商品时，还要在期货市场上卖出之前买入的该商品的期货合约。

买入套期保值的优势：一是回避了未来在现货市场买进现货时因价格上涨而多支付成本的风险，确保企业可以按照原先的经营计划，强化管理、有效组织货源，顺利完成采购计划。二是能提高企业资金的利用率，因为期货交易实行的是保证金制度，只用少量的资金就可以锁定大批量的货物，可以有效降低库存，减少资金和库存占用成本。三是促使现货销售合同早日签订，因为已经有效锁定成本，所以不必过于担心原材料成本上涨而错失订货合同。

企业利用期货买入套期保值规避价格不利风险的代价是放弃了采购价格可能下跌带来的采购成本下降、利润上升的益处。买入套期保值主要用于下述两种情况：（1）企业销项价格已定，但进项价格或原料成本并未确定或采购；（2）企业库存低于正常水平，需要补充库存。

买入套期保值后，当实际购进现货或价格确定时，套保者就可以通过平掉期货多头持仓，结束套期保值操作。由于期货市场实行保证金制度，利用期货买入的虚拟库存替代现货库存，可以帮助企业少占用流动资金，节约仓储成本，又保证了企业持续稳定地经营，在企业资金紧张又需要规避成本上涨风险的情况下效果非常明显。当商品价格剧烈波动，现货成交有价无市时，企业可以利用期货的高流动性先行抓住机会锁定价格，然后就有充足的时间在现货市场上组织货源。

案例 7－3

已签订固定价格订单的加工企业可利用买入套期保值锁定原料成本

2024 年 3 月，某锌合金厂接到一份比较大的国外固定价格加工订单，客户希望在 2024 年 6 月得到一批合金件。为加工定单，合金厂预计需要 1#锌锭 5000 吨。这时合金厂要面对以下情况：其一，锌精矿供给偏紧，对锌市场支撑较强，当时锌价大概是 20000 元/吨；其二，按照订单价格来制作这批锌合金，能够获得较好的利润；其三，合金厂资金比较紧张，采购 5000 吨锌锭现货有难度。综合以上三点，合金厂决定通过上海期货交易所的期货合约先锁定现货成本。因此，2024 年 3 月，合金厂分批在上海期货交易所 ZN2405 合约上建立 1000 手多单，持仓均价为 20500 元/吨。2024 年 4 月中旬至 5 月中旬，该厂开始分批采购现货锌进行生产，最终在现货市场采购了 5000 吨 1#锌，均价为 23500 元/吨。根据现货采购节奏，合金厂将期货 ZN2405 逐步平仓，期货市场盈利 3200 元/吨。与现货采购价格 23500 元/吨对冲后，该 5000 吨 1#锌的成本锁定在 20300 元/吨，成功地锁定了较低的采购成本，赚到了一笔可观的加工费。

案例 7－4

镀锌板生产企业利用期货管理库存增强行业竞争力

平均每吨镀锌板的生产仅消耗 40 公斤锌，锌占原料成本的份额较低。镀锌板价格基本不受锌价影响，因此对锌价波动并不敏感。但对于镀锌厂来说，锌价波动对于原料采购成本却有着较大的影响：在镀锌产品价格相同的情况下，如果镀锌企业采购锌成本低，其加工利润就高，在同行业中的竞争能力就强；如果镀锌企业采购锌的成本比同行高，那么其竞争力就会比同行弱，在竞争中就会处于劣势，此时镀锌厂可以通过期货市场来降低企业的原料采购价格。

2008 年 12 月，锌价受国际金融危机影响出现持续暴跌，价格打穿国内外平均生产成本线，在 10000 元/吨这个价格波动。某镀锌板生产企业经过分析认为锌价不可能明显低于平均生产成本，后期锌价上升概率极大，保守来看，回升到平均成本 14000 元/吨的可能性极高。而镀锌板由于产能集中释放，价格回升困难，如果不将原料成本控制在低位，企业在新的一年将很可能面临低利润甚至亏损的风险。于是该企业在 2009 年的经营计划中设置了对锌价在 11000 元/吨以下分批买入的套期保值计划。事实上，2009 年锌价确实出现了大幅回升，企业因为提前锁定了低价成本，取得了明显的效益。

五、什么情况下要进行卖出套期保值？如何操作？

卖出套期保值，是指企业为使已拥有的原料库存或即将生产出来的产品不致因为将来价格下跌而造成损失，提前在期货市场上卖出相应数量的期货合约，希望将来用期货市场的盈利弥补现货市场价格下跌所带来的损失。基本操作方法就是先在期货市场上卖出期货合约，如果商品价格真的下跌，用期货市场的盈利来弥补现货市场价格下跌带来的损失。

卖出套期保值的好处有：一是规避销售环节的风险，提前锁定产品销售利润，防止价格大跌给企业带来亏损；二是期货交割能够避免现货交易中三角债、货款回收慢、下家违约等多种弊端；三是通过卖出套期保值，企业可以按照原先的经营计划，强化管理，认真生产，组织货源，顺利完成销售计划；四是有利于价格不确定情况下现货合同的达成。而其不利之处在于放弃了销售价格上涨带来更大利润的机会。

卖出套期保值主要用于下述两种情况：（1）企业进项价格已定、销项价格并未确定；（2）企业库存超过正常水平或库存贬值可能显著影响企业经营效益。

对于有大量未销库存原材料或成品的企业来说，最担心的就是在现货市场上卖出时价格下跌，一旦跌到成本线以下就只能接受亏损的现实。显然，卖出套期保值能规避日后价格下跌带来的亏损风险。

案例 7－5

基差逐利型卖出套期保值可锁定超额收益

2022 年 4 月 27 日，锌期货合约价格快速上涨，期货主力合约出现大幅升水，更有利于现货企业进行卖出成本的锁定。当时锌的现货价格在 28000 元/吨左右，而主力 2206 合约价格盘中一度涨至 28900 元/吨附近，高点同现货之间的价差达到了 900 元/吨，出现了一个较好的卖出套期保值价位，给企业提供了买现货、卖期货的期现套利机会。

案例 7－6

对自产锌精矿进行冶炼的企业利用卖出套期保值锁定预期利润

对于矿山而言，锌价的走向牵动着精矿价格。通常，矿山的成本来自企业的租地成本、办证成本、机械设备成本、人工成本及电力成本等方面，成本相对固定，矿山主要担心锌价潜在的下跌风险将企业预期利润吞噬。

如果企业能够和下游的冶炼厂或贸易商提前签订一年的固定价格销售合同，也就是在现货市场上通过提前抛空的方法锁定预期利润，以便达到自然保值的目的。但在未来价格存在诸多不确定性的前提下，企业面临以下问题的挑战：一方面，能否按照企业预期目标和下游厂商达成价格方面的一致；另一方面，能否将一年的销售计划全部提前锁定。如果企业不能提前锁定销售价格，则在现货市场上会存在销售价格不确定的风险敞口。

2022 年 4 月，锌价达到 15 年以来的最高位 28000 元/吨，按某矿山企业实际锌精矿的生产成本，利润较高。为了锁定超额利润，企业决定通过在期货市场上提前卖出年度计划产量。根据矿山全年精矿产量及含锌金属比例测算锌锭的数量，矿山每个月生产约 1000 金属吨的锌，考虑到临近年底矿山会提前停止生产，所以按 10 个月生产周期计算，每年锌精矿产出锌锭约 1 万吨。企业决定将未来 6 个月的产量即 6000 吨分批卖出套保，最终将卖出均价锁定在 28000 元/吨的上方。从市场运行看，在 2022 年 4 月创出新高后，沪锌价格一路震荡下跌，到 2022 年底，沪锌价格持续在 23500 元/吨附近震荡，而该矿山因为对60%的产量的价格提前锁定在了高位，所以当年实现了巨额利润。

六、哪些企业需要同时运用买入与卖出的综合套期保值策略？

对于加工企业或贸易企业这类双边敞口企业来说，市场风险来自买和卖两个方面。企业既担心采购成本上涨，又担心产品销售价格下跌。只要该加工者所需的原料及加工后的成品都可进入期货市场进行交易，那么企业就可以利用期货市场进行综合套期保值，即对购进的原材料进行买期保值的同时，又对其产品进行卖期保值，从而解除企业的后顾之忧，锁牢加工或贸易利润，这样就可以专心进行加工生产或组织贸易了。

锌加工产品（如锌合金、镀锌板等）与铜材和铝材的最大区别是，锌在加工产品中占比普遍不高，导致不少锌加工产品价格与锌价并不高度相关，也无相关产品期货，因此锌加工环节的企业对套期保值需求较低。

需要利用综合套期保值锁定加工利润或贸易价差的主要有以下两种企业：

（一）需外购锌精矿进行冶炼，但又未签订固定价格销售合同的生产企业

案例7-7

冶炼厂综合套保化解“两头在外”的风险

国内大型铅锌冶炼企业，由于基本上没有自己的矿山，60%以上的锌精矿原料都依赖进口，而锌锭产品的销售要面对相对强势的下游企业钢厂，因此成为典型的“两头在外”企业。无论是原料采购还是产品销售，风险都裸露在外，定价也处于被动状态。但是企业可以利用期货市场巧妙地化解内外和上下两头的风险。企业在境外市场操作期货套期保值目前主要是针对进

口的铅锌精矿和出口的铅锌产品进行。企业将进口原料和产品销售结合起来进行套期保值，即采购境外原料采取点价或者套期保值方式，在境内进行相应数量的反向期货交易。通过这种方法锁定原料和产品之间的价差，可确保利润不会因价格大幅波动而被消减。

在采购锌精矿时，企业通常与国际矿石供货商签订长期合同，合同确定的供货一般分批装运。如果进口精矿最终的结算价尚未确定，企业在得知供货商的装运数量后，就可以通过经国家主管部门备案审批的经纪公司在LME进行买入套保（主要是针对进口锌精矿进行套期保值，防止原料价格大幅上涨）；如果进口精矿结算价格已经确定，企业可通过经纪公司在LME进行卖出套保（主要是针对进口锌精矿生产的产品进行套期保值，防止产品价格大幅下跌）。出口铅锌产品套期保值的情况和进口铅锌精矿基本相同。企业在签订出口合同以后，如果预测价格会朝不利方向发展，就应针对合同交货数量进行套期保值。

在境内，企业主要针对锌现货销售和境外锌精矿进口的情况进行套期保值。如果预测价格可能会朝不利方向发展，企业应在期货市场进行相应数量的反向期货交易，以锁定产品销售利润和原料成本。企业从国外进口锌精矿，从装船到运达工厂再到变成产品的过程需要很长一段时间，锌产品生产出来后，价格还面临大幅波动的风险。企业如果在锌精矿进口合同签订时，就在国内上期所锌期货市场卖出相应的产品，未来即使产品价格下跌，盈利的期货头寸也可以弥补价格下跌造成的损失。

（二）未签订固定价格购销合同（双向敞口）的贸易企业

案例7-8

进出口贸易企业抓住有利比价，利用综合套保锁定贸易利润

2016年以来，锌价的波动加大，而且有色金属受复杂的宏观经济影响越来越大，同时世界部分地区局部地缘政治不稳定，导致船期和运输成本都在上升，加大了锌精矿原料进口的经营风险。2023—2024年，锌精矿供给逐步紧张，进口锌精矿加工费甚至跌至负数，贸易企业经营压力较大。某国内大型金属精矿贸易商在LME市场与上期所参与铜、铝和锌的套期保值及套利操作多年，经验丰富，为现货经营助力良多。该进口商紧跟锌的沪伦比价，当比价有利于进口锌精矿时，就在伦锌的盘面上积极点价采购，同时在国内锌期货市场上进行卖出保值，销售上采取了与国内锌期货价格挂钩的点价模式，这样的操作，第一能锁定较好的比价，锁定利润，第二能有效控制风险，并满足下游客户的多种点价需求。正是期货端的内外盘整体协作，企业才能在激烈的竞争中立于不败之地。

七、主要类型企业在不同经营状况下的套期保值策略如何？

（一）自有矿山的锌生产冶炼商的套期保值：锁定销售利润

对于自有矿山的企业来说，生产成本相对固定，产品锌锭的销售价格是浮动的，锌价的下跌直接减少了企业的盈利，因此，其保值的目的是以一个满意的价格卖出，以确保预期利润。

1. 对自有矿山的锌冶炼厂来讲，在现货未生产出来之前，可以在期货市场对未来产量先进行卖出套期保值。锌锭加工出来后，可将相应数量的期货合约平仓，或者在现货销售并不顺畅的情况下，选择在交易所进行实物交割，但其产品必须是交易所注册的锌锭品牌。

2. 已经与下游采购企业签订了远期合约，但签订时价格未完全确定，比如交货时的现货价格是按上期所交割月份的平均价扣减一定的升贴水结算。为防止交货时价格下跌、减少预期利润，企业需要在期货市场进行卖出套期保值，到期再将期货平仓，同时履行现货合同。操作模式是在签合同时卖出期货合约，履行合同时买入期货合约平仓。

3. 已经与下游的采购企业签订了远期合约，而且已经确定了价格，此时由于已经消除了未来价格的不确定性，企业可以不进行期货交易。但如果签订远期合约时认为价格过低（如当时价格已跌破大部分企业的生产成本），企业预计后期价格上升概率非常大，也可以买入现货到期月的期货合约进行买入套期保值。操作模式是在签销售合同时买入期货合约，履行合同时卖出期货合约平仓，期货合约到期时如果价格上涨就会给企业带来盈余，如果价格不涨反跌就会给企业带来价格下跌的亏损。此外，虽然确定了销售价格，但如果价格后期出现大幅下跌，企业担心信用不好的客户违约，就可以通过期货市场卖出部分合约，降低或规避现货可能的违约风险，将损失控制在一定范围内。

（二）外购锌精矿加工的冶炼厂的套期保值：锁定冶炼加工利润

1. 锌精矿采购采用长协价（固定价格）时，套保策略与上述自产矿企业类似。

2. 锌精矿已经确定价格、锌锭产品价格未定时，企业在确定锌精矿采购价格的同时，可以提前对购入锌精矿所对应的未来产量在期货市场上进行卖出套期保值，规避价格下跌导致的亏损风险，在精锌产品生产出来确定销售价格的同时，将期货的卖出头寸平仓了结。

3. 对于提前确定精锌销售价格而精矿采购价格未定的部分，一般在精锌销售的同时，企业可在期货市场上买入保值，锁住加工费。等待精矿定价的同时，企业将期货多头头寸平仓了结。此操作是为了使企业能稳定地赚取加工费，规避价格波动风险。当然，如果现货端锌精矿与精锌购销同时进行，直接对冲，是最好的选择。

（三）加工企业的套期保值：锁定加工利润

锌加工制造企业的产品价格如果相对固定或与锌价相关性较低，而原料锌等金属价格存在浮动的情况下，锁定原料成本或降低原料成本是企业套期保值的主要目的。

1. 在没有采购原料时，根据订单，企业可以提前在期货市场上对未来所需原料进行买入保值。在现货采购确定价格的同时，将原先相应的期货多头头寸平仓。如果期货合约到期时仍未采购到原料，企业可以在交易所进行买入实物交割，保证货源。

2. 已经有明确的采购渠道，签订了远期合约，具体采购价格还未敲定，为防止未来价格上涨，企业同样需要进行买入套期保值。

3. 已经有明确的采购渠道，签订了远期合约，而且已经确定了价格，此时由于已经消除了未来价格的不确定性，可以不进行期货交易。但如果签订远期合约时认为价格过高，只是迫于生产需要才高价买进，那么为了防止交货时价格下跌，企业可以卖出现货到期月的期货合约，进行卖出保值，以便在价格下跌时降低库存成本，这具有一定的投机性。

（四）贸易流通企业的套期保值：锁定贸易利润

贸易企业应根据现货净暴露头寸决定如何进行套期保值：暴露多头则进行卖出套期保值；暴露空头则进行买入套期保值。另外，在每次签订新的合同后要重新检查头寸，决定是否要对期货平仓或开仓。

1. 一般流通企业的套期保值。流通企业通常都会储备一定的库存，其保值的方式是对库存进行风险管理。当库存销售出去时，则应在期货市场买入相同数量的锌期货头寸进行买入套期保值；当库存超过正常水平时，则应将超出部分库存在期货市场卖出套期保值。

2. 专业进出口贸易公司的套期保值。专业进出口公司套期保值更多是结合进出口业务，充分利用国内外两个市场进行跨市套利和套期保值，在签订进口合同的同时，在国内期货市场卖出套期保值。

（五）终端消费企业的套期保值：锁定原材料成本

对于终端消费企业来说，锌等原材料价格上涨，而终端产品价格传导滞后，这个传导周期可能长达几个月，随着原料价格上涨，企业的利润会不断地被侵蚀，如果行业内其他企业未涨价，而自己单独涨价，会影响企业产品的竞争力。因此，提前锁定原料购进成本，防止成本上扬给企业带来经营风险是关键。比如，需要使用镀锌板材的汽车、家电等企业，由于终端产品价格与锌价基本没有关系，因此，套期保值策略和锌产品下游加工企业的操作与此类似。

案例 7-9 西部矿业根据各环节风险大小采用不同套保策略

1. 生产环节套保。

(1) 自产矿的保值。西部矿业自有矿山生产的矿产材料的生产成本是已知的，自产矿的保值要结合生产成本、全年利润目标以及中长期市场价格走势分析来进行。如有色金属产品价格处于高位，西部矿业自产矿处于大幅盈利状态，为了规避价格大幅下跌而给自己业绩带来的风险，西部矿业充分利用价格波动的相对高点，提前一个季度对下一个季度的产品销售进行保值，即在第一季度末完成对第二季度产品的保值，在第二季度末完成第三季度产品的保值，在第三季度末完成对第四季度产品的保值。在价格波动大、行情不好把握的时候，企业也可以不进行套期保值。自产矿的成本是已知的，市场价格离成本越远，保值比例越低；市场价格离成本越近，保值比例越大。

(2) 换矿保值。西部矿业产出的矿产原材料中金属含量比较高，属于富矿，在市场上的销售价比其他矿高。从经济效益和各个成分配比的角度来看，全部使用自有矿进行冶炼不合算，所以西部矿业一般卖一部分自有矿，采购一部分贫矿。锌精矿金属含量比较高，含锌量在48%~50%，自产矿含铅和铁的比例也比较高，铅和铁对锌的冶炼会产生负面影响，所以要搭配含铁量较低的外购矿，自产原材料与外购矿的比例是1:1。自产矿内部核算按照市场价计算，考核矿山的利润；外部采购则与供货商谈加工费。换矿操作不会太在乎采购成本，因为西部矿业富矿的出售价肯定高于其他矿的采购价，已经实现了一次对冲，所以可以设定较低的保值比例。

(3) 纯加工保值。冶炼产品的保值比例大于自产矿和换矿的保值比例。因为冶炼产品的加工利润很薄，市场价格的波动很容易给企业带来亏损，及时利用期货市场锁定冶炼产品加工费有利于规避市场价格波动的风险。冶炼产品的销售保值要在原料采购定价的同时进行，一份原料采购合同对应一份期货保值方案。西部矿业每年需要的20万吨左右的氧化铝全部是采购的，包括进口和国内采购，其中进口比例在50%左右，一般签署长期采购合同。进口的氧化铝使用LME点价，在伦敦金属交易所做买入保值；铝锭在国内出售，在上期所做卖出保值。

2. 贸易环节套保。贸易项下的保值要百分之百做到采购和销售与期货头寸的开平仓对应。任何贸易业务都必须要有期货保值头寸作为保护措施，在开展国际国内贸易时要事先计算好贸易成本与预期收益，并进行预期收益的风险分析。西部矿业开展的铝、锌、铜等国内贸易，对全部现货进行了百分之百的保值操作，同时还利用换月等操作获取期货不同月份之间的基差，从而扩大了利润。期货市场套期保值业务帮助西部矿业锁定了经营成本和预期利润，保证了企业贸易类业务的顺利开展。

八、为什么说基差是影响套期保值效果的关键因素？

（一）传统完全套期保值情况下基差风险是最大的风险

基差是指某一特定商品在某一特定时间和地点的现货价格与该商品的期货价格之差，即：

基差 = 现货价格 − 期货价格

基差可以为正，也可为负，而且是个时点值，随着时间的变化而变化。

从套期保值的定义可以看出，实现完全套期保值的重要前提是如果现货市场和期货市场价格变动的方向和幅度完全相同，即基差始终保持一致，那么无论是买入套期保值还是卖出套期保值，均能实现两个市场的盈亏完全相抵。但实际情况是基差始终处在不停的变化中，套保期间期货价格与现货价格总会存在一定程度的背离，套保结束时，基差经常与套保初始时不一致，最终使两个市场的盈亏不一致，其中盈亏幅度大小取决于基差变化，使套期保值固有的基差风险很难完全避免。

可见，套期保值本质上是利用基差较小的波动风险替代现货价格较大的单边波动风险。显然，基差波动幅度占单边价格波动的比值越低越好，如果基差波动幅度超过单边价格波动幅度，将显著影响套期保值效果。

（二）将单边价格波动风险转化为基差风险对企业非常有益

一是因为基差波动率及风险远小于价格风险，符合套期保值的核心思想，即风险的熨平。比如，2022 年上半年，锌现货市场偏紧，导致现货对期货远期合约有一定升水，基差对卖出保值不利。期现两个市场因为基差的不利变动，出现净亏损 500 元/吨，但这相比现货价从年初的 23500 元/吨跌到年中的 18500 元/吨，即 5000 元/吨的亏损幅度来说，基差的不利变动也不算大。

二是基差变动通常是有规律可循的，对基差的把握难度通常要小于对价格的把握难度，更便于投资者分析。如果企业对相关基差历史变动情况及规律进行认真研究和分析，不仅可以规避基差不利变动带来的风险，还能利用基差的有利变动提高保值效果。

（三）基差对套期保值效果的影响

在实际操作中，两个市场的变动趋势虽然相同，但变动幅度在多数情况下是不同的。在这种情况下，两个市场的盈亏不会完全相抵，可能出现净盈利或亏损的情况，进而影响套期保值的效果。可以说，在套期保值比例或数量一定的情况下，影响套期保值效果的最关键因素既非绝对价格的方向变动，也非建立套保头寸时的初始基差值，而在于基差的变化（包括变动方向及幅度）。

1. 基差变化是影响套期保值效果的“双刃剑”

一是在基差不变时，期货、现货价格波动的幅度完全一致，买入卖出两种保值方式在两个市场的盈亏均能完全相抵，因此套期保值者的风险可以完全被规避。

二是在基差走强时，卖出套期保值存在净盈利，买入套期保值存在净亏损。基差走强意味着期货价格走势弱于现货价格，因此卖空期货的卖出保值在期货上的盈利会超过在现货上的盈利，而买入保值正好相反。比如，2021 年 10 月 21 日，锌现货价比上期所沪锌 2111 合约低 31 元/吨（基差为 -31 元/吨），到交割前的最后交易日时比期货价高 308 元/吨（基差为 308 元/吨），即在这段时间里，现货比期货多涨了 308 -（ -31）= 339 元/吨，基差走强。

如果是买入套期保值，在保值期间，期货比现货少涨了 339 元/吨，即两市盈亏相抵，净亏损了 339 元/吨。但如果是卖出套保，则净盈利 339 元/吨（见图 7－6）。

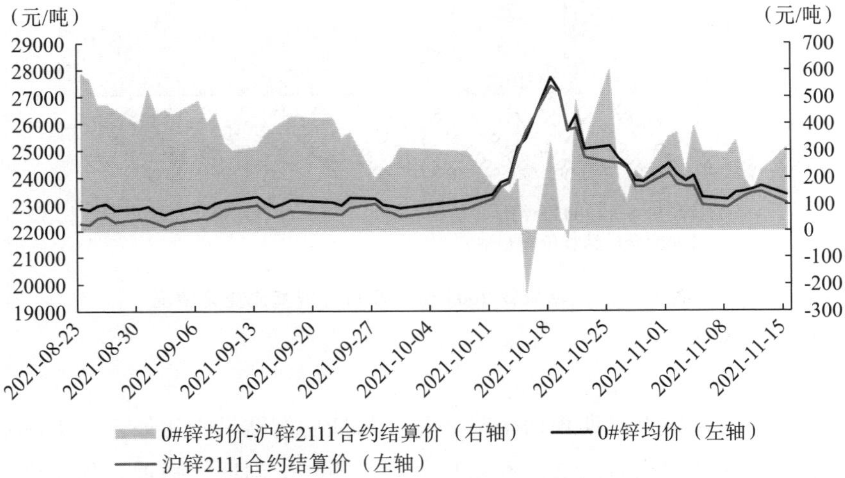

图 7－6　上期所锌 2111 合约及与现货基差变化情况

资料来源：Mysteel。

三是当基差走弱时，卖出套期保值者出现净亏损，买入套期保值者实现净盈利。基差走弱意味着期货价格走势强于现货价格，因此买入期货的买入保值在期货上的盈利超过现货，而卖出保值正好相反。比如，2019 年 12 月 5 日，锌现货价比沪锌 2003 合约结算价高 1144 元/吨，到交割前的最后交易日时，现货价比期货价高 454 元/吨，则基差变化即买入保值净盈利为：1144－454＝690 元/吨；相反，卖出套保就会出现净亏损 690 元/吨（见图 7－7）。

2. 需要移仓时的基差性质及分布情况会影响套期保值的最终效果

在正常市场情况下，临近交割时期现基差趋零，因此如果准备在临近交割时结束套保交易，那么初始建仓时的基差水平基本就决定了套保期间基差的大致变化情况，进而基本决定了套保效果。理论上，在交割日前夕结束套保，套保初始基差的正负就基本决定了本次套期保值是盈还是亏。这里的盈

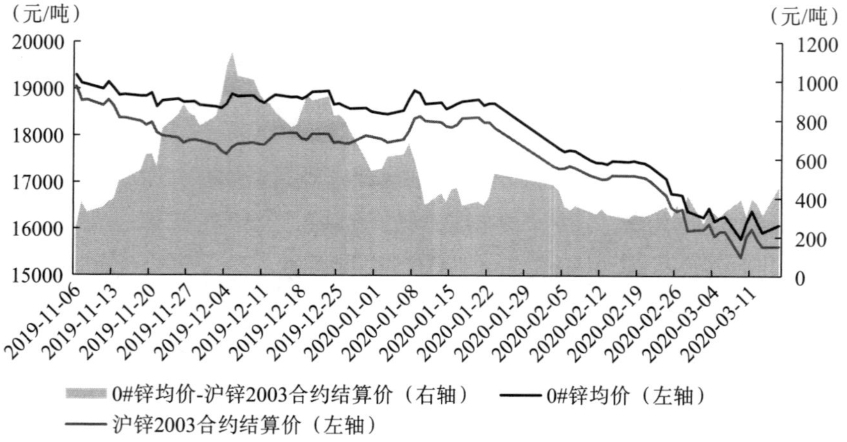

图 7－7　上期所锌 2003 合约及与现货基差变化情况

资料来源：Mysteel。

亏指的是在套保结束时期现两个市场盈亏相抵后的结果。比如，在正向基差排列下，远期合约相对现货的基差是负值，随着交割期的临近，基差负值减小，基差走强，卖出套期保值头寸有结构性盈利，买入套期保值有结构性亏损。然而，在反向基差排列下，卖出保值有结构性损失，买入保值有结构性盈利。

所谓基差性质，是指当时基差属于正向基差排列还是反向基差排列。基差性质决定保值本身功能的完备性：在正向基差排列下，卖出保值的企业将有结构性盈利（合约越远价格越高），而在反向基差下，卖出保值的企业会有结构性损失（合约越远价格越低），如图 7－8 所示。

所谓基差分布，是指各隔月期货合约之间的基差排列。基差分布一方面决定基差损失的大小，另一方面对选择保值合约有重要意义。从国内来讲，反向基差分布一般呈下降型，即近月合约间的价差非常大，而越往后越小，如图 7－9 和图 7－10 所示。

基差性质及分布情况对于需要移仓的套期保值来说，主要决定移仓过程中的基差损益及大小。比如，在移仓换月上，当基差反向排列时，换月后卖出价格出现向下跳空，是导致企业卖出保值效果不理想的根本原因。因此，只要是反向基差排列，企业卖出保值就会有结构性损失；只要是正向基差排

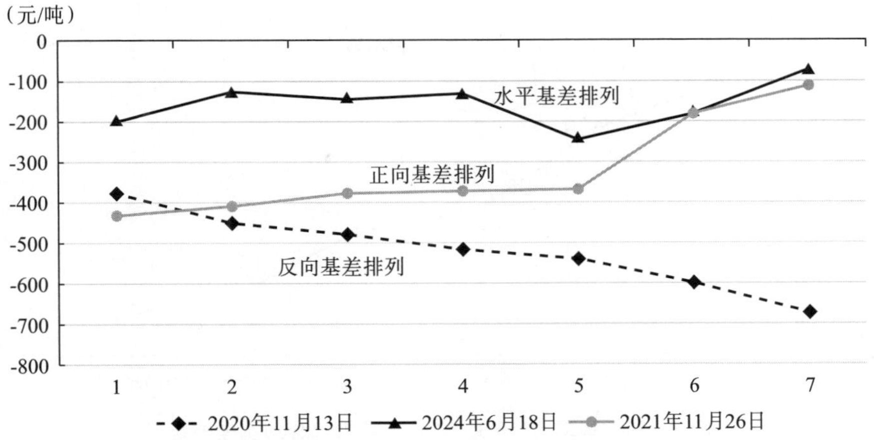

图 7－8　上期所锌期货从最近第 1 个合约（用 1 表示）到第 7 个合约相对现货升水情况

资料来源：Mysteel。

列，买入保值就会有结构性损失，而这就是套保作为一种工具在特定市场环境下的功能性缺陷。

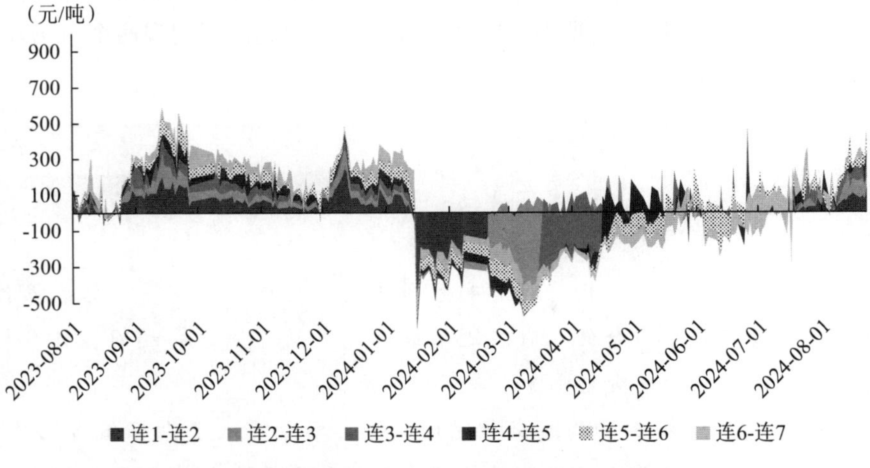

图 7－9　上期所锌期货从连 1 到连 7 相邻合约间基差面积

资料来源：Mysteel。

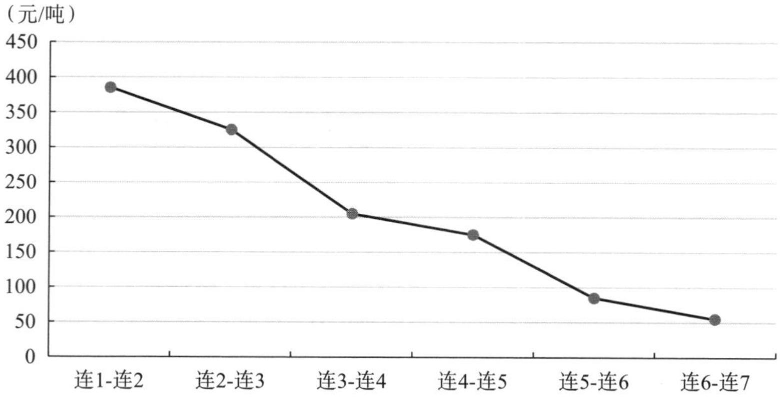

图7－10　2022年10月12日沪锌相邻合约基差情况

资料来源：Mysteel。

综上可知，套期保值并不是一劳永逸的事，企业参与套期保值必须密切关注基差的变化。如果基差基本稳定、波动较小，那么套期保值问题不大，最多只有部分风险得不到规避。但如果基差出现较大变动，尤其是出现异常变动时，则套期保值者可能面临较大风险，甚至是期现两个市场的双重风险。不过，除非套期保值跨度时间很短，期现价格的随机波动才可能导致异常基差波动，而实际的套期保值时间一般较长，因此出现期现两个市场反向走的情况极为罕见。

小贴士

移仓

移仓又称迁仓，是指将现有头寸向前或向后迁移的交易，具体操作方式是将现有头寸平仓的同时在近期或远期重新建立方向相同、数量相等的仓位。移仓的发生主要源于以下几种情况：

（1）现货市场上采购或交货时间延期。对于买入套期保值者而言，如果现货市场上采购期延迟，根据“套期保值四原则”中月份相同或相近的原则，需要延迟套期保值期限来对冲现货市场风险，这种情况下需要移仓。对于卖出套期保值者而言，若产品销售延迟，也需要延长套期保值期限来对冲现货市场风险。移仓时要考虑合约的活跃程度。

（2）套保期限超过1年。由于锌期货合约为连续的12个月合约，若企业套保期限超过1年，期货市场上就没有对应的合约与之相匹配，此时可以在相近合约上建仓，然后根据行情变化择机向远月合约移仓。

（3）虽然套保对应的月份在1年之内，且有对应的期货合约，但因为流动性不足或者基差极为不利，企业可能会选择近期主力合约操作，然后企业就会面临到期移仓问题。

案例7－10

升贴水结构关系保值效果

2022年，很多商品期现升贴水结构波动较大，对卖出套保的企业而言，难度增加不小。通常来讲，商品的产销结构、库存结构、现实与预期的不一致等都会影响升贴水结构的调整。2022年，很多商品出现期货贴水现货结构，源于商品从2021年的高估值开始向合理估值调整，市场对错综复杂的国际金融形势以及经济发展的不确定性偏悲观。这种结构下，卖出套保的企业仅通过期货套保将无法达到预期效果，顶着高贴水交货只会让企业亏损加大。

当期货升水现货时，由于期货价格会向现货价格收敛，卖出套保的企业可以获得超额收益。期货升水越多，超额收益也越多。相反，当期货贴水现货时，企业要想通过期货交易完全弥补现货亏损，甚至获得超额收益，难度会大大提高。

升贴水结构是由市场状况决定的，一般的企业、贸易商无力改变，只能在目前的升贴水结构下设计对自己最有利的方案。例如，尽量不在升贴水发生剧烈变化时进行套保操作、减少对贴水严重的月份卖出套保等。

九、上期所锌期货基差有何规律？如何运用基差提升套期保值效果？

（一）临近交割时基差绝对值趋降

随着交割期的临近，由于保证金提高、合约流动性下降，投机盘将不断退出，企业机构的套期保值和期现套利盘的比重则不断加大，这会使期货价格逐渐向现货价靠拢，基差趋零（见图 7-11）。前面举的两个例子能体现上述规律。

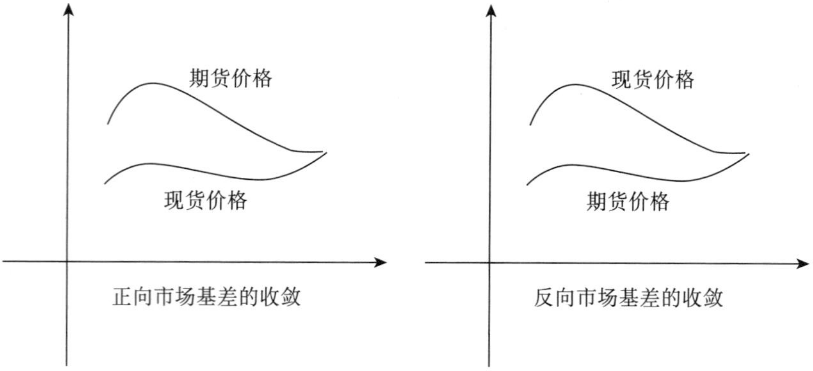

图 7-11 临近交割时期现价格逐步收敛

当然，期货交割无论买卖，肯定有成本，因此即使到最后交易日，基差也很少为零。正常情况下，最后几个交易日，基差将主要在正的买入交割成本到负的卖出交割成本之间波动。如图 7-11 所示，如果期货价格低于现货价格的幅度，超过买入交割成本（正基差的绝对值大于买入交割成本），不仅原来持有空单的投资者愿意买入平仓，还可能会吸引新的现货买盘入市，结果是期货价上涨，基差变小；反之，如果期货价格高于现货价格的幅度，大于卖出交割成本（负基差的绝对值大于卖出交割成本），持有多单的投资者则极愿意卖出平仓，而且可能会吸引新的现货卖盘入市，结果是期货价格下跌，基差变小。实际情况是，与交割相比，对冲平仓更为麻烦，加之期现套利盘介入需要一定利润，因此，临近交割时实际基差值略微超出买卖交割成本是正常的。

（二）近远期供需差异不大时基差主要受制于持仓成本

在近远期供需形势差异不大的情况下，基差多是负值，此种市场被称为具有报偿关系，即近期的期货价格高于现货价格，使储存者有一定的报偿。理论上，不同月份交割的期货合约的基差应充分反映其持有成本，至合约到期的时间愈长，持有成本愈大；反之则愈小。而当非常接近到期日时，期货市场当地的现货价格应与最近期的期货价格接近，其差异主要是买卖交割成本。在商品期货中，持有成本对锌等金属的基差影响比对农产品的要小，因为工业品多为连续生产，存储需求明显不如集中生产收获的农产品。

（三）趋势行情明显或跨度时间较长时，基差波动幅度通常小于单边价格波动幅度

套期保值中强调的“期现货市场价格的相关性”，一般指的是基差总是在一个较小的区间内波动，并趋向于零。基差之所以有这样的特性，是由于在现货市场和期货市场间总是存在套利的力量，这股力量专门捕捉超出正常范围的基差，并把它送回到正常区间内，在此过程中套期保值者获得报偿。这就是期现套利，又称基差套利。套期保值的本质就是将商品价格较大的单边波动风险转换成波动较小的基差波动风险。因此，企业在参与套期保值操作时会选择与准备保值现货标的相关性极强的期货合约进行套保操作。只要二者价格高度相关，在跨度时间较长或价格趋势波动明显的情况下，基差波动幅度必然会小于单边价格波动幅度，否则套保将面临一定风险。

时间跨度较长时基差波动与单边价格波动幅度相比明显较低。时间跨度小的情况下，基差风险仍然明显小于现货价格波动风险。综上可知，只要现货风险暴露时间长、现货价格不利或波动风险大，即使基差不利，参与套期保值也是正确的。

（四）趋势不明显或跨度时间较短的情况下，基差波动幅度可能高于价格单边波动幅度

一般情况下，期货价格波动率比现货价格波动率大，因此在较短时期内，基差波动幅度可能超过现货或期货单边价格波动幅度。另外，当商品价格在较长时间内震荡无明显趋势或远期供需与短期供需差异太大时，也可能出现基差波动幅度大于现货价格单边波动幅度的情况。因此，在套保时间跨度较小或期现价格波动率差别较大时，要特别注意基差不利波动带来的风险，减少甚至不做套期保值。

（五）负基差绝对值有限，正基差绝对值可以很大（即期货相对现货升水有限，贴水无限）

期现套利及企业套期保值是维护期现价格趋势一致的重要力量，是影响基差变动最为重要的因素。受这两种投资力量的影响，基差波动呈现较为明显的规律（见图7－12）：负基差绝对值有限，正基差绝对值可以很大，即期货价格相对现货的升水幅度有限，但贴水幅度相比于升水幅度可能大很多。自从沪锌上市以来，相对现货贴水最高达2000元/吨以上，但相对现货升水很难超过1000元/吨的水平。

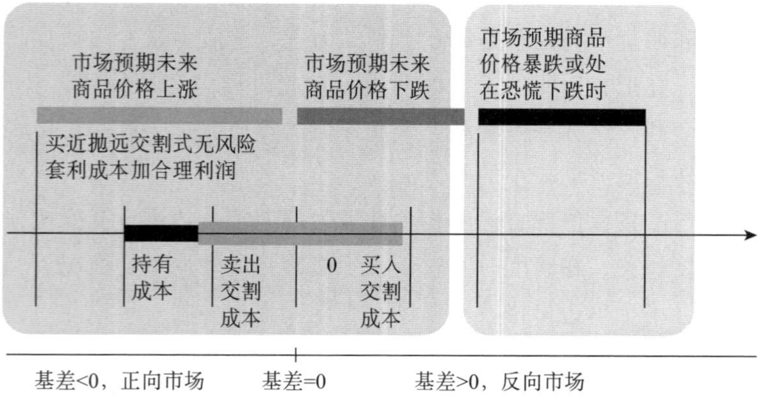

图7－12　商品期货基差运行空间示意图

负基差绝对值受制于持仓成本。买近抛远交割式套利是目前商品市场唯一无风险的套利模式，加之存在众多期现套利盘，因此，当期货价格高于现货价格太多时，必然会吸引众多套利资金介入远期合约进行卖出，从而压制期价上涨。表现在基差上就是负基差变动空间受限，一般负基差的最大绝对值受制于无风险买近抛远交割套利成本或期现套利成本（二者均可大致认为是持仓成本）与合理利润之和。

正基差绝对值可以很大。当远期期货价格明显低于近期期货价格时，往往是因为现货或仓单供给紧张，而市场又对远期供给悲观。持有现货者在现货或期货市场卖出避险的需求非常强烈，而无现货背景的套利资金很难借到可交割的现货用于套利。另外，由于期货市场卖出套期保值力量大多强于买入套期保值力量，因此当价格下跌风险大时，市场出现的超卖情况会远多于价格上涨时的超买情况。

十、如何降低或防范基差风险？

（一）出现较大基差风险的情况

1. 多次移仓可能导致基差风险过度累积

由于目前国内期货合约的有效期通常不超过 1 年，而不少大型企业根据生产计划所设计的套期保值方案期限可能长于 1 年，加之较远期合约的流动性太差等原因，为了有效实行套保方案，经常需要采取滚动的套期保值策略，即建立一个期货头寸，待这个期货合约到期前将其平仓，再建立另一个到期日更晚的期货头寸直至套期保值期限届满。当要完成与现货相对应的套期保值必须进行多次期货头寸移仓时，企业将面临多个基差风险的积累。在基差绝对值较小的情况下，保值头寸不断移仓的收益或损失比较小，此时基差对套期保值的影响不大。但当基差出现异常情况时，对套期保值影响程度比较大，且保值时间越长，影响程度越深。如果在套保期间碰上连续多个不利的异常基差变化，积累的基差风险就会使套保企业面临巨大风险。例如，当市场处于熊市状况下，期货市场中近月合约对远月合约呈明显逐月升水的反向市场形态，也就是说，在近高远低的情况下，买入套期保值通过不断移仓可以获得可观的展期收益，而卖出套期保值可能面临巨大风险。但在牛市状况下，当出现巨大的负值基差时，也就是近低远高时，情况刚好相反。

2. 市场对远期极度看空会导致巨大的正基差

在基差变动规律中，理论上正基差可以非常大，市场出现这种情况一般有以下几种原因：一是在面临历史高价时，即使当时现货供应紧张，期现价格走势也处在典型的上涨趋势中，但远期期货价格会因为市场普遍认为供需形势会逆转，价格必然会见顶回落呈现巨大贴水格局。二是由于宏观经济剧变等突发原因使供需形势短期发生由牛到熊逆转，商品价格出现恐慌下跌时，远期期货价格也会因市场过度看空而出现相对现货的巨幅贴水状况。

3. 套保期间供需发生牛熊反转时基差波动巨大

基差正负变化大多反映了市场对未来供需变化的预期，由于实际的供需情况可能与先前市场预期的情况完全相反（如突发天气、政策、战争等情况），市场由看涨变成看空或由看空转成看多，从而使基差由负转正或由正转负，出现巨大变化。

4. 过度投机（如逼仓）易导致基差异常波动

期货市场投机资金远比现货要多，加上投机资金天生爱做多，因此过度投机一般会导致“钱比货多”“多逼空”的过度投机行为。这种逼仓行为多出现在现货供需紧张、仓单稀少的情况下，历史上也发生过企业或机构意图控制市场价格的情况。如果逼仓正在进行中或已成功，可能导致逼仓合约出现相对现货升水过高而此后合约相对现货明显贴水的异常基差波动。如果投机（逼仓）退却或以失败告终，市场又可能出现挤仓合约甚至后续合约过度贴水现货的情况，比如伦铅现货升贴水经常出现剧烈波动，现货供给偏紧，资金入场又容易引发基差的极端波动。

（二）降低基差风险的方法

首先，在套期保值前，企业应认真研究基差的变化规律，合理选择适当的期货品种；其次，在保值计划制订过程中，要根据欲保值现货资产与所选期货合约的相关性，确定合理的套期保值比率，以降低基差波动风险；最后，在实施过程中，企业要选择合适的交易时机并密切跟踪基差变化，测算基差风险，并在基差出现重大不利变化时及时调整保值操作，以控制基差风险。如果企业可以在现货市场上利用基差交易配合套期保值操作，则基差风险基本可以消除。

1. 调整现货购销计价期的方式

从前文对基差的论述可以知道，不是所有的现货风险都可以通过套期保值来规避。比如沪锌远期合约呈巨大反向基差时，卖出套保可能会有较大结构性损失，当保值期不长、趋势又不明显时，卖出保值要非常慎重。因此在期货相关制度不能轻易改动、存在结构性不完备的情况下，不能简单地认为一定要让期货服务适应于现货，如果能将期货和现货有机结合，则可以很大程度上规避风险。

对于基差本身的波动风险以及换月移仓导致的风险，如果交易者能将现货计价期进行调整，则可以在很大程度上降低这些风险。比如，反向基差下的原料采购和产品销售一旦跨月，企业将承受换月基差损失，时间越长，损失越大。在某些行业，尤其是加工周期较长的行业，这种间隔是不可避免的。在这种情况下，首先考虑的就是调整计价期。调整的目标是使原料采购和产品销售的计价期保持一致，或者尽量保持在同一个期货月内。如果计价期一致就可以不用保值，因为没有风险；如果不能保持在一个月内，就可以通过正常的保值手段实现风险对冲。计价方式的改变是最直接也是最有效的规避基差损失的方式。在锌精矿以及精锌的进口运作中运用得非常广泛，加工周期较长的生产企业选择合适的计价期非常重要。

国内的作价机制存在不少问题，冶炼厂和矿山的定价都是根据交货当天价或合同签订当天价来确定，而生产有一定的周期，产品卖出时价格已经发生了变化，从而产生风险。而一些国外矿山和冶炼厂并不在期货上保值，而是进行“自然保值”，即买矿和卖产品的定价期是一致的。如 8 月买矿、11 月卖出产品，矿价就按 11 月的价格，只赚加工费，这样就能规避风险。

2. 尽量选择有利的或避免极为不利的初始基差（即交易时机的选择）

理想套期保值的结果是开始做套期保值交易时的基差等于结束套期保值交易时的基差，这时价格风险完全被规避。但基差总在变化，在结束套期保值交易时，基差往往要么扩大要么减少。基差的这两种状态要么使套期保值者除保值外还能获取额外的盈利，要么使套期保值者出现损失。为了更好地达到套期保值效果，降低基差出现不利变动的风险，套期保值者应尽量选择有利的初始基差，或市况不好时尽量避免不利的初始基差，即在多数情况下套保交易是需要选择时机的。

3. 在短期现货价格波动不大，或者可能朝不利方向运行概率较小的情况下，套期保值者应尽可能把握好做套期保值交易的时机，即在市场上捕捉到一个对保值较为有利的初始基差。

（1）对空头套期保值者来说，在结束套期保值交易时，基差走强会使保值达到目的的同时获得额外利润；反之可能会令套保遭受损失。因此，空头套期保值者在寻找做套期保值交易的时机时，应使基差走弱的可能性尽量小。即在实际操作中，应锁定一个尽可能小的初始基差，或者尽量使初始基差不超过基差均值。

（2）对多头套期保值者来说，在结束套期保值交易时，基差走弱会使保值达到目的的同时获得额外利润，而基差走强会令套保遭受损失。因此，多头套期保值者在寻找做套期保值交易的时机时，应使基差走强的可能性尽量小。即在实际操作中，应锁定一个尽可能大的初始基差，或者尽量使初始基差不低于基差均值。

4. 在短期现货价格波动较大，尤其是朝不利方向运行的概率较大的情况下，套期保值者应尽可能避免极为不利的初始基差。比如，在价格呈现较为明显的下跌趋势时，不能因为初始基差不好就放弃卖出套保操作或坐等有利基差到来，因为在这种情况下，等待的风险及成本都太高。面对市况不利时，企业有两种选择：一是在操作人员有丰富短线经验的情况下，尽量选择相对好的基差介入，毕竟基差经常在一两天内就有很大波动幅度；二是在基差极度不利的情况下分批介入，获得平均基差，避免在基差处于最不利状态时一次性介入。

5. 利用基差结构特征选择最佳的保值月份

根据基差排列及基差分布特点，通过选择合适的合约月份并配合移仓，可以明显提高套期保值效果。

正向基差排列时，当期现基差大于持仓成本时，加大现货收购力度，同时在期货上进行卖出保值；当正向隔月基差大于持仓成本时，将期货空单向远月移仓，将多单向近月移仓，或者买入近月合约锁定原料价格，卖出远月合约锁定产品价格。

反向基差排列时，尤其是远月明显贴水现货价格时，近远月基差波动幅度明显放大，这时近月合约流动性明显增强，给保值者提供了新的机会和挑战。此时基差变化成为影响保值效果的“双刃剑”，如果能很好地利用，选择合适的保值月份，则可以使保值效果得到明显优化；如果不能选择合适的月份，则保值效果将会大打折扣。此时卖出套期保值最好选择近月合约，并以不停移仓的方式减少结构性损失；买入保值则刚好相反，选择远期合约买入，并以不停移仓的方式增加结构性盈利。比如，在反向市场下，基差呈下降型分布，远月合约的隔月基差明显小于近月，远月换月合约成本也明显小于近月合约。在此结构下，企业应选择卖出远月合约并不断换月移仓的策略，可优化套保效果。

6. 通过套期保值比率控制基差风险

降低基差风险主要有两个途径：

（1）尽量选择在套保期间与欲保值的现货资产价格相关程度最高的期货合约（包括期货品种与合约月份）。只有资产种类、时间尽量相同，才能保证影响和制约期货价格和现货价格的因素大致相同，期货价格和现货价格之间才能具有最强的相关性，使基差风险减小。

（2）确定和调整套期保值比率。一是通过科学原理计算得出最佳套期保值比率，可以将正常基差风险降至较低水平；二是在基差出现异常波动，尤其是不利方向异常波动时，可以通过降低套期保值比率甚至不做套期保值的方式来应对。其实，即使期现标的完全相同，期现价格运行也很难一致，基差风险是天然存在的。为了降低基差风险，市场引入了套期保值比率的概念。套期保值比率是套期保值交易中选用的期货合约的头寸大小与要保值资产的数量大小之间的比率。比如，用 k 表示套期保值比率，这个比率在套期保值交易方案中的意义是：一个单位的现货资产用 k 个单位的同类期货资产来对冲其价格波动风险。此时的基差就应定义为：一个单位的现货资产价格减去 k 个单位的同类期货资产价格的差。通常所说的最佳套期保值率指的是需要对现货资产做 100% 保值时，根据所选期货合约与现货资产的相关性、波动率等计算出的一个最优比值，通过两个市场反向操作可以使期现两个资产组合的波动率降至最低，这是控制基差风险的一个常用的重要手段。另外，在基差不利甚至风险恶化的情况下，套期保值者可直接降低现货资产参与套期保值比率。

7. 运用基差交易（点价交易）

为了转移因基差出现不利变化而使套期保值交易未能转移出去的那部分价格风险，国际贸易市场出现了一种新的被称为“基差交易”的现货交易方式，即按一定的基差来确定现货价格，进行现货资产买卖的交易方式。具体来说就是：经现货买卖双方协商同意，以其中一方选定某月份该资产的期货价格作为计价基础，然后按高于或低于该期货价格的多少来确定双方实际买卖该现货资产的价格，而不管当时现货市场上该种资产的实际现货价格是多少。通常，基差交易都是和套期保值交易结合在一起使用的，基差交易中的某一方往往是套期保值交易者，而采用基差定价的方式则能使现货价格与期货价格紧密地联系在一起，有助于套期保值者充分利用期货市场规避买卖双方的经营风险。在套期保值期内，套期保值者如果担心基差出现对自己不利的变化，或基差已经出现对自己不利的变化，就可以运用基差交易，在市场上通过协商争取到一个比较有利的基差，只要基差交易和相应的套期保值交易同时结束，基差交易就能锁定套期保值交易的基差变动幅度。即通过做基差交易，只要能争取到一个与开始做套期保值交易时的初始基差相等或更有利的基差，就能加强套期保值的效果，使套期保值交易即使在实际市场基差变得不利的情况下也能取得较好的保值效果。

综上可知，引入基差交易可以密切与现货市场的联系，消除基差风险，提高期货市场效率。目前，以期货价格作为基准的基差交易比较少，但随着国内锌的期现货市场进一步完善和发展，基差交易必将成为国内涉锌企业加强保值效果的重要交易方式。目前，基差交易在国际农产品、工业品贸易中已被广泛采用。

小贴士

基差交易的分类

根据确定具体时点的实际交易价格的权利归属划分，基差交易分为买方叫价交易和卖方叫价交易。如果确定交易时间的权利属于买方，则称为买方叫价交易；如果确定交易时间的权利属于卖方，则称为卖方叫价交易。

（三）对于长期参与套保的企业来说基差风险较小

上面讲述的主要是针对单次套期保值的基差风险及降低风险的方法，但对于长期套保来说，因为基差变动导致的套保结构性盈利或亏损间或出现，正负抵销，所以累计的盈利亏损总额有限。

十一、为何要审慎灵活运用套期保值四大原则？

（一）遵守套期保值四大原则很重要

传统套期保值的原则有四个：一是品种相同；二是方向相反；三是数量相等或接近；四是时间一致。如果套保期间基差不变，那么基本可以达到对冲风险的目的。从国内外企业多年实践情况来看，套期保值与投机仅有一线之差，而四个套保原则是防范套期保值转向投机的关键因素，违反其中任何一项都有可能造成套保失败。

案例 7－11

超量保值被国际游资逼仓——“株冶事件”

株洲冶炼厂是国内最大的铅锌生产和出口企业之一，其生产的“火炬牌”锌是国内第一个在伦敦金属交易所注册的商标，经有关部门特批，该厂可以在国外金属期货市场上进行套期保值。1997年，株洲冶炼厂已进行锌的卖期保值2年时，具体经办人员越权透支进行交易，出现亏损后没有及时汇报，结果继续在伦敦市场上抛出期锌合约，被国外金融机构盯住从而发生逼仓，结果亏损越来越大。最后亏损实在无法隐瞒时，已在伦敦卖出了45万吨锌，而当时株洲冶炼厂全年的总产量才30万吨，这成为国外机构（如瑞士嘉能可公司）敢于放手逼仓的根本原因。虽然当时国家出面从其他锌厂调集了部分锌进行交割试图减少损失，但因抛售量过大，为了履约只好高价买入合约平仓。从1997年初开始的六七个月中，伦敦锌价涨幅超过50%，而株洲冶炼厂仅在最后集中性平仓的3天内，亏损就高达1亿多美元，企业因此元气大伤。

“株冶事件”的发生和解决有其历史特殊性。事发前，国内最大的锌生产商株洲冶炼厂（株洲冶炼集团的前身）在日常生产、经营方面均堪称有色金属行业的楷模。但由于在参与卖空锌期货的套保头寸授权体制、调期交割的分散管理处理及后台的财务结算监管和风险监管等一系列关键制度和流程上存在漏洞，才被精通LME期货交易规则的国外炒家利用。最后，株冶因被挤仓逼空不得不面对巨大风险。

案例7－12

违反套期保值的同时、等量、相反操作原则

广东某铜加工厂手中有3000吨现货铜材库存，因担心铜价下跌带动铜材料价格下跌，于2024年6月8日在上期所以80500元/吨的价格卖出3000吨锁定销售价格。6月26日铜价回落至78000元/吨，工厂将3000吨保值头寸全部平仓，手中的现货继续持有。没想到一个月后（7月26日）铜价格暴跌至74000元/吨，即1个月下跌了4000元/吨，这1个月该厂未进行严格的套期保值，结果3000吨铜加工材料每吨亏损了4000元，共计亏损1200万元，使工厂陷入困境。

分析：该厂之所以套期保值失败，原因是在卖出套期保值头寸平仓的同时，没有将手中的现货即时等量卖掉，违反了套期保值的同时、等量、相反操作原则。

（二）实际操作中要合理运用套期保值四大原则

在实际的套期保值操作中，国内企业很少能完全执行四大套保原则的原因如下：

1. 品种只能尽量选取相关性最大的。由于国内期货品种有限，需要保值的商品可能没有对应的期货品种，需要进行交叉套期保值，比如黄铜、镀锌板等，因此在实际操作中品种不一致的交叉套保很常见。

2. 根据实际情况在数量上有所调减。受制于期货市场流动性、防范基差风险、期货波动率高于现货等因素，大多数情况下实际的套期保值数量会少于理论数量。一是企业大多采用利润最大化，而非风险最小化的经营方式。传统的套期保值经过上百年的发展，已逐渐发展为现代套期保值理念，企业将期货和现货作为一种资产组合，通过调整二者的比例，将总体风险收益控制在设定目标以上，即企业可以选择在一定风险承受度下达到利润最大化。其结果就体现在期货套期保值比例多在 0～1。二是企业套期保值一旦涉及交割，就存在增值税风险，而规避的方法就是降低套保比率。

案例 7－13

保值比例的确定要考虑增值税影响

企业在期货市场上执行套期保值操作，如果操作结果是期货市场盈利、现货市场亏损，若按照 1∶1 的比例进行套期保值，则刚好能够对冲风险；但如果现货市场价格与预期的走向相反，导致期货市场亏损、现货市场盈利，则现货市场的盈利要上缴 13% 的增值税，最终，现货市场的盈利不能完全冲抵期货市场的损失。综合分析这两种情况的影响之后，如果根据市场走势判断套期保值的结果可能是期货市场盈利、现货市场亏损，则可以将套期保值比例调整到 85% 附近的水平，这样可以获得较好的保值效果。

因为期现货交易时间不一致，交易中存在流动性风险，且企业经营是连续的（不能拆分太细），再加上企业选择策略性套保（风险较大时才套保），所以期现操作在时间上很难一致。由于国内期货近月合约流动性通常不足，因此企业大多将保值头寸建立在较为活跃的远月，而非与现货匹配的相同月份。

选择期货合约时，企业需要考虑合约的活跃程度、品种的结构问题以及预计平仓的时间，并结合对基差的判断来选取合适的合约才能进行套保。

在选择期货合约进行套期保值时，企业应关注以下几个关键因素。

（1）合约的活跃程度：选择成交量和持仓量较大的合约，因为这些合约具有较好的流动性，能够更好地反映市场供求情况，降低交易成本。

（2）品种的结构问题：考虑到有色金属市场的价格波动特性，选择与现货市场价格走势相关性高的期货合约，以便更好地实现对冲效果。

（3）预计平仓的时间：根据企业的实际需求，应选择到期日合适的期货合约。如果企业需要长期保值，应选择远月合约；如果需要短期保值，则应选择近月合约。

（4）基差的判断：基差是现货价格与期货价格之间的差额，基差的变动会对套期保值效果产生影响。企业需要根据市场情况灵活调整套期保值策略，最大化套期保值的效果。

综合考虑上述因素，企业可以选择最适合自身需求的期货合约进行套期保值操作，从而有效管理价格风险，保障企业经营的稳定性。

案例 7－14

根据企业套保规模和合约流动性情况选择套保合约月份

套期保值合约的选择需要根据企业购销规模进行确定：

（1）规模适中的企业可选择主力合约进行套保，这是因为主力合约流动性好，价格波动性相对小一些。如沪锌主力合约成交量小的时候每日也在10 万手以上，能够为企业参与套期保值提供充足的流动性。

（2）如果规模较小，可以选择次主力合约进行套保，如沪锌次主力合约日成交量也在 5 万～10 万手，可以为规模相对较小的企业提供更加灵活的套保手段。次主力合约波动一般比主力合约大，若交易者操作得当，可以获得额外利润；反之则会给交易者带来风险和损失。

综上，四大原则中方向相反是最根本的，它体现了期现货风险对冲的本质，是必须要遵守的。除此之外，套期保值的规模要看具体情况，灵活选择期货品种，科学确定套期保值比例以及选择合适交割月份等都是非常重要的。

十二、企业如何根据价格预判制定套保策略?

根据不同的市场情况和行情分析，企业在套期保值计划制订和实施过程中必须遵循一定的套保策略，从而保证实施效果。在实际操作中，根据行情分析一般将套期保值策略分为以下三种。

(一) 牛市套保策略

在牛市确立的情况下，买入套保的企业可以进行一次性买入保值，时间周期可以结合企业生产需要以及行情判断设定为一个季度、半年或者一年。

卖出套保的企业也可以根据基本面和技术面的分析，在价格上涨的阻力点位及时进行卖出操作，获取超额销售收入，或根据行情走势分阶段高位卖出。

牛市初期，未来价格上涨周期较长，因此应适当缩短套保时间周期，避免风险；相反，在牛市末期，预计未来上涨动能有限，应适当延长时间周期。

(二) 熊市套保策略

在熊市确立的情况下，面对不断走低的原料价格，企业需要购买原料或买入套保时不用过于着急，但卖出套保时企业应该积极进行套保操作。

1. 企业可根据其风险偏好和行情分析，进行一次或分批次卖出套保的操作。

2. 因为经营需要，企业保留了较大量的周转库存，在熊市中，商品价格下跌会导致加工企业库存原料价格下跌，给企业造成损失。为此，企业可以参与卖出保值，但保值比例不宜过大，不应超过周转库存量。

3. 在熊市中也有可能出现局部牛市行情，企业应考虑设置一定的止盈止损点位，适时了结套保头寸。

（三）震荡市套保策略

在牛熊市转换期间，市场往往能走出持久的宽幅振荡行情，而较少出现单边剧烈行情。面对无法把握的振荡市场，交易者可以进行如下操作。

1. 根据期现价差是否有利决定是否保值。对于用锌企业，当期货价格低于现货价格时，可以在期货市场上买入保值，以降低进货成本。对于生产企业，当期货价格高于现货价格时，可以在期货市场上卖出保值，以获得较高的销售收入。

2. 进行短期套保。如卖出套保企业可以以月为单位，针对企业 M 月用量，在 M－1 月的月末进行卖出套保操作，并在 M 月销售实施时了结平仓，从而达到控制和稳定销售收入的目的。

十三、企业如何创新运用期货工具提升经营效率？

企业参与套期保值可以规避价格风险，稳定经营利润，增强企业竞争力，最终实现企业的可持续经营。除此之外，合理创新运用期货工具有助于提升企业经营效率。

案例 7－15

除了规避风险，期货工具还能给企业带来更多效益

1. 期货市场价格为西部矿业提供定价基准

企业在矿山收购中如何评估矿山的价值，始终是谈判双方争执的焦点。西部矿业在西藏玉龙铜矿的收购中，以近 5 年的期货平均价格作为评估依据，大大降低了双方的分歧，提高了谈判效率与成功率。

西部矿业通过在证券市场上的资本运作和矿山收购，从一个濒临倒闭的锡铁山矿务局，迅速发展成为我国有色金属矿山和冶炼企业中的一颗耀眼的新星。

在没有期货市场的时候，西部矿业设有价格委员会，每月召开一次会议，财务、运行、营销等相关人员参加，确定一个价格，只要不低于这个价格销售即可。定价依据主要有周边市场情况、企业自己掌握的价格信息，以及企业矿产品的特点等。但是以这种方式制定的价格波动比较大。作为生产企业，西部矿业希望价格平稳，以使生产平稳运行。有了期货市场以后，西部矿业的定价虽然还要考虑行业的定价习惯，并非完全参照期货市场价格进行，但现货市场价格能够与期货市场价格迅速接轨，使现货市场价格更具代表性，完善了现货销售的定价机制。

2. 参与期货市场能够促使企业更好地了解市场，提高决策科学性

西部矿业地处青海，受地理条件限制，企业所在地的交通、通信等基础设施不是很发达，对上下游客户也不是很了解，给企业的生产经营带来了信用风险和信息障碍。

期货市场为企业提供了很好的工具，期货市场形成的公允价格为企业提供了参考，使企业能更好地了解市场，也为企业对员工的绩效考核提供了客观的参考依据。如果销售人员销售产品的平均价格高于市场的平均价格，说明销售人员的市场机会把握和谈判能力为企业赢得了更多的利润。

期货保值活动与现货业务有机结合，形成了完整的营销系统，使企业和员工对市场有了一个整体的认识。

3. 参与期货市场可以提升企业的品牌价值

期货市场上市交易的品种对产品质量、生产厂家、品牌、执行标准等方面有着极其严格的要求，货物提单是标准化仓单，不符合要求的产品不能进行交割。这一方面保证了交割商品的质量，另一方面也对企业的产品质量提出了更高的要求，从而提高了企业产品的竞争力。

交割品牌注册提升了西部矿业的品牌价值。2008 年，西部矿业百河铝注册成为上期所交割品牌。注册之前，百河铝品牌每吨在市场上的贴水为 50～100 元；注册之后，得到交易所定价机制认证，百河铝以平水进行交割，品牌效应得以提升，每年可为西部矿业增加 550 万元（11 万吨年产量×50 元/吨差价）至 1100 万元（11 万吨年产量×100 元/吨差价）的收入，同时还使西部矿业的市场品牌效应更加显著，增加了企业的无形资产。

（1）期现结合可以科学管理库存，降低成本，增加企业收益。期现结

合管理库存主要包括：

①买入期货合约代替现货库存。当企业认为原材料价格合适时，为规避价格上涨带来的风险，企业可以通过买入相应数量的期货合约，代替现货库存，这样既缓解了企业的资金压力，又节约了企业的仓储成本。比如，企业原计划在16000元/吨的价格上买入3000吨锌，通过在期货市场上的操作，只需要在现货市场上买入500吨锌的周转库存，其余2500吨可以通过买入相应数量的沪锌期货合约实现。

②多余库存卖出套期保值。对超出正常水平的多余库存进行卖出套期保值操作，可以规避因价格下跌导致的贬值风险。

③建立虚拟库存。当期货远期贴水幅度较大，可通过卖出现货、买入远月期货建立虚拟库存，最终进行交割补回库存，提高企业资金使用效率。

（2）交割式套利可以做大企业贸易规模，增加银行信用。

（3）期现结合可以解决很多企业现货经营中无法解决的问题。

案例7－16

期货市场成为企业经营中不可分割的一部分

铜陵有色是国内最早进入期货市场的有色金属企业之一，在1992年作为原深圳金属交易所、上海期货交易所的首批会员，直接参与国内铜期货的套期保值。2003年在有关监管部门的批准下铜陵有色进入伦敦金属交易所（LME）进行境外铜期货的套期保值。

经过多年的实践，铜陵有色的期货组织架构日臻完善，从集团层面的期货领导小组到操作层面的期货交易团队和风险控制团队，都对期货套保有较深的理解。不论是期货、期权还是标准仓单平台，都在企业经营中扮演着重要角色，为企业的生产经营保驾护航。在企业看来，当下国内矿山、冶炼和加工行业已经进入“成本＋价格”的博弈时代。由于原料采购竞争激烈，大部分时间处于卖方市场状态，国内以冶炼和加工为主的铜生产企业处于相对弱势的地位，因此企业必须在努力降低成本的同时加强风险管理，才能在市场竞争中占据有利地位。

1. 期现结合深入发展

“在2008年国际金融危机时，面对大幅波动的铜价，铜陵有色的保值头寸为企业平滑利润起到了关键的作用。”铜陵有色的负责人告诉记者，2008年9月底，公司以56762元/吨的价格持有国内铜空头4625吨。到了年底，铜期货结算价格下跌到了23800元/吨。仅通过国内期货市场这部分套保头寸，公司不仅规避了铜价下跌的风险，还获得了更高的利润。他表示，当时公司选择进行比价套保操作，在国外市场同时持有一定的头寸，所以具体的收益还需加上国外期货市场的盈亏。不可否认的是，套期保值成功地帮助企业规避了金融危机带来的风险，有效平滑了公司的利润。

2020年，突如其来的新冠疫情给企业带来了更大的挑战，这也让企业对期货市场的功能深有体会。由于疫情暴发的时点恰逢春节前后，为阻止疫情的进一步扩散，有关部门及时采取了各项封控措施，春节后复工延后、物流运输不畅，现货市场消费整体低迷，不少企业面临库存累积、销售不畅、资金紧张等经营难题。同时，疫情期间市场价格的大幅波动也给相关企业经营带来了挑战。

由于冶炼企业属于连续作业企业，一般在春节期间都会保持正常的生产节奏，但是春节后下游铜材加工企业开工普遍推迟，这就打乱了铜陵有色原有的销售计划，使公司现货销售困难，产品库存积压严重，进而出现了资金紧张等问题。虽然问题很多，但最后都通过期货市场解决了。面对市场价格的大幅波动，铜陵有色充分利用国内外期货市场开展卖出保值操作，锁定了销售价格和利润空间，规避原料采购之后到冶炼产出电解铜销售的时间差导致的价格下跌风险。同时，为了缓解疫情带来的销售压力，铜陵有色将传统的期货保值手段延伸到交割变现，充分利用“铜冠”牌电铜的交割资质，在2月的最后交易日前分批入库交割，保证了数亿元货款及时回笼，极大地缓解了企业的资金压力。

从上述案例可以看到，在极端市场行情下，期货市场服务实体经济的作用愈发凸显，企业也能够更深刻地认识到套期保值的重要性，所以应积极管理市场风险，安全渡过难关，努力在市场中行稳致远。

2. 形成较为完善的保值体系

铜陵有色作为有色全产业链企业，业务涉及矿山采选、冶炼、加工等各个环节，而每个环节的利润点和风险敞口都不相同。经过多年的市场实践，铜陵有色形成了较为完善的保值体系。公司主要针对三部分敞口进行保值操作。

首先是针对自产矿的冶炼销售业务。自产矿的特点是成本相对稳定，在冶炼成为电解铜后，销售价格对利润的影响很大。因此将自产矿进行保值的基本做法分为两步：第一步是确定目标价格，“用两条腿走路”——由财务部门根据公司的财务目标，对能够实现财务目标所需要卖出的铜价进行测算；由营销部门从市场分析的角度对铜价进行预测，反复平衡确定卖出的最低入市目标价。第二步是根据当前铜价与目标铜价的关系确定是否进行套保以及套保的数量。这可以分为三种情况：一是当期初铜价低于目标价时不套保，因为若套保将无法实现企业的既定目标，且放弃了铜价可能上涨的机会；二是当期初铜价远高于目标价时选择套保，因为此时进行套保能获得大大超过财务目标的利润；三是当期初价格在目标铜价范围内，因铜价波动而不能满足财务目标的可能性较大，可以选择部分套保。

其次是针对企业库存的维持与价值管理。这部分风险主要来自存货的跌价损失，特点是量大、期初价格和平仓时点确定，但不能交割。对此，企业应以不低于财务期初的价格卖出保值，以期末价格买进平仓。需要注意的是，矿山企业的未开采储量不属于存货。

最后是针对外购原料的加工销售业务。由于原料采购与成品销售定价模式存在差异，交货与定价可能会不匹配，从而产生铜价风险敞口。这方面的保值一般以月度产供销平衡为原则，以平均价为考核目标，只需要把不平衡的部分在期货市场上对应保值即可。具体来看，外购加工业务主要分为“国内采购原料+国内销售产品”和“国外采购原料+国内销售产品”两种模式。一般而言，采购端可以在收货日根据定价日的国内外期货市场进行做多套保；销售端可以在发货日根据定价日的国内外期货市场进行做空套保。

除此之外，对于原料中占比最大的进口矿，企业多半会采取“比价套保”模式对其进行保值。主要方法是根据国内外市场铜期货价差，在内外期货市场进行相反的头寸操作，但是在操作期限上会有所差异。这种套保模式不仅适用于国内外铜期货的价差保值，还有助于规避汇率波动风险。不过与上述基本套保模式不同，比价套保的操作依据是把握市场时机，在比价有利的情况下再进行主动锁定。

3. 巧用期权进行精细化风险管理

在企业实际生产经营过程中，虽然想以期货为工具最大程度地对冲价格风险，但是由于实际生产和经营过程中的一些不确定因素，企业难以真正实现“完美套期保值”。上期所铜期权的推出，为产业链提供了更加灵活的风险管理工具，进一步满足了有色金属企业的多元化需求，有效填补了市场空白，使企业能够更好地运用期权与期货的投资组合来管理市场风险和波动性风险，优化套期保值效果。

此前，期货套期保值策略在规避风险的同时也锁定了收益的空间，在价格朝着自身有利的方向波动时，与之对应的盈利空间不在期货套保者的考虑范围内，而且在实际进行期货套保交易时，企业还面临资金不足等问题。相对于期货而言，期权工具的优势在于企业可以运用更少的资金来对现货进行套保，可以在对冲市场风险的同时，保留方向有利时的利润，并且无须追加保证金。同时，利用期权工具构建结构化作价产品，可以满足实体企业的不同需求。

铜陵有色在期权方面也有丰富的实践经验，自 2005 年开始就在 LME 市场进行铜期权操作，2018 年 9 月国内铜期权上市以后也参与了相关交易。铜期权应用在自有矿山和存货两方面的保值已获得较好的效果。同时，期权与期权、期权与期货的结合还可以派生出多种操作模式，企业如果运用得当，能够获得更好的经济效益。

不过，需要注意的是，期权是以期货为标的的更为复杂的衍生品，买入期权和卖出期权具有截然不同的风险程度。除此之外，进行期权交易时需格外注意隐含波动率。波动率既是决定期权价格的一个主要因素，也是影响期权价格波动的一个因素。因此行业内的企业如果想要参与期权交易，必须先充分了解和掌握其原理特点，精心研究设计合适的对冲或操作方案，精准把握每个方案的风险点并预留风控措施。

案例 7 – 17

加快销售，买入期货代替现货惜售，
助企业度过行业亏损难关

2008 年 10 月中下旬，国际金融危机爆发，包括锌在内的有色金属价格全线暴跌，国内锌价不仅跌破全行业自产矿的平均成本线，而且国际锌价也跌破了市场公认的75%累计平均成本线。在这样的市况面前，某大型冶炼企业判断国际上大规模的限产活动必将导致超跌的锌价大幅上扬。基于这种判断，该企业为减少亏损，决定开始采用“限售存库”的营销策略。2个月后，该企业的库存已接近2万吨，而锌价持续下跌，完全没有出现预期中的大幅上升。随着锌价下跌、销售停滞，企业的流动资金越来越紧张。于是该企业进一步采取了风险保值策略，在现货市场上开始加大销售库存的力度，并每日在期货市场上买入与现货市场销售库存数量相等的远期期货合约，以保持其资源保有量不变。几个月后，当期货市场价格达到其预设的目标销售价时，该企业立即将其买入的期货合约全部平仓，从而使该公司摆脱了亏损困境。

在这个案例中，企业打破了生产型企业规避产品价格风险只能用卖出套期保值的常规，但这是在特殊市场背景下产生的，如今企业在套用时必须要谨慎，必须要考虑对市场环境的判断依据是否充分，以及企业抗风险资金的承受程度和周期是否充分等。

综上，企业在制订套期保值方案时，不必拘泥于传统模式。事实上，套期保值交易的方法与途径也一定会在长期实践中得到发展与丰富。企业完全有理由根据套期保值的基本原理，在具体的现实市场环境中制定形式多样的套期保值策略。

十四、企业参与套期保值可能面临哪些风险？如何防范？

（一）内控管理和政策风险

1. 决策风险

实践中，决策风险具体是指操作方面的风险，如保值做成投机。这方面的风险可以通过建立完善的套保管理体系来规避。

2. 监管风险

企业进行套期保值操作必须遵守相关法律法规，接受有关部门的监督和检查。流程记录、制度体系、监控和防控体系都要确保完整，企业的每个决策也要按照这些体系落实和记录。实践中，企业应与有关部门积极沟通，对套期保值的相关法律法规深入了解，在此基础上，建立好企业套期保值操作的全流程控制和执行体系，建立追溯制度，在做每个决策和操作的同时做好相应的记录备查。

3. 财务风险

由于套期保值持仓的公允价值随市场价格变动，会给企业财务报表带来影响，特别是企业持有长期跨年度的保值头寸时，其公允价值变动将计入当期损益，影响企业的财务绩效表现。所以，针对财务风险，企业应认真研究套期保值会计准则，并在保值方案设计阶段仔细分析其会计影响，确保该影响在企业的承受范围内。

（二）市场风险

在套期保值业务中，除了上述的监管和政策风险，期货市场本身也存在资金风险、流动性风险、交割风险和交易所制度风险等。

1. 资金风险

由于期货交易实行保证金制度，即参与者需要缴纳所买卖合约价值一定比例的资金作为履行期货合约的财力担保。但由于期货合约标的物的价格是变化的，因此所缴纳保证金的比例也会跟随变化。如果企业出现资金问题，不能按时追加保证金，期货持仓将全部或部分被强行平仓，从而导致企业保值失败。解决资金风险的方法是资金使用留有余地，在制订套期保值方案时就要对价格不利时所需保证金进行测算，并确保有应急资金。总体持仓规模必须受企业资金支付能力制约。

案例 7－18

套期保值要量力而行

仅以保值的目的设置头寸并不能确保取得理想的保值效果。由于投机资金利用期市的特点，推动期货价格大幅度波动，套保企业受资金等影响，有时不但起不到保值作用，甚至还会承担非常大的风险，这种风险来自单边市或价格巨幅波动。因此，套期保值企业还必须“以投机的心态处理头寸”，也就是说，要把握好保值的价格和时机。以某贸易企业为例，2024 年 1 月国内锌价运行在 21000 元/吨下方，经过两个月的振荡，从 4 月初开始上涨，到 4 月中旬涨至 23000 元/吨。此时企业认为这是较满意的价位，但没有分批入场，而是一次性卖出了约 1 万吨锌。之后到 5 月中旬锌价已经达到 25000 元/吨。此时的期货市场已经脱离现货供需，市场缺乏理性令逆势者万分煎熬，该公司期货账面每吨亏损达到 2000 元，1 万吨合计亏损高达 2000 万元，必须不断地被动追加保证金。虽然从下单的动因和数量来看都没有违背“以保值为目的设置头寸”的原则，但保值的价格和时机稍早了一些，导致保证金追加困难。无奈之下，在锌价 25000 元/吨的高点，企业再无法追加资金，最终被动平仓。但是，公司平仓后锌价掉头向下。这说明保值价位和时机选择不当，不但规避不了风险，反而会给企业带来巨大风险。因此，对期价走势的研判十分重要，对于卖出套期保值的企业来说，就是要捕捉价格的波峰，在投机者感到可以逐步做空的价位开始卖出保值，这样既能保住较为理想的价位，又避免了大量追加保证金的风险，企业也需根据市场变化，灵活处理保值头寸。

2. 市场流动性风险和期现价格不拟合的风险

市场流动性风险是指当市场容量不足时，无法按市场价格成交的风险，即“有价无市”。由于期货价格和现货价格只有在接近交割月或进入交割月时才会趋于一致，但临近交割月，交易量和持仓量都会减小，这时很难平仓，容易出现流动性风险。其实，建仓时市场也会出现远月交易量不足的情况。如果在交割月前平仓就出现期货价与现货价不一致的情况，则交易结果不可能达不到预期目标价格。这就是期现价格不拟合的风险。对此，企业应积极对期货现货价格的关系进行研究，找到变化规律，然后寻找合适的期货合约和操作时机，以此来规避风险。

3. 交割风险

要达到保值的目标，在期现差不拟合的情况下就要准备交割。但交割中也会有风险。由于现货交割环节较多，程序复杂，任何一个环节出现问题都可能会使交割受到影响。如交割要在交割月前一个月的 20 号之前提出交割申请，过期不再接受申请；如运输中可能会出现问题，交货时间难以保证；运输费用升高，使成本增加，仓单注册会遇到库容影响；交易所对交割货物持仓数量、生产日期和溢短的规定等。这些都会影响交割的顺利进行。要规避交割风险，就需要企业熟悉交割流程并提前做好相关准备，例如，与代理保值业务的期货公司协调好注册仓单以及交割库等。

4. 交易所制度风险

交易所的风险管理办法规定，在极端情况下，交易所会采取特殊的保护措施，如提高保证金比例和强行平仓等。这些措施会增加企业的资金占用，甚至会使企业被强平，从而导致保值失败。这在2008年金融危机中就曾发生过。当时，因为部分商品的价格持续下跌近50%，最后交易所实行强行平仓，许多套保被中断。在实践中，企业可以通过技术方法进行部分避险，如通过移仓或换手减少企业因时间优先平仓的可能性。

案例7-19

株洲冶炼集团的风险化解之道

十年前的“株冶事件”使株洲冶炼集团深刻认识到，期货市场作为企业重要避险工具的同时，本身也存在很大风险，如果使用或管理不当，可能给企业带来很大损失。为防止再次出现风险事故，株洲冶炼集团在总结经验教训的基础上，建立了一套系统化的期货业务风险管理体系。

一是组织结构予以保证。境外期货业务在境外期货套期保值决策委员会的领导下由套期保值方案制订小组、交易部、风险管理部、结算部、合规检查部共同实施，各部门按照相互协作、相互制衡的原则进行分工。

二是严格对外授权，包括交易授权、交易确认授权和交易资金调拨授权，以上三种授权互不交叉、互相制衡，并对每一种具体授权都有明确的数量或金额限制。

三是完善决策制度。建立了以套期保值政策和套期保值方案为核心内容的套期保值业务决策机制。

四是建立一套严谨合理、规范高效的期货交易业务流程。

五是定期进行风险评估。境外期货代理机构必须是信誉良好、实力雄厚的交易所清算会员，并符合《国有企业境外期货套期保值业务管理办法》

的有关规定。在头寸风险评估方面，风险管理人员每天都从独立渠道（路透终端、经纪公司等）获取用于风险评估的价格数据，对期货头寸进行盯市风险测算。

六是按照国家有关规章和企业制度建立了系统化的监督报告体系，主要包括：内部交易、风险、资金的监督与报告，对外报告，合规检查，年检与现场检查等。

株洲冶炼集团在从事套期保值的过程中实施有效的风险控制，关键要做到以下三点：一是企业领导层对套期保值原则有正确认识，并通过严格的决策程序保证原则的贯彻。二是必须建立一套严格的风险控制机制，对交易进行动态管理。三是要量力而行。首先要考虑企业的财力，研究套期保值的资金需求，结合企业的现金筹措能力来决定保值的规模；其次要考虑企业在期货业务上的技术能力，不要做过于复杂的操作，要培养和建立专业人才队伍；最后要考虑市场的承受能力，尽量选择流动性好的市场和产品进行操作。

十五、企业在进行套期保值时需要注意哪些问题？

不少企业在套期保值业务实践中存在几个误区：一是忽视原料风险来源，过分依赖行情预测进行保值操作；二是缺乏套期保值效果评估机制，片面追求期货市场盈利；三是忽视风险管理制度的制定，忽视期货人才的培养。显然，没有任何人可以百分之百地判断出价格波动的方向，这是套期保值策略必要性成立的前提。如果价格走势可以被准确预测，套期保值策略也就失去了意义。只要存在不确定性，就存在风险，而企业套期保值的目的正是为了规避风险。因此，试图完全预测价格的未来走势并依据行情预测而不是风险敞口进行套期保值的做法与套期保值的理念是背道而驰的。

任何企业在制定套期保值策略之前，首先要明确的一点是：套期保值的重点在于规避风险，而不是获得利润。当然，这并不排除在适当的机会现货企业可以利用自身的有利条件通过套利等行为为企业获得额外的利润。但是，如果在套期保值过程中掺入了过多的投机成分，那么由于期货本身价格波动的剧烈性以及期货交易中固有的杠杆效应，会使企业的财务风险变大，从而影响企业的正常经营。一个工具的好坏不仅取决于工具本身的性质，同样也取决于工具使用者所采用的方法。如果使用不当，再好的工具都有可能造成不良的后果。

为了避免上述问题，企业在实际套期保值操作中要注意解决以下几个问题：

（一）寻找企业风险源，确定套期保值方向，判断是否要进行套期保值

既然套期保值是为了降低风险敞口，那么首先要找到风险源，如果企业净敞口是多头（持有未加工或未销库存；或已经销售但合同价格是不确定的开口合同），就在期货市场上相应建立空头进行卖出套期保值；如果企业净敞口是空头（已签订确定价格销售订单，但还未购进原料或者虽然签订采购合同，但价格是不确定的开口合同），就在期货市场上相应建立多头进行买入套期保值。

另外，企业利用行情可以判断潜在的最大风险是否在企业可承受的范围之内，以及企业进行套保是否经济。

案例 7－20

贸易企业库存套保

贸易企业无论是进货还是销售，两边都是敞口，价格风险暴露很大，同时还存在一定的库存，其价值也随着市场价格的变动而变动。当前，国内贸易企业的经营大体上分为三种类型：（1）行情主导型，即以判断锌价行情为基础。当企业认为价格走势处于牛市，企业就增加库存，囤积一定数量的存货以获利；当企业认为价格走势处于熊市时，就减少库存或保持零库存，以规避存货价格下跌风险。（2）低库存或无库存的快进快出薄利多销型。（3）库存滚动型，即无论价格处于熊市或牛市，企业均保持一定数量的库存（视具体行情调整库存的数量），以持续经营、摊薄高位库存成本。

从本质上说，以上三种经营方式各有优缺点。缺点主要在于：采用第一种方式，企业经营风险较大；采用第二种方式，当企业经营规模有限时，盈利受限；采用第三种方式，资金占用较多。但从行业地位来说，如果企业规模已做大，第二种方式是可行的。以第三种方式经营的企业其行业地位更稳固，只要经营得当，其市场占有率会不断扩大。因为对于其供应方来说，熊市中能继续接货，对于其购买方来说，牛市中有充足货源，相对上下游来说，无论市场变化如何，都能起到“稳定剂”的作用。但是，这种方式最主要的缺点在于，当市场情况不利的时候，其承担损失的可能性更大。具体表现在：(1) 在熊市氛围中，执行的长期采购合同中供货价格高于市场价格；(2) 在牛市氛围中，执行的长期供货合同中给下游企业的价格低于市场价格；(3) 库存在熊市中价值不断下跌。

为了克服上述三个缺点，企业在进行套期保值时要力争做到：在熊市中按约定价执行采购合同的企业可利用期货盈利；在牛市中按约定价执行供货合同的企业也可利用期货盈利；通过期货和现货的滚动操作，企业使存货成本保持相对稳定。总体来说，每一笔涉及套期保值的交易企业都应争取以期货盈利来弥补现货的亏损。

（二）单边敞口时目标价位的设定方法

单一目标价位策略，是指企业在市场条件允许的情况下，当为保值所设定的目标价位已经达到或可能达到时，企业应在该价位一次性完成保值操作。这样不管今后市场如何变动，企业产品的采购价和售价都是锁定的，市场上的价格波动对企业不再产生实质性影响，国际上很多大企业都采用此种策略进行保值操作。

多极目标价位，是指企业在难以正确判断市场后期走势的情况下，为避免一次性介入期市以造成不必要的损失，从而设立多个保值目标价位，分步、分期在预先设定的不同目标价位上按计划进行保值操作。

上述两种方法各有利弊，两者都有可能面临目标价位过高从而错失套保良机或者实际价格远超目标价位造成套保持仓严重亏损、保证金不足的问题。

（三）保值力度的问题

所谓保值力度，是指企业参与保值的数量占企业消耗量或产量的百分比。保值力度介于0与100之间，超出100以上，就是所谓的保值过度，这显然是一种投机。潜在风险较大时，保值比例过低在某种程度上也是一种现货投机。如何根据企业风险偏好、潜在价格风险大小、套期保值成本，尤其是可用套保资金来科学选定套期保值力度是非常关键的问题，如果仅根据行情预判，套保比例必然不是过大就是过小，一旦做错一次，或者连续错几次就可能会令企业谈"期"色变。

（四）保值操作过程中与市场趋势严重背离情况下的操作处理

一个企业在制定保值策略和保值计划时，必然要对未来的市场走向有一个预测，但这种预测与今后市场的实际发展走向大都有一定程度的偏差，导致上述关键指标在设定时可能存在错判风险。这样一来，原先所制订的某些保值操作方案在实际执行过程中不一定有效，有时会出现与市场明显背离的情况。这时应对原来的保值方案进行修正，比如保值的目标价位、保值的力度等，同时对已保值的头寸进行处理，比如采用止损斩仓、锁仓保护或压缩头寸等。

（五）套期保值的效果评估应着眼于长期性

套期保值的操作方式是在理想价位上对期货市场一定月份的合约进行抛售或买进。所谓理想价格，就是指企业经成本测算认为有稳定合理利润的售价。企业如果长期有计划地进行套期保值操作，并严格遵循既定的方针和原则，其长期的整体销售业绩（或采购价格）可以高于（或低于）同行或市场平均价的水平。但单看某一次保值的操作结果，并不一定能取得最好的效果。也就是说，不是每次保值都能获得满意的结果，但长期做下去是有显著效果的，并且可以使企业在市场价格出现大幅不利变动时不至于陷入极端不利的局面，而这种价格的极端变动在市场全球化的今天可能会突然出现。

从技术层面说，单次基差风险很难避免，但从长期看，基差或有利或不利，企业如果长期进行套期保值，基差对套保效果的影响并不大。另外，虽然套期保值期货账户单次可能会暴赚或巨赔，但经过一个价格的牛熊周期，期货账户盈利亏损会较为均衡。套保成本有限，却可以帮助企业规避价格不确定风险，稳定赚取核心利润。

（六）正确认识保值过程中期货市场的亏损

从期货市场套期保值的涵义可以得出结论：期货市场中的保值交易并不能保证企业在期货交易的估算中都是盈利的。因为期货市场的保值原理就是“中和”原理，企业进入期货市场的目的是保住认为合理的价格，利用期现两个市场套保，最终的结果必然是一个市场盈利，另一个市场亏损，即期货市场的亏损刚好说明了现货市场的盈利。在这方面，企业的决策者尤其要认识清楚，应将期现两个市场结合起来分析，不能因为期货市场上出现了亏损就否认套期保值和期货市场的作用，不再进行保值了。对于购买原料而言，如果现货价格下跌，可以买到更便宜的现货，企业的利润确实是增加了，但是前提是企业对价格下跌的判断必须正确；如果价格不跌反涨，企业将会付出更大成本，难以保证正常利润，企业的生产也很难维持稳定。对于销售产品而言，不利用期货市场进行套期保值，现货价格上涨，企业可以获得超额利润，但是如果价格下跌，其正常的利润也会丢失掉。因此，我们不能因为期货市场上出现了亏损就否定期货套期保值的作用。

（七）选择合适的对冲方式

有两种方式可以选择：一种为场内平仓法，另一种为实物交割对冲法。对于套期保值头寸，交易者可以灵活运用交割式操作和平仓式操作两种方法。期货交易所规定企业的套期保值头寸必须经过申请，且不得重复使用，只能在规定的期限内一次性平仓或实物交割，并且只有法人才有资格进行实物交割，个人不可以进行实物交割。如果不申请套期保值，只要交割的实物量不超过交易所规定的单个客户最后交割头寸限制，就可以不用额外申请套期保值头寸了。进行实物交割时，如果是买入实物交割，只要准备好充足的资金就可以了；如果是卖出实物套期保值进行的实物交割，则需要把符合交易所交割要求的货物运送到指定交割仓库注册成仓单才能进行实物交割，手续相对复杂一些。

因此，企业在进行套期保值时，应从经济效益的角度来考虑，是进行交割式操作还是进行平仓式操作。以卖期保值为例，如果期货价格变化幅度大于现货价格变化幅度，卖期保值者就会倾向于进行平仓式操作；如果期货价格变化幅度小于现货价格变化幅度，卖期保值者就会倾向于进行交割式操作。买入套期保值，企业需要去交易所指定的交割仓库提取实物，并提供增值税发票，结清仓储费，如果企业在现货市场上买入现货比较方便，那么在现货市场买货，同时将期货市场的头寸平仓，对冲了结套期保值交易更为合算。

自测题

一、不定项选择题

1. 套期保值交易应遵循（　　）原则。

A. 交易方向相反原则　　B. 商品种类相同原则

C. 商品数量相等原则　　D. 相同或相近原则

2. 冶炼企业的风险属于下列（　　）类型。

A. 上游闭口下游敞口　　B. 上游敞口下游敞口

C. 上游敞口下游闭口　　D. 无风险敞口

3. 套期保值有（　　）方法。

A. 生产者的卖期保值

B. 经营者的卖期保值

C. 加工者的综合套期保值

D. 贸易商的综合套期保值

4. 套期保值的重要意义有（　　）。

A. 有利于企业规避价格风险

B. 有利于促进价格波动收敛

C. 有利于促进国民经济平稳发展

D. 有利于个人收益的提高

5. 在套期保值业务中，除了监管和政策风险，期货市场本身存在（　　）风险。

A. 资金风险　　B. 流动性风险

C. 交割风险　　D. 交易所制度风险

6. 不同企业套期保值的不同目的有（　　）。

A. 锁定销售利润　　B. 锁定冶炼加工利润

C. 锁定贸易利润　　D. 锁定原材料成本

二、判断题

1. 锌冶炼企业采购3000金属吨原料，在期货端卖出600手锌期货，该企业为严格保值。（　　）

2. 企业只要对市场方向判断有信心，可以不参与期货套期保值。（　　）

参考答案

一、不定项选择题

1. ABCD　2. ABC　3. ABCD　4. ABC　5. ABCD　6. ABCD

二、判断题

1. √　2. ×

第八章

锌期货的实物交割

本章要点

本章重点介绍锌期货实物交割中的仓单注册和实物交割的要求；简单介绍了交割流程、仓单质押及交割中常见问题的处理；最后，在防范交割风险、期转现业务的运用等方面，为投资者进行了解读。

一、所有投资者都可以参与锌期货交割吗？

实物交割，是指期货合约的买卖双方在合约到期时，根据交易所制定的规则和程序，通过期货合约标的物的所有权转移，将到期未平仓合约进行了结的行为。在合约的最后交易日之后，所有未平仓合约的持有者应当以实物交割方式履约。客户的实物交割应当由会员办理，并以会员名义在交易所进行。值得注意的是，自然人以及不能交付或接收增值税专用发票的企业客户均不允许进行实物交割。

二、参与交割的锌锭需要符合哪些要求?

了结期货头寸的方式有两种，即平仓和交割。因此，交割是参与期货交易的重要环节。2009 年 5 月，上海期货交易所对锌的标准合约进行了修订，对锌的交割品级要求做了修改。具体要求如下：

1. 用于实物交割的锌，必须符合国标 GB/T 470－2008 ZN99.995 规定，其中锌含量不小于 99.995%。

2. 交割的锌应为锭，国产锌每块重量在 18～30 公斤。

3. 每张仓单的溢短不超过 ±2%，磅差不超过 ±0.1%。

4. 每张仓单的锌，必须由同一生产企业生产、同一牌号、同一注册商标、同一质量品级、同一块形、捆重近似的商品组成。

5. 每张仓单的锌必须是上海期货交易所批准的注册品牌，须附有生产商出具的质量证明书。

6. 仓单须由上海期货交易所指定交割仓库按规定验收合格后出具。

三、有哪些品牌的锌可以在期货交易所交割?

上海期货交易所为锌期货的交割指定了品牌，截至 2024 年 7 月，共有 26 个锌的注册品牌。具体情况如表 8－1 所示。

表 8－1　　　　上海期货交易所指定的交割品牌

生产企业	产地	注册日期	商标	外形尺寸（mm）	块重（kg）	块/捆
株洲冶炼集团股份有限公司	湖南衡阳	202308	火炬	426×210×47	25	46
葫芦岛锌业股份有限公司	辽宁葫芦岛	200703	葫锌	480×240×45	23～25	40
				405×200×45		44
深圳市中金岭南有色金属股份有限公司	广东仁化	202402	南华	455×227×46	28	46
		201710		480×240×40	25	40
	广东韶关	200703		475×235×40		
白银有色金属（集团）有限责任公司	甘肃白银	200703	Ibis	415×210×45	22	46
	甘肃陇南	201701		450×220×40	27	
	甘肃白银	202107		450×220×45		
云南驰宏锌锗股份有限公司	云南曲靖	200703	驰宏锌锗	428×228×55	28	46
	云南会泽	201607		448×225×55		
	内蒙古呼伦贝尔	202012		430×220×50		
四川宏达股份有限公司	四川什邡	200703	慈山	420×210×45	20～25	42
河南豫光锌业有限公司	河南济源	200703	YG	460×230×40	25	46
云南祥云飞龙再生科技股份有限公司	云南祥云	200703	祥云飞龙	415×205×50	25	38
陕西东岭集团股份有限公司	陕西宝鸡凤县、凤翔	200712	东岭	400×200×50	23～25	50
汉中锌业有限责任公司	陕西汉中	200809	BYXY	410×200×50	24	44
云南罗平锌电股份有限公司	云南罗平	200809	久隆	410×205×50	24	42
赤峰中色锌业有限公司	内蒙古赤峰	202511	红烨	410×205×50	22	46
				410×205×46	24	46
巴彦淖尔紫金有色金属有限公司	内蒙古巴彦淖尔	200909	紫金	435×215×40	23	56
		202004		455×225×47	29	46
南丹县南方有色金属有限责任公司	广西河池	200909	QL	420×210×50	23	46
		202009		455×225×50	29	
云南云铜锌业股份有限公司	云南昆明	201005	TF	420×215×45	25	46

续表

生产企业	产地	注册日期	商标	外形尺寸（mm）	块重（kg）	块/捆
湖南水口山有色金属集团有限公司	湖南常宁	201011	SKS	415×210×50	23	46
陕西锌业有限公司	陕西商洛	201211	秦锌	455×220×40	24	44
蒙自矿冶有限责任公司	云南蒙自	201405	深水湾	460×230×45	19	46
内蒙古兴安铜锌冶炼有限公司	内蒙古锡林浩特	201512	百灵	480×245×40	23	44
		202012		420×210×50	26	46
江西铜业铅锌金属有限公司	江西九江	201602	江铜	430×210×50	24	46
安徽九华新材料股份有限公司［原安徽铜冠有色金属（池州）有限责任公司］	安徽池州	201701	铜冠	420×210×50	22	46
西部矿业股份有限公司	青海西宁	202107	西矿	430×212×50	24	50
		202211		455×225×50	29	50
云锡文山锌铟冶炼有限公司	云南文山	202401	YT	450×220×50	28	46
新疆紫金有色金属有限公司	新疆克州	202410	ZiJin	460×230×50	30	46
新星销售营销公司	澳大利亚霍巴特	201212	NyrstarA－Z Z1	480×240×39	24	40
三井金属矿业株式会社	日本岐阜	201510	EMC－K	448×224×34	20	48
三井金属矿业株式会社	日本青森	201510	HSC－SHG	440×220×32	20	48

资料来源：上海期货交易所。

四、上海期货交易所锌锭交割仓库有哪些？如何联系？

上海期货交易所指定的锌锭交割仓库情况如表8－2所示。

表 8－2　　　　上海期货交易所指定的锌锭交割仓库

序号	仓库名称	存放地址	到达站/港	异地升贴水标准
1	上海国储天威仓储有限公司	上海市嘉定区黄渡工业园区星塔路 1289 号	黄渡站（国家物资储备局上海七处）	标准价
2	中储发展股份有限公司	上海宝山区宝杨路 2069 号	上钢五厂专用线（中储吴淞分公司）（暂停）	标准价
		上海市宝山区南大路 310 号、257 号、137 号	桃浦站（中储大场公司专用线）	标准价
		上海市闵行区剑川路 2280 号	闵行站	标准价
		天津市滨海新区塘沽新港四号路 791 号	新港站（中储天津专用线）	标准价
		江苏无锡市城南路 32－1 号	周泾港	标准价
3	上港云仓（上海）仓储管理有限公司	上海市宝山区安达路 240 号	4－9 外贸五条专用线	标准价
		天津市东丽区新立街新兴村合兴路 688 号	张贵庄站	标准价
4	上海裕强供应链管理有限公司	上海市闵行区剑川路 2222 号	上海闵行站	标准价
		上海市共和新路 3501 号	上海北郊站	标准价
5	国家粮食和物资储备局浙江局八三七处	宁波镇海区大通路 331 号	镇海西站（国家物资储备局浙江八三七处专用线）	标准价
6	宁波港九龙仓仓储有限公司	宁波镇海区平海路 299 号	浙江宁波镇海西站	标准价
7	无锡市国联物流有限公司	无锡市惠山区洛社镇石塘湾梅径村南	无锡北站	标准价
8	中国外运华东有限公司	上海市逸仙路 4088 号	中外运张华浜储运公司专用线	标准价
9	中远海运物流有限公司	上海市宝山区宝杨路 2249 号	无	标准价
		天津市塘沽区滨海高新区塘沽海洋科技园塘汉路 10 号	北塘西站	

续表

序号	仓库名称	存放地址	到达站/港	异地升贴水标准
10	广东炬申仓储有限公司	广东省佛山市南海区丹灶镇丹灶物流中心金泰路1号	丹灶站（广）	标准价
11	上海全胜物流股份有限公司	上海市嘉定区曹安公路3645号	封浜站	标准价
		上海市嘉定区沪华东路289号	北郊站	
		天津市北辰区京宝路3号	南仓站	
12	广东中储晟世照邦物流有限公司	广东省佛山市南海区小塘西货场侧	小塘西（广），南利码头	标准价
		广东省佛山市三水区西南街道锦河三路6号	三水西货场（广）	标准价
13	江苏百金汇物流有限公司	江苏省海安市晓星大道105号（铁路一号线南侧）	海安市站新货场	标准价
14	浙商中拓集团物流科技有限公司	广东省佛山市三水区云东海街道广海大道西117号	三水西（广）站	标准价
15	浙江长兴田川物流有限公司	浙江省湖州市长兴县火车站南货场	长兴南站	标准价
		浙江省长兴县雉州大道108号		

资料来源：上海期货交易所。

五、如何注册锌的标准仓单？

仓库标准仓单的生成包括申请、交易所审核、质量检验和仓库签发等环节。

第一步，申请。仓库签发仓库标准仓单前，须向交易所提交签发申请。

第二步，交易所审核。交易所在核定库容允许，并且仓库提供了符合规定的担保的情况下，在三个交易日内决定是否批准仓库签发仓库标准仓单。

第三步，签发。仓库接到交易所批准签发的仓库标准仓单指令后，在标准仓单管理系统中签发仓库标准仓单。

六、交割流程及注意事项有哪些？

在合约的最后交易日后，所有未平仓合约的持有者应当以实物交割方式履约。客户的实物交割应当由交易所会员办理，并以会员名义在交易所进行。不能交付或接收增值税专用发票的客户不允许参与交割。某一期货合约最后交易日前第五个交易日收盘后，自然人客户对该期货合约的持仓应当为零。自最后交易日前第四个交易日起，对自然人客户的该月份持仓应按照交易所的规定强行平仓。

实物交割应当在合约规定的交割期内完成。交割期是指该合约最后交易日后的连续两个工作日。这两个工作日分别称为第一交割日、第二交割日，第二交割日为最后交割日。

（一）第一交割日

1. 买方申报意向。买方在第一交割日内，向交易所提交所需商品的意向书。内容包括标准仓单管理系统中列明的品种、牌号、数量及交割库名称等。

2. 卖方提交标准仓单。卖方在第一交割日内通过标准仓单管理系统将已付清仓储费用的有效标准仓单提交给交易所。

（二）第二交割日

1. 交易所分配标准仓单。交易所在第二交割日根据已有资源，按照

“时间优先、数量取整、就近配对、统筹安排”的原则，向买方分配标准仓单。

不能用于下一期货合约交割的标准仓单，交易所应按所占当月交割总量的比例向买方分摊。

2. 买方交款、取单。买方应当在第二交割日 14:00 前到交易所交付货款并领取标准仓单。

3. 卖方收款。交易所应当在第二交割日 16:00 前将货款付给卖方，如遇特殊情况，交易所可以延长交割货款给付时间。

标准仓单在交易所进行实物交割的，其流转程序如下：

（1）卖方客户应当通过标准仓单管理系统将标准仓单授权给卖方期货公司会员以办理实物交割业务；

（2）卖方会员将标准仓单提交给交易所；

（3）交易所将标准仓单分配给买方会员；

（4）买方期货公司会员将标准仓单分配给买方客户。买方会员应当在最后交割日之前（含当日）将分配到其名下的标准仓单再分配给买方客户。买方会员不能按时分配标准仓单的，应当向交易所报告原因。

实物交割完成后，买方对交割商品的质量、数量有异议的，按照各品种期货业务规定的细则执行。买方如需将交割商品再用于未来的交割，应按规定重新办理有关手续。

七、交割时会产生哪些费用？

（一）交割费

实物交割的双方应分别向交易所缴纳交割手续费。锌交割费为 2 元/吨。

（二）仓储费

仓储费按日收取。最后交割日以前（含当日）的仓储费用由卖方承担，最后交割日以后的仓储费用由买方承担。收费后，由指定交割仓库在标准仓单上注明仓储费付止日期。货主须在每月月底前到指定交割仓库办理付费手续，也可以预付。

（三）杂费

杂费包括进库费、出库费、装卸费、打包（装袋）费、分拣（整理）费、过户费、代办费、加急费以及需特殊处理的劳务作业费用等。杂费由指定交割仓库根据实际发生的项目及劳务，按规定标准出具合法结算凭证，交货主核对后，由货主向指定交割仓库一次性付清。

八、交割结算价是如何确定的？增值税发票与交割结算价有何关联？

交割结算的基准价为该期货合约最后交易日的结算价，交割商品计价以交割结算基准价为基础，再加上不同等级商品质量升贴水以及非基准交割仓库与基准交割仓库的升贴水。

增值税发票上的交割商品计价以交割结算基准价为基础，再加上不同等级商品质量升贴水以及非基准交割仓库与基准交割仓库的升贴水。

九、遇到交割违约怎么办?

(一) 交割异议

货主与指定交割仓库就交收的商品检验结果产生争议时，一般通过双方会验的方式解决，也可提请交易所指定的质量监督检验机构复验，复验结果作为解决争议的依据。

实物交割完成后，若买方对交割商品的质量、数量有异议，须在实物交割月的下一月 15 日之前（含当日，遇法定节假日时顺延至节假日后的第一个工作日）向交易所提出申请，并须同时提供交易所指定的质量监督检验机构出具的质量鉴定结论。逾期未提出申请的，视为买方对所交割商品无异议，交易所不再受理对交割商品有异议的申请。

(二) 交割违约

1. 具有下列行为之一的，构成交割违约：

(1) 在规定交割期限内卖方未能如数交付标准仓单的；

(2) 在规定交割期限内买方未能如数解付货款的；

(3) 交易所认定的其他违约行为。

2. 计算买、卖方交割违约合约数量的公式为：

卖方交割违约合约数量（手）= 应交标准仓单数量（手）- 已交标准仓单数量（手）

买方交割违约合约数量（手）=（应交货款 - 已交货款）÷ 交割结算价 ÷ 交易单位

在根据买方交割违约合约数量计算交割违约金额时，应在买方相应的保证金中预留违约部分合约价值 20% 的违约金和违规惩罚金。

3. 发生交割违约后，交易所于违约发生当日 16:30 前通知违约方和对应的守约方。违约通知通过会员服务系统发送，一经发送即视为已经送达。

4. 构成交割违约的，由违约方支付违约部分合约价值（按交割结算价计算）的20%作为违约金给守约方。交易所需退还守约方的货款或标准仓单，终止本次交割。

5. 买卖双方都违约的，交易所按终止交割处理，并对双方分别处以违约部分合约价值5%的违规惩罚金。

6. 终止交割后，交易所的担保责任终止。

7. 会员发生部分交割违约时，违约会员所接标准仓单或所得货款可以用于违约处理。

8. 买方客户交割违约而买方会员替代履约的，交易所在审核买方会员的申请后可以将相应的标准仓单转入买方会员的标准仓单账户。买方会员可以依法处置相应的标准仓单。

9. 会员在实物交割环节上违约的，按《上海期货交易所违规处理办法》中的有关规定处理。

10. 发生违约行为的会员当事人及交割库有义务提供与违约行为相关的证据材料。会员拒不提供证据的，不影响对违约事实的认定。

11. 货主与交割库就交收的商品检验结果发生争议时，可以通过双方会验的方式解决，也可以提请交易所指定的质量监督检验机构复验，复验结果作为解决争议的依据。

12. 买卖双方或其中一方因不可抗力不能履约或不能完全履约的，根据不可抗力的影响，部分或者全部免除违约责任。

十、期转现是什么业务？企业如何运用期转现业务？

期转现，是指方向相反的同一月份合约的会员（客户）协商一致并向交易所提出申请，获得批准后，分别将各自持有的合约按交易所规定的价格由交易所代为平仓，同时按双方协议价格进行与期货合约标的物数量相当、品种相同、方向相同的仓单的交换。期转现交割的关键是交割结算价，它与平仓价之间往往存在一定的基差，而基差是一方为了满足特定需要所要付出的对价。期转现的交割要点详见表 8－3。

表 8－3 期转现的交割要点

期限	交割结算	适用范围	期货头寸的平仓处理	交易保证金（交割保证金）
欲进行期转现合约的上市之日起至交割月最后交易日前两个交易日（含当日）止	买卖双方会员（客户）达成的协议价	仅适用于上期所所有上市品种的历史持仓，不适用于申请日的新开仓	申请期转现的买卖双方原先持有的相应交割月份的期货头寸，由交易所在申请日的 15:00 之前，按申请日前一交易日交割月份合约的结算价平仓	按申请日前一交易日交割月的期货合约结算价计算

注：详细规定见《上海期货交易所交割细则》第十九章“期货转现货”。

小贴士

仓单

仓单包括标准仓单和非标准仓单。非标准仓单是指有关仓库在以下情况下开具的仓单：

非注册商标商品储存在指定交割仓库；注册商标商品储存在非指定交割仓库；非注册商标商品储存在非指定交割仓库。但期转现交割也有其自身的局限性：一是对手难找，二是要先有持仓，再去寻找对手，存在很多不确定因素，会影响套保的效率。

十一、在交割过程中，期货公司和企业需要特别注意哪些事项？

1. 在合约的最后交易日后，所有未平仓合约的持有者应当以实物交割的方式履约。客户的实物交割应当由交易所会员办理，并以会员名义在交易所进行。

2. 不能交付或接收增值税专用发票的客户不允许交割。

3. 交割采用品牌注册制度，即只有在上期所注册的品牌且符合交易所规范要求的商品才能够进行实物交割。

4. 交割配对是由交易所根据卖方提供的仓单（卖方有选择规格和仓库的优先权）按“时间优先、数量取整、就近配对、统筹安排”原则进行的，因此买方投资者分配到的仓单中的锌的规格和仓库中锌的规格可能不完全满足其买入意向，这是期货交割不同于现货贸易的一个特点，每个品种均如此，属于正常现象。对规格和仓库有严格要求的客户可以通过期转现的方式来满足自己的需求。

十二、锌标准仓单质押的方式有哪些？

注册后的标准仓单有三种质押方式：

方式一：可以将仓单在交易所质押（市值的80%），但这笔资金只能用于交易，质押后仓单冻结，交割时需要结束质押或抵押。

方式二：可以将仓单做1∶1的头寸冲抵，即将仓单抵押为相对应数量的期货空头头寸。

方式三：可以将仓单拿到银行质押（市值的70%），质押的资金可以自由支配。质押后仓单冻结，交割时需要结束质押或抵押。

十三、如何防范交割风险?

（一）交易所方面

交易所应加强履行监督管理职能，及时了解会员、客户、指定交割仓库、指定期货保证金存管银行等在交割前的运行情况。同时，期货交易所实行风险警示制度，交易所认为必要的，可以分别或同时采取要求会员和客户报告情况、谈话提醒、发布风险提示函等措施，以警示和化解风险。当出现交割危机时，交易所可以宣布进入异常状态，在决定采取紧急措施前须报告中国证监会。

（二）企业方面

具体参见本书第六章中“套利涉及交割时需要注意哪些事项?”这部分内容。

自测题

一、填空题

1. 交割商品计价以________价为基础，再加上不同等级商品质量升贴水以及非基准交割仓库与基准交割仓库的升贴水。

2. 期转现的期限为欲进行期转现合约的上市之日起至交割月最后交易日前________个交易日（含当日）止。

3. 发生交割违约后，交易所于________以前通知违约方和对应的守约方。

二、多选题

1. 交易所分配标准仓单遵循的原则有（　　）。
A. 时间优先
B. 数量取整
C. 就近配对
D. 统筹安排
2. 买方在第一交割日内，向交易所提交的申报意向应包括（　　）。
A. 交割品种
B. 交割品牌号
C. 交割数量
D. 指定的交割仓库名
3. 交割过程中会发生下列（　　）费用。
A. 交割费
B. 仓储费
C. 期货公司佣金
D. 装卸费
4. 锌标准仓单质押的方式有（　　）。
A. 可以将仓单在交易所质押
B. 可以将仓单做 1:1 的头寸冲抵
C. 可以将仓单拿到银行质押
D. 可以将仓单拿到期货经纪公司质押

三、判断题

1. 自然人可以参加锌期货的交割。（　　）
2. 交易所将会在第一交割日完成对仓单的配对。（　　）
3. 期转现只适用于历史持仓，不适用于在申请日新的开仓。（　　）
4. 期转现中仓单交换指的是标准仓单。（　　）

5. 注册后的标准仓单可以质押。 (　　)

参考答案

一、填空题

1. 交割结算基准
2. 两
3. 违约发生当日　16：30

二、多选题

1. ABCD　2. ABCD　3. ABD　4. ABC

三、判断题

1. ×　2. ×　3. √　4. ×　5. √

第九章

锌期权

本章要点

锌期权作为对锌期货的有效补充，其上市为实体企业提供了新的对冲工具。企业可以利用期权构建更具针对性的套期保值方案。本章不仅讲解了期权的发展史、概念和策略，还结合企业的实际情况，对期权套期保值案例进行了解析。

一、期权是如何发展的?

有记载的最早利用期权进行风险管理的事例，发生在17世纪30年代末的荷兰。在17世纪的荷兰，批发商普遍出售远期交割的郁金香以获取利润。为了减少风险，确保利润，许多批发商从郁金香的种植者那里购买期权，即在一个特定的时期内，按照一个预定的价格，有权从种植者那里购买郁金香。购买了郁金香期权的批发商，可以根据到期时郁金香的市场价格做出是否进货的选择。如果郁金香的市场价格高于期权合约约定价格，则以合约约定的价格从种植者处购入郁金香；如果郁金香的市场价格低于期权合约约定的价格，则期权合约过期作废，批发商可以更加低廉的市场价格购入郁金香。

从现代风险管理的观点来看，批发商这样的做法，实际上是利用郁金香期权合约去对冲郁金香远期合约头寸的风险。

1872 年，著名金融学家罗素・塞奇在美国开创了场外期权交易。1932 年，芝加哥期货交易所（CBOT）市场发生了“小麦大跌案”，导致美国在 1936 年颁布的《商品交易法》中禁止了所有与商品有关的场内和场外期权交易。期权市场发展步伐陷于停滞。1973 年，美国对期权的态度发生了转变，在芝加哥期货交易所的组织下，芝加哥期权交易所（CBOE）成立，标志着期权交易正式进入统一化、标准化、规范化的全面发展阶段。为了避免重蹈覆辙，芝加哥期权交易所增设了一个专门的结算机构，极大地降低了期权卖方的履约风险。

在美国期权市场的带动下，世界各国相继开始筹备自己的期权交易市场。1976 年 2 月，澳大利亚悉尼股票交易所推出了期权合约；1978 年，荷兰阿姆斯特丹交易所开业以后迅速与悉尼、芝加哥等地的期权、证券交易所共同建立了期权结算中心，欧洲各地也相继开展了证券期权交易。布鲁塞尔、日内瓦、巴塞尔、苏黎世、伦敦国际金融期货期权交易所（LIFFE），先后推出了股票、债券和货币期权，期权业务迅速发展。就在世界各地发展金融期权市场之际，美国芝加哥期货交易所、芝加哥商业交易所、纽约商品交易所则将期权交易引入农产品、能源等大宗商品交易中，极大地推动了商品期权的发展。

随着美国、英国、日本、加拿大、新加坡、荷兰、德国、澳大利亚以及中国香港等地相继建立起期权交易市场，期权交易也从最初的股票这一个品种扩展到目前包括大宗商品、金融证券、外汇以及黄金白银等在内的近 100 个品种。世界期权交易市场逐步走向繁荣。

二、什么是期权?

期权又称为选择权，是指在未来一定时期可以进行买卖的权利，是买方向卖方支付一定数量的金额（指权利金）后拥有的在未来一段时间内（美式期权）或未来某一特定日期（欧式期权）以事先规定好的价格（指履约价格）向卖方购买或出售一定数量的特定标的物的权利，但不负有必须买进或卖出的义务。

（一）看涨期权与看跌期权

按照权利方向分类，期权可分为看涨期权和看跌期权（见图9-1）。

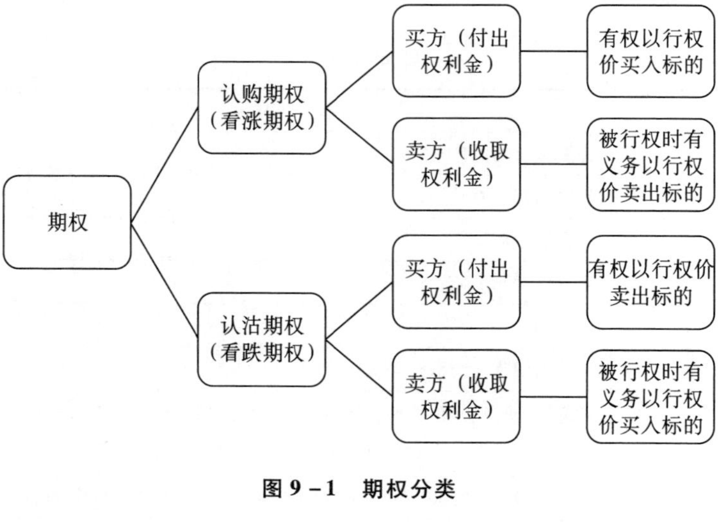

图9-1 期权分类

看涨期权（也称认购期权）是指在未来某个时间，有权利以一个约定的价格来买进股票或期货（其他标的）的合约，是一份期权合约，这份合约约定了未来可以以约定的价格购买该标的。看涨期权的英文为“Call”。

看跌期权（也称认沽期权）是指在未来某个时间，有权利以一个约定的价格来卖出股票或期货（其他标的）的合约，是一份期权合约，这份合约约定了未来可以以约定的价格卖出该标的。看跌期权的英文为“Put”。

（二）期权的要素构成

期权的主要构成要素有以下几个。

标的：指期权交易双方权利和义务所共同指向的对象。

合约单位：指单张合约对应的标的（股票、ETF、期货）的数量。

行权价格：指期权合约规定的、在期权权利方行权时合约标的的交易价格。

权利金：指期权合约的市场价格，期权权利方将权利金支付给期权义务方，获得期权合约所赋予的权利。

到期日：期权合同规定的期权的最后有效日期为期权的到期日。

保证金：保证金是对期权卖方履行义务的一种约束。

表9-1是锌期权合约文本，我们可以从标准合约文本上找出锌期权合约的基本要素。

表9-1　锌期权合约

项目	内容
合约标的物	锌期货合约（5吨）
合约类型	看涨期权、看跌期权
交易单位	1手锌期货合约
报价单位	元（人民币）/吨
最小变动价位	1元/吨
涨跌停板幅度	与标的期货合约涨跌停板幅度相同
合约月份	最近两个连续月份合约，其后月份在标的期货合约结算后持仓量达到一定数值之后的第二个交易日挂牌，具体数值交易所另行发布
交易时间	上午9:00—11:30、下午1:30—3:00及交易所规定的其他时间
最后交易日	标的期货合约交割月前第一月的倒数第五个交易日，交易所可以根据国家法定节假日等调整最后交易日
到期日	同最后交易日

续表

项目	内容
行权价格	行权价格覆盖标的期货合约上一交易日结算价上下浮动 1.5 倍当日涨跌停板幅度对应的价格范围。行权价格≤10000 元/吨，行权价格间距为 100 元/吨；10000 元/吨<行权价格≤25000 元/吨，行权价格间距为 200 元/吨；行权价格>25000 元/吨，行权价格间距为 500 元/吨
行权方式	美式。买方可以在到期日前任一交易日的交易时间提交行权申请，买方可以在到期日 15:30 之前提交行权申请或放弃申请
交易代码	看涨期权：ZN－合约月份－C－行权价格 看跌期权：ZN－合约月份－P－行权价格
上市交易所	上海期货交易所

资料来源：上海期货交易所。

三、期权的策略有哪些?

（一）期权基础策略

一般而言，期权交易基础策略主要分为以下四种。

1. 买入看涨期权

适用情景：预期后市大幅上涨（见图 9－2）。

当投资者预测标的价格在未来会出现大幅上涨的时候可以买入看涨期权。看涨期权的买方获得了以执行价格买入一定数量标的物的权利，并且无须承担相应的义务。买入看涨期权的投资者最大投资成本（也是最大风险）是其支付给卖方的权利金。买入看涨期权是一种看多的策略，其潜在上行的收益无限，随着标的物的价格上涨，收益也会相应扩大。

适用情景：预期后市大幅上涨

标的资产价格	买入看涨期权损益
70	-5
80	-5
90	-5
100	-5
105	0
110	5
120	15

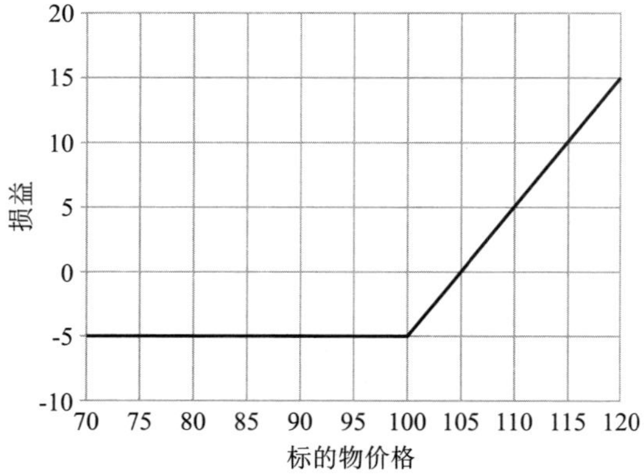

图 9－2　看涨期权多头到期损益结构

2. 买入看跌期权

适用情景：预期后市大幅下跌（见图 9－3）。

适用情景：预期后市大幅下跌

标的资产价格	买入看跌期权损益
70	20
80	10
90	0
100	-5
105	-10
110	-10
120	-10

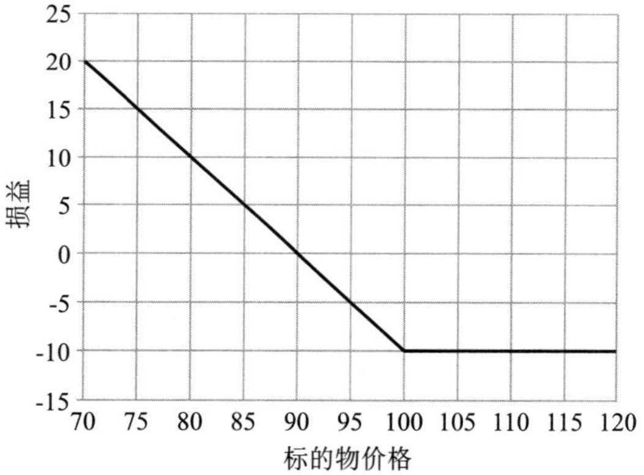

图 9－3　看跌期权多头到期损益结构

当投资者预测标的价格在未来会出现大幅下跌的时候，可以买入看跌期权。投资者买入看跌期权只需要支付期权的权利金，却获得了标的物价格大幅下跌所带来的好处。买入看跌期权的潜在风险是有限的，投资者最大亏损是其支付的权利金；买入看跌期权是看空策略的一种，其潜在收益无限，潜在风险有限。标的物价格下跌或标的物价格下跌的概率增大，将有利于看跌期权买方。

3. 卖出看涨期权

适用情景：预期后市小幅下跌（见图 9－4）。

适用情景：预期后市小幅下跌

标的资产价格	卖出看涨期权损益
70	5
80	5
90	5
100	5
105	0
110	-5
120	-15

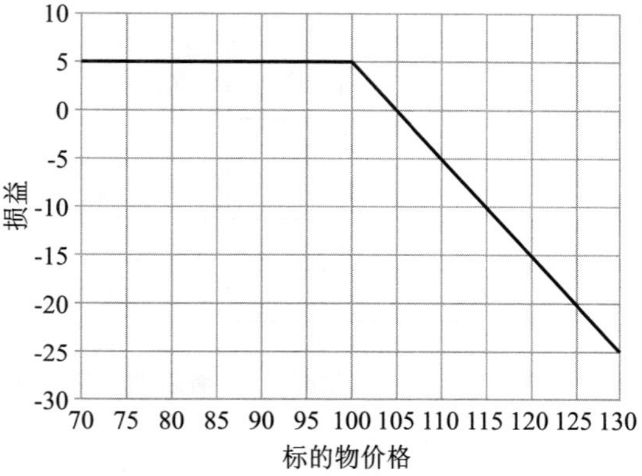

图 9－4　看涨期权空头到期损益结构

当投资者预测标的价格在未来会出现小幅下跌的时候可以卖出看涨期权。投资者卖出看涨期权的最大潜在盈利是有限的，最大潜在盈利为所收到的权利金；卖出看涨期权的潜在上行风险是无限的，若到期时标的资产价格跌至执行价下方，看涨期权无价值过期，卖出看涨期权的投资者将获得全部权利金。卖出看涨期权是一种中性偏空的策略，卖出看涨期权面临无限的上行风险，而下行收益却是有限的。

4. 卖出看跌期权

适用情景：预期后市小幅上涨（见图 9－5）。

当投资者预测标的价格在未来会出现小幅上涨的时候可以卖出看跌期权。投资者卖出看跌期权至多能收到其获得的全部权利金，故其潜在最大盈利有限，如果到期时标的物价格上涨至执行价上方，看跌期权将无价值过期，卖方将获得全部权利金。如果标的物价格大幅下跌，期权的价值将急剧攀升，无论是履约买入标的，还是回补期权头寸，投资者都将面临极大的亏损。卖出看跌期权是一种中性偏多的策略，即使标的物价格略微下跌，也能获利。

适用情景：预期后市小幅上涨

标的资产价格	卖出看跌期权损益
70	-20
80	-10
90	0
100	5
105	10
110	10
120	10

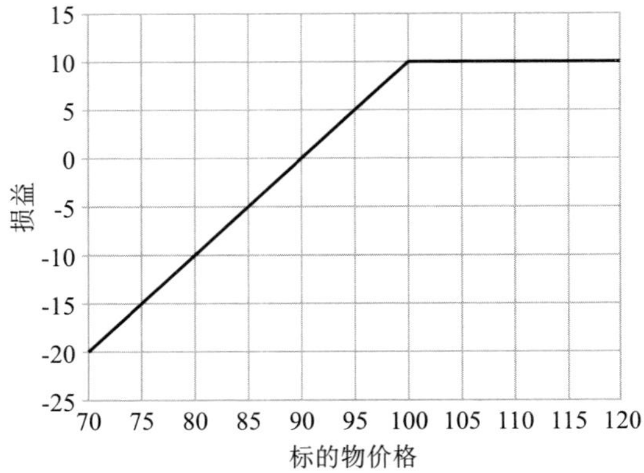

图 9－5 看跌期权空头到期损益结构

（二）期权组合策略

1. 套利交易策略——买入跨式、买入宽跨式期权策略

买入跨式期权策略（Straddle）是一种期权组合策略，投资者同时买入相同到期日和执行价格的看涨期权和看跌期权。这种策略适用于投资者预期标的资产的价格将有大幅波动，但不确定具体是上涨还是下跌的情况。

买入跨式期权策略的特点：

（1）无限盈利潜力：如果标的资产的价格大幅上涨或下跌，跨式期权策略的盈利潜力是无限的。

（2）有限的最大亏损：最大亏损仅限于支付的两个期权的总费用。

（3）对称性：看涨和看跌期权具有相同的到期日和执行价格。

（4）波动率敏感：如果标的资产的价格波动加剧，期权的价值通常会上升，这对跨式期权策略是有利的。

（5）时间衰减：随着期权到期日的临近，期权的时间价值会衰减，这可能会对策略产生负面影响。

买入跨式、宽跨式期权的损益分析见图 9－6。

2. 套利交易策略——卖出跨式、卖出宽跨式期权策略

卖出跨式期权策略（Straddle Writing）是一种期权组合策略，投资者需同时卖出相同到期日和执行价格的看涨期权和看跌期权。这种策略适用于投

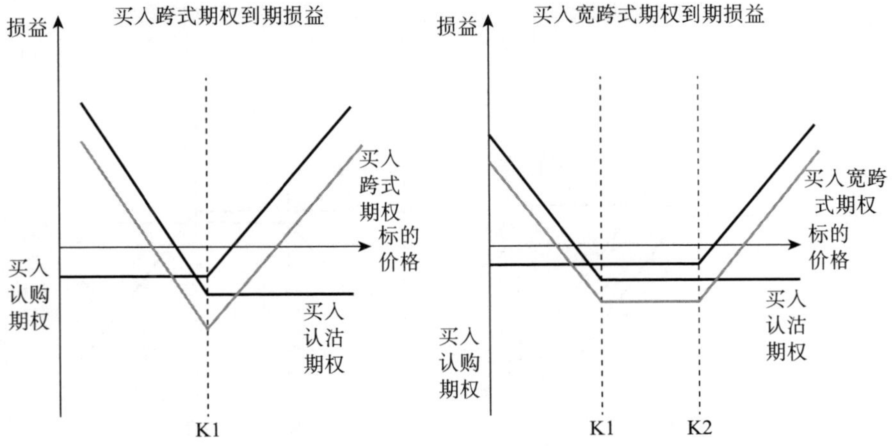

图9-6 买入跨式、买入宽跨式期权策略

资者预期标的资产的价格将保持相对稳定或波动较小的情况。

卖出跨式期权策略的特点：

（1）有限盈利潜力：最大盈利仅限于收到的两个期权的权利金总额。

（2）无限的最大亏损：如果标的资产的价格大幅上涨或下跌，亏损可能变得非常大。

（3）对称性：看涨和看跌期权具有相同的到期日和执行价格。

（4）波动率敏感：如果标的资产的波动率下降，期权的时间价值会衰减，这对策略是有利的。

（5）时间衰减：随着期权到期日的临近，期权的时间价值会衰减，这有助于策略盈利。

卖出跨式、宽跨式期权策略的损益分析见图9-7。

（三）场外期权策略

为了规避价格上涨的风险，投资者可买入看涨期权，或买入看涨期权的同时卖出看跌期权；为了规避价格下跌的风险，投资者可买入看跌期权，或买入看跌期权的同时卖出看涨期权。

1. 做多看涨期权

投资者预测标的将要上涨，但是又不希望承担下跌带来的损失，或者投

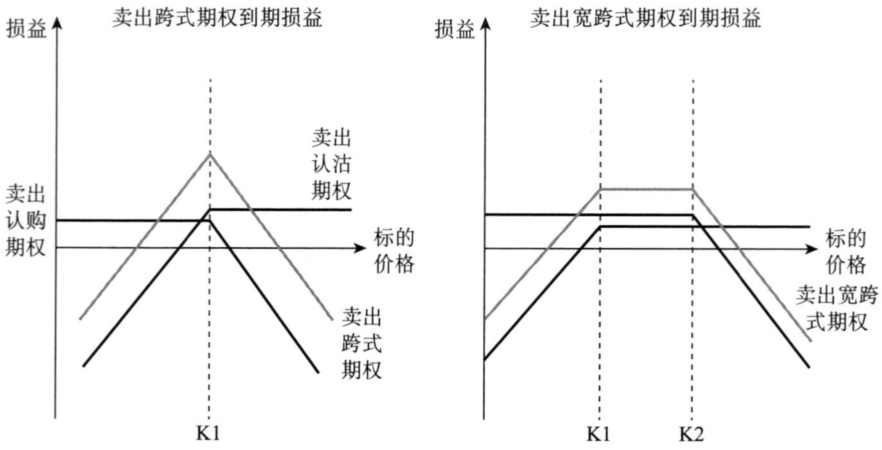

图 9－7　卖出跨式、卖出宽跨式期权策略

资者希望通过期权的杠杆效应放大上涨所带来的收益，可进行方向性投资。

买入看涨期权属于损失有限、盈利无限的策略，即：

盈亏平衡点：行权价格＋权利金

最大收益：无限

最大损失：权利金

到期损益：MAX（0，到期标的价格－行权价格）－权利金

支付一笔权利金 c，买进一定行权价格 X 的标的物看涨期权，便可享有在到期日之前买入或不买入相关标的物的权利。

2. 做空看涨期权

投资者预测标的价格可能要略微下降，也可能在近期维持目前的价格水平。

卖出看涨期权属于盈利有限、损失无限的策略，即：

盈亏平衡点：行权价格＋权利金

最大收益：权利金

最大损失：无限

到期损益：权利金－MAX（到期标的价格－行权价格，0）

以一定的行权价格 X 卖出看涨期权，得到权利金 c，卖出看涨期权得到的是义务，不是权利。如果看涨期权的买方要求执行期权，那么卖方只有履

行卖出的义务。

3. 做多看跌期权

投资者预测标的价格下跌幅度可能会比较大。即使标的价格上涨，投资者也不愿意承担过高的风险。

盈亏平衡点：行权价格 - 权利金

最大收益：行权价格 - 权利金

最大损失：权利金

到期损益：MAX（行权价格 - 到期时标的价格，0）- 权利金

支付一笔权利金 p，买进一定行权价格 X 的看跌期权，便可享有在到期日之前卖出或不卖出相关标的物的权利。

4. 做空看跌期权

投资者预计标的价格可能要略微上涨，也可能在近期维持目前的价格水平。

盈亏平衡点：行权价格 - 权利金

最大收益：权利金

最大损失：行权价格 - 权利金

到期损益：权利金 - MAX（行权价格 - 到期时标的价格，0）

以一定的行权价格 X 卖出看跌期权，得到权利金 c，卖出看跌期权得到的是义务，不是权利。如果看跌期权的买方要求执行期权，那么卖方只有履行买入的义务。

四、期权有套期保值吗?

期权套期保值是一种风险管理策略，旨在通过使用期权来保护投资者免受不利市场变动的影响。期权套期保值通常与持有的标的资产（如股票、商品、货币等）相关，目的是减少或消除持有这些资产的潜在风险。以下是几种常见的期权套期保值策略：

（一）保护性看跌期权（Protective Put）策略

保护性看跌期权策略是投资者持有标的资产，并购买相应的看跌期权。如果标的资产价格下跌，则看跌期权的价值上升，可以抵消资产价值的损失。

这种策略限制了投资者的下行风险，同时保留了资产价格上涨时的收益潜力。

（二）备兑看涨期权（Covered Call）策略

备兑看涨期权策略是投资者持有标的资产，并卖出相应的看涨期权。

如果标的资产价格不变或下跌，投资者可以保留收到的期权费作为额外收益。如果资产价格上涨超过执行价格，投资者可能需要以低于市场价格的执行价格卖出资产，限制了收益，但获得了期权费。

（三）领子期权（Collar）策略

领子期权策略结合了保护性看跌期权和备兑看涨期权的策略。

投资者持有标的资产，同时买入看跌期权、卖出看涨期权，二者的期权费完全抵消或部分抵消。

这种策略限制了投资者的上行收益，但同时保护了下行风险。

（四）垂直价差（Vertical Spread）期权策略

垂直价差期权策略是投资者同时买入和卖出两个执行价格不同、到期日相同。

这种策略可以用于预期标的资产的价格将上涨或下跌，但波动幅度有限的情况。

（五）蝶式价差（Butterfly Spread）期权策略

蝶式价差期权策略涉及同时买入和卖出三个不同执行价格的期权，通常用于预期标的资产价格将保持稳定的情况。

（六）日历价差（Calendar Spread）期权策略

日历价差期权策略是投资者卖出一个近期到期的期权，同时买入一个执行价格相同但到期日更远的期权。

这种策略利用了时间价值的衰减，如果标的资产价格保持稳定，可以获得收益。

（七）比率价差（Ratio Spread）期权策略

比率价差期权策略涉及买入和卖出不同数量的期权，通常用于预期标的资产的价格将小幅波动的情况。

期权套期保值策略的选择取决于投资者的风险承受能力、市场预期以及持有标的资产的类型。每种策略都有其特定的风险和回报特征，因此，在实施套期保值策略之前，投资者应进行详细的分析和评估。此外，市场条件的变化可能要求投资者调整或关闭其套期保值头寸。

案例 9－1

期权套期保值案例

某锌加工企业签订了1000吨锌购买合同，一个月之后按当时的价格交付钱款与货物。目前锌现货价格为16400元/吨，因担心锌价格进一步上涨，企业有买入套期保值的需求，具体措施见表9－2。

表 9－2　　期货与期权套期保值案例具体措施

套保类型	方案	具体措施
期货	买入期货合约	买入两个月后交割的锌期货合约200手，价格为17400元/吨
期权	买入看涨期权	买入200手执行价格为16400元/吨的看涨期权，标的物是两个月后交割的锌期货合约，支付权利金600元/吨

1. 假设一个月后现货价格上涨至17400元/吨，期货价格上涨至18400元/吨。

期货套期保值策略：

现货盈亏：16400元/吨－17400元/吨＝－1000元/吨

期货盈亏：18400 元/吨 - 17400 元/吨 = 1000 元/吨

最终盈亏：0

实际买入价：16400 元/吨

期权套期保值策略：

现货盈亏：16400 元/吨 - 17400 元/吨 = -1000 元/吨

期权盈亏（选择行权）：18400 元/吨 - 16400 元/吨 = 2000 元/吨

最终盈亏：2000 元/吨 - 1000 元/吨 - 600 元/吨 = 400 元/吨

实际买入价：16400 元/吨 - 400 元/吨 = 16000 元/吨

2. 假设一个月后现货价格下跌至 15400 元/吨，期货价格下跌至 16400 元/吨。

期货套期保值策略：

现货盈亏：16400 元/吨 - 15400 元/吨 = 1000 元/吨

期货盈亏：16400 元/吨 - 17400 元/吨 = -1000 元/吨

最终盈亏：0

实际买入价：16400 元/吨

期权套期保值策略：

现货盈亏：16400 元/吨 - 15400 元/吨 = 1000 元/吨

期权盈亏（不选择行权）：亏损权利金 600 元/吨

最终盈亏：1000 元/吨 - 600 元/吨 = 400 元/吨

实际买入价：16400 元/吨 - 400 元/吨 = 16000 元/吨

期货与期权套期保值的特点总结如表 9 - 3 所示。

表 9 - 3　　期货与期权套期保值的特点

套保工具	期货	期权
买卖双方的权利与义务	完全对等	不对等，买方有以约定价格买入或卖出标的物的权利，而卖方则有履约的义务
套保效果	锁定价格风险，无法享受未来有利的价格收益	锁定价格风险，需要支付一定的权利金，但是有机会获得额外收益
保证金收取	买卖双方均需要缴纳保证金	买方不需要缴纳保证金，卖方需要缴纳保证金

续表

套保工具	期货	期权
到期前盈亏	线性的，亏损和盈利相对应	非线性，亏损和盈利不对应
套保区间	完全套保	可以利用期权组合对部分价格区间开展套保，同时减少套保成本

自测题

一、单选题

1. (　　) 是期权买方为获得期权合约所赋予的选择权而向卖方支付的费用。

A. 时间价值　　C. 权利金

B. 内在价值　　D. 行权价

2. 当标的期货价格为 (　　) 元/吨时，行权价格为 22600 元/吨的锌期货看跌期权为虚值期权。

A. 23800　　C. 23200

B. 22600　　D. 21400

3. 预期后市锌期货价格下跌，又不愿缴纳交易保证金，投资者应选择 (　　) 策略。

A. 卖出锌期货看跌期权

B. 买入锌期货看涨期权

C. 买入锌期货看跌期权

D. 卖出锌期货看涨期权

4. 投资者参与商品期权市场，应根据自身能力审慎决策，独立承担 (　　)。

A. 系统性风险　　B. 投资风险

C. 信用风险　　D. 非系统性风险

5. 看涨期权的买方享有选择（　　）。

A. 买入标的物的权利

B. 买入标的物的潜在义务

C. 卖出标的物的潜在义务

D. 卖出标的物的权利

二、判断题

1. 在进行锌期权交易时，期权合约的买方需要支付保证金，而卖方不需要支付保证金。(　　)

2. 看涨期权的买方有权以行权价购买标的资产，而卖方有义务以行权价卖出标的资产。(　　)

3. 当锌期货价格大幅波动时，锌期权的时间价值会衰减。(　　)

参考答案

一、单选题

1. C　2. D　3. C　4. B　5. A

二、判断题

1. ×　2. √　3. ×

后　记

本书是专为期货交易者编写的一本普及性读物，适合于锌产业链企业和普通交易者阅读。

本书注意实用性、趣味性，以通俗易懂的语言、鲜明生动的案例将理论知识简单化，避免了理论知识阐述过程中的呆板僵硬。对锌产业链企业而言，本书具有指导实务操作的作用，书中包含了大量套期保值、套利、风险管理的应用型案例，对企业应用锌期货与锌期权有一定借鉴意义。对于普通交易者而言，本书通过一问一答的形式，由浅入深地剖析锌的基本面和技术面，有助于交易者快速了解锌市场。

与证券、债券等金融工具相比，期货作为风险管理工具，专业性强，杠杆率高，风险大，这在客观上要求交易者具备一定的专业投资知识、经济实力以及风险承受能力。“期市有风险，入市需谨慎！”

由于篇幅限制，本书无法尽述相关实体企业及交易者在期货市场上可能面临的所有具体情况，不管是实体企业还是普通交易者，参与期货交易时，都务必结合自身需求，制定科学合理的交易策略。企业参与套期保值要避免变成投机，普通交易者要严格评估自身能力，尽可能地熟悉并掌握交易品种的市场特点及操作技巧，并严格控制交易规模，避免遭受不必要的损失。

作为《期货交易者教育系列丛书》之一，本书由中国期货业协会组织编写，中国国际期货股份有限公司肖留春、李艳荣、欧阳玉萍承担了本书的具体编写任务。上海期货交易所对本书书稿进行了审阅并提出了宝贵建议。

本书在《锌》的基础上修订而来，在此感谢中国国际期货股份有限公司姜桂萍、任云鹏、岑卫忠、简翔、李斌、陈桂宏、罗平、刘翔等同志在《锌》这版图书的编写过程中作出的杰出贡献。本书在编写过程中还得到了中国证监会期货司、上海期货交易所和中国国际期货股份有限公司领导的指导和帮助，在此表示衷心的感谢！书中的错误之处，敬请批评指正。

中国期货业协会《期货交易者教育系列丛书》编委会

2025 年 6 月

书单
FUTURES

一、系列

序号	系列
(一)	期货交易者教育系列图书
(二)	金融衍生品系列丛书
(三)	中国期货业发展创新与风险管理研究
(四)	中国期货市场年鉴
(五)	“讲故事　学期货”金融国民教育丛书
(六)	全国期货从业人员资格考试参考用书
(七)	服务实体经济系列
(八)	期货投资者保护丛书
……	……

二、明细

(一) 期货交易者教育系列图书

序号	书名	书号
1	铜期货	978-7-5223-0293-5
2	精对苯二甲酸（PTA）期货	978-7-5223-1405-1
3	玉米期货	978-7-5223-2467-8
4	铝期货	978-7-5223-2980-2
5	小麦	978-7-5095-3183-9
6	锌期货	978-7-5223-3913-9
7	线型低密度聚乙烯、聚丙烯和聚氯乙烯期货	978-7-5223-2982-6
8	早籼稻	978-7-5095-3076-4

续表

序号	书名	书号
9	棉花期货	978-7-5223-2276-6
10	燃料油期货	978-7-5223-2659-7
11	棕榈油期货	978-7-5223-2981-9
12	黄金	978-7-5095-2532-6
13	白糖期货	978-7-5095-8814-7
14	豆类期货	978-7-5095-8815-4
15	焦煤焦炭期货	978-7-5223-2286-5
16	乙二醇期货	978-7-5223-1645-1
17	铅	978-7-5095-4086-2
18	鸡蛋期货	978-7-5095-5803-4
19	铁矿石期货	978-7-5095-5809-6
20	纤维板、胶合板期货	978-7-5095-5810-2
21	石油沥青期货	978-7-5095-5816-4
22	菜籽系期货	978-7-5095-5743-3
23	白银期货	978-7-5095-5955-0
24	玻璃期货	978-7-5095-5697-9
25	动力煤期货	978-7-5095-5802-7
26	稻谷期货	978-7-5095-5826-3
27	原油期货（第二版）	978-7-5223-2342-8
28	苹果期货	978-7-5223-0455-7
29	花生期货	978-7-5223-0967-5
30	生猪期货	978-7-5223-0851-7
31	天然橡胶期货	978-7-5223-1184-5
32	钢材期货	978-7-5223-1175-3
33	甲醇期货	978-7-5223-1295-8
34	纸浆期货	978-7-5223-1277-4
35	纯碱期货	978-7-5223-2285-8
36	镍与不锈钢期货	978-7-5223-2488-3
37	锡期货	978-7-5223-2660-3
38	液化石油气期货	978-7-5223-2931-4
39	工业硅期货	978-7-5223-3776-0
……	……	……

（二）金融衍生品系列丛书

序号	书名	书号
1	股指期货（第二版）	978-7-5095-9432-2
2	场外衍生品（第二版）	978-7-5095-9596-1
3	国债期货（第二版）	978-7-5095-9601-2
4	金融期权（第二版）	978-7-5095-9598-5
5	外汇期货（第二版）	978-7-5095-9597-8
6	结构化产品（第二版）	978-7-5095-9600-5
7	金融衍生品习题集（第二版）	978-7-5095-9599-2

（三）中国期货业发展创新与风险管理研究

序号	书名	书号
1	中国期货业发展创新与风险管理研究（8）	978-7-5095-6907-8
2	中国期货业发展创新与风险管理研究（9）	978-7-5095-7523-9
3	中国期货业发展创新与风险管理研究（10）	978-7-5095-8144-5
4	中国期货业发展创新与风险管理研究（11）	978-7-5223-0213-3
5	中国期货业发展创新与风险管理研究（12）	978-7-5223-1483-9
6	中国期货业发展创新与风险管理研究（13）	978-7-5223-2215-5
7	中国期货业发展创新与风险管理研究（14）	978-7-5223-2819-5
……	……	……

（四）中国期货市场年鉴

序号	书名	书号
1	中国期货市场年鉴（2015）	978-7-5095-6924-5
2	中国期货市场年鉴（2016）	978-7-5095-7503-1
3	中国期货市场年鉴（2017）	978-7-5095-8331-9
4	中国期货市场年鉴（2018）	978-7-5095-9079-9
5	中国期货市场年鉴（2019）	978-7-5095-9869-6
6	中国期货市场年鉴（2020）	978-7-5223-0640-7
7	中国期货市场年鉴（2021）	978-7-5223-1500-3
8	中国期货市场年鉴（2022 中文版）	978-7-5223-2380-0
9	中国期货市场年鉴（2022 英文版）	978-7-5223-2381-7
10	中国期货市场年鉴（2023 中文版）	978-7-5223-2837-9
11	中国期货市场年鉴（2023 英文版）	978-7-5223-2836-2
……	……	……

（五）“讲故事 学期货”金融国民教育丛书

序号	书名	书号
1	走进期货	978-7-5095-7095-1
2	如何进行期货交易	978-7-5095-7092-0
3	期货的套保和套利	978-7-5095-7093-7
4	期货交易中的“规矩”	978-7-5095-4355-9
5	金属期货	978-7-5095-7087-6
6	农产品期货	978-7-5095-7104-0
7	能化期货	978-7-5095-7088-3
8	金融期货	978-7-5095-7094-4
9	期权	978-7-5095-7217-7
10	场外衍生品	978-7-5095-7091-3

（六）全国期货从业人员资格考试参考用书

序号	书名	书号
1	期货及衍生品基础（第三版）	978-7-5223-1005-3
2	期货法律法规与职业道德（第二版）	978-7-5223-2897-3
3	期货及衍生品分析与应用（第四版）	978-7-5223-0998-9

（七）服务实体经济系列

序号	书名	书号
1	期货行业助力复工复产案例集	978-7-5223-0168-6
2	期货服务实体经济案例集	978-7-5095-8029-5
……	……	……

（八）期货投资者保护丛书

序号	书名	书号
1	期海导航——期货投资常识与基础知识	978-7-5223-1045-9
2	期海护航——期货交易者合法权益保护	978-7-5223-1531-7

咨询电话：010-88190912

咨询邮箱：jiayanping@cfemg.cn